FRITZ BLAICH

Der Trustkampf (1901-1915)

Schriften zur Wirtschafts- und Sozialgeschichte

In Verbindung mit Rudolf Braun, Otto Büsch und Peter Czada
herausgegeben von Wolfram Fischer

Band 24

Der Trustkampf (1901-1915)

Ein Beitrag zum Verhalten der Ministerialbürokratie
gegenüber Verbandsinteressen im Wilhelminischen Deutschland

Von

Prof. Dr. Fritz Blaich

DUNCKER & HUMBLOT / BERLIN

Alle Rechte vorbehalten
© 1975 Duncker & Humblot, Berlin 41
Gedruckt 1975 bei Buchdruckerei Richard Schröter, Berlin 61
Printed in Germany

ISBN 3 428 03291 8

Vorwort

Der Forschungsstand, von dem die vorliegende Untersuchung ausgeht, und die Ziele, die sie verfolgt, werden in einer Einführung dargelegt. Daher möchte ich mich an dieser Stelle darauf beschränken, allen jenen herzlich zu danken, die das Entstehen dieser Arbeit gefördert haben.

Die Sammlung und die Erschließung des archivalischen Quellenmaterials, auf dem die Darstellung vorwiegend beruht, verdanke ich den Ratschlägen und der unermüdlichen Hilfe der Leiter und der Mitarbeiter des Badischen Generallandesarchivs Karlsruhe, der Abteilung „Allgemeines Staatsarchiv", „Geheimes Staatsarchiv" und „Kriegsarchiv" des Bayerischen Hauptstaatsarchivs München, des Deutschen Zentralarchivs Potsdam, des Staatsarchivs Dresden und des Württembergischen Hauptstaatsarchivs Stuttgart. Die Auswertung der Akten, die in diesen Archiven aufbewahrt werden, erwies sich deshalb als besonders wertvoll, weil die Verbände der deutschen Tabakwirtschaft nicht in der Lage waren, Unterlagen über die wirtschaftspolitische Tätigkeit ihrer Rechtsvorgänger aus der Zeit vor dem Ersten Weltkrieg zur Verfügung zu stellen. Nützliche Hinweise erhielt ich ferner vom Archiv des Auswärtigen Amtes in Bonn und von der Industrie- und Handelskammer Mannheim. Meine Sekretärin, Frau B. Champion, übernahm die Aufgabe der Reinschrift meines Manuskriptes.

Für die Veröffentlichung der Arbeit in der Reihe „Schriften zur Wirtschafts- und Sozialgeschichte" bin ich den Herausgebern, vor allem aber Herrn Prof. Drs. Wolfram Fischer, zu Dank verpflichtet.

Regensburg, im November 1974

Fritz Blaich

Inhaltsverzeichnis

I. Einführung: Probleme und Ziele der folgenden Untersuchung 11

II. Bedingungen und Voraussetzungen des Trustkampfes 15

    1. Die Struktur der deutschen Zigarettenmärkte 15
        a) Die Nachfrage 15
        b) Das Angebot 20
        c) Marktstruktur und Marktverhalten 26
    2. Die Gegner im Trustkampf 29
        a) Der amerikanische Tabaktrust............................. 29
        b) Die Verbände der deutschen Tabakwirtschaft 33
    3. Die „Amerikanische Gefahr" und die deutsche Wirtschaft
        1900 - 1914. Öffentliche Meinung und Wirklichkeit 38

III. Der Trustkampf als Problem der deutschen Ministerialbürokratie 46

    1. Die „Antitrustbewegung" in den Jahren 1901 bis 1905 46
        a) Die Absatzpolitik der Firma Jasmatzi AG
           als Ursache der Auseinandersetzungen 46
        b) Das Werben der Verbände um staatliche Hilfe im Trustkampf 50
        c) Trustabwehr als Mittelstandspolitik:
           Die Initiative der Deutschen Mittelstandsvereinigung 59
    2. Das Werben der Verbände um die Unterstützung der
        Kriegsministerien im Trustkampf in den Jahren 1909 und 1910.... 63
    3. Die Expansion der „British American Tobacco Company" auf den
        deutschen Märkten in den Jahren 1910 bis 1912 68
        a) Der Ausbau der Marktstellung der BATC und die Reaktion
           der Trustgegner 68
        b) Das Reichsamt des Innern und die Expansionsbestrebungen
           der BATC 74
        c) Die Behörden des Großherzogtums Baden und die Expansions-
           bestrebungen der BATC.................................... 77
    4. Die Ministerialbürokratie und der Verband zur Abwehr
        des Tabaktrustes 80

a) Der Aufbau und die Tätigkeit des Verbandes zur Abwehr
   des Tabaktrustes 80
b) Das Projekt der amtlichen Enquete in Form kontradiktorischer
   Verhandlungen über die deutsche Zigarettenindustrie.......... 87
c) Das Eingreifen der sächsischen Justizbehörden
   in den Trustkampf 94
d) Die Versuche der Reichsregierung, den Konflikt in der
   Zigarettenindustrie durch Verhandlungen beizulegen 103
e) Das Rohstoffproblem der deutschen Zigarettenindustrie 113
f) Der Kampf um die Absatzmärkte im Bereich der Militär- und
   der Eisenbahnverwaltungen 117

5. Der Verlauf des Trustkampfes nach Kriegsbeginn 128

   a) Die Lage der Trustfirmen nach Kriegsausbruch 128
   b) Die Versuche der sächsischen Regierung,
      den Trustkampf zu beenden................................. 132
   c) Die Versuche des Reichsschatzamtes, den Trustkampf zu beenden 135

IV. Schlußbetrachtung: Der Trustkampf als wirtschaftspolitisches Problem 142

Verzeichnis der benutzten Quellen und Literatur 145

Abkürzungsverzeichnis

ATC	=	American Tobacco Company
BATC	=	British American Tobacco Company
BDI	=	Bund der Industriellen
DMV	=	Deutsche Mittelstandsvereinigung
DTV	=	Deutscher Tabakverein
HdStw	=	Handwörterbuch der Staatswissenschaften
HdSW	=	Handwörterbuch der Sozialwissenschaften
ITC	=	Imperial Tobacco Company
Jbb. f. Nat. u. Stat.	=	Jahrbücher für Nationalökonomie und Statistik
Jb. f. Sw.	=	Jahrbuch für Sozialwissenschaft
Jb. f. Wg.	=	Jahrbuch für Wirtschaftsgeschichte
JGVV	=	Schmollers Jahrbuch für Gesetzgebung, Verwaltung und Volkswirtschaft
KR	=	Kartell-Rundschau. Zeitschrift für Kartellwesen und verwandte Gebiete
RGBl.	=	Reichsgesetzblatt
SVS	=	Schriften des Vereins für Socialpolitik
VAT	=	Verband zur Abwehr des Tabaktrustes
VDZI	=	Verband der Deutschen Zigaretten-Industrie
VDZL	=	Verband Deutscher Zigarrenladen-Inhaber
WWA	=	Weltwirtschaftliches Archiv
Z. f. d. ges. Stw.	=	Zeitschrift für die gesamte Staatswissenschaft

I. Einführung: Probleme und Ziele der folgenden Untersuchung

Die Rolle der Verbände in Wirtschaft und Gesellschaft des „Bismarckreiches" stellt ein bevorzugtes Forschungsobjekt der modernen deutschen Geschichtsschreibung dar[1]. Man wäre versucht, von einer Modeströmung zu sprechen, gäbe es nicht gewichtige Gründe für das Interesse der Wissenschaft an der Tätigkeit der Verbände dieser Epoche. Den Zeitgenossen nämlich wurden Art und Ausmaß der Einwirkung von Interessengruppen auf Legislative und Exekutive kaum bewußt. Einige Verbände verstanden es zweifellos, ihre politische Aktivität geheim zu halten und ihren Einfluß auf die staatlichen Behörden zu tarnen. Doch davon abgesehen vollzog sich die Einwirkung der Verbände auf die Wirtschafts- und Sozialpolitik meist auf einer Ebene, die damals dem Einblick der Öffentlichkeit entzogen war, denn der Schriftwechsel einer Behörde etwa, der den Einfluß einer Interessengruppe offengelegt hätte, blieb nicht allein der Presse, sondern oft auch den Angehörigen der betreffenden Gruppe verschlossen. Überdies war die zeitgenössische Verbandsforschung einseitig entwickelt. Vor allem die Nationalökonomen wandten ihre Aufmerksamkeit bis 1914 fast ausschließlich einer besonderen Spielart der Verbände zu, nämlich den Marktverbänden als Interessengruppen, die auf eine Änderung der Marktbedingungen abzielten. Aber selbst in diesem Bereich gab es noch Abstufungen: Im Mittelpunkt des Interesses standen die Kartelle, am Rande die Gewerkschaften, die Arbeitgeberverbände und die Genossenschaften[2]. Die mit Leiden-

---

[1] Die Diskussion über die Verbände im Kaiserreich bis zum Jahre 1969 kommentiert Michael *Stürmer*, Machtgefüge und Verbandsentwicklung im wilhelminischen Deutschland, in: Neue politische Literatur 14, 1969. Als weitere wichtige Beiträge zur Geschichte der Verbände in dieser Epoche erschienen seither Dirk *Stegmann*, Die Erben Bismarcks. Parteien und Verbände in der Spätphase des Wilhelminischen Deutschlands. Sammlungspolitik 1897 bis 1918, Köln usw. 1970 und Siegfried *Mielke*, Der Hansa-Bund 1912 - 1914, Diss. FU Berlin 1972. Eine Reihe von Arbeiten über Verbände entstanden — zwar unter volkswirtschaftlichem und soziologischem Blickwinkel, aber in historischem Rahmen — als Teile eines umfangreichen Forschungsvorhabens, das der Wirtschaftspolitische Ausschuß der „Gesellschaft für Wirtschafts- und Sozialwissenschaften — Verein für Sozialpolitik" durchführt. Hierzu sei auf die laufenden Veröffentlichungen der Gesellschaft verwiesen.

[2] Zur ersten Periode der Verbandsforschung in Deutschland (1890 - 1914) siehe Edwin *Buchholz*, Interessen, Gruppen, Interessentengruppen. Elemente einer wirtschaftssoziologischen Organisationslehre — unter besonderer Berücksichtigung der deutschen Verbandsforschung, Tübingen 1970, S. 7 ff.

schaft geführte Kartelldiskussion[3] ließ nur wenig Raum für die Erforschung der „Fachverbände, die auf Branchenebene als privatrechtliche Vereine die Interessen der angeschlossenen Unternehmungen nach innen und außen vertreten und über ihre Spitzenorganisationen Einfluß auf die staatliche Wirtschaftspolitik zu nehmen suchen[4]." Diese Lücke in der Verbandsforschung erkannte Karl Bücher bereits 1900, als er feststellte: „Die Organisation der wirtschaftlichen Interessenvertretung, wie sie seit einigen Jahrzehnten in Deutschland sich in stets wachsendem Umfange vollzieht, ist eine der großartigsten und nach meiner Überzeugung folgenreichsten Erscheinungen des modernen Lebens. Und dennoch ist sie weder in der Presse noch auch in der wissenschaftlichen Literatur bis jetzt genügend gewürdigt worden. Auch die Beteiligten selbst, welche die Träger und Treiber dieser Bewegung sind, überschauen oft nicht die Tragweite und Bedeutung dessen, was sie tun[5]."

Die Geschichtswissenschaft holt indessen nicht allein ein Versäumnis der Forschung nach, wenn sie versucht, die politische Aktivität der Fachverbände im kaiserlichen Deutschland aufzuzeichnen, sie leistet damit obendrein einen Beitrag für die Verbandsdiskussion in zwei sozialwissenschaftlichen Nachbardisziplinen, die dort „abstrakt", durch die deduktive Bildung wissenschaftlicher Aussagen, die in logischer Beziehung zueinander stehen, geführt wird. In der Wissenschaft von der Politik, mehr aber noch in der Theorie der Wirtschaftspolitik — als Teildisziplin der Volkswirtschaftslehre — steht dabei die Frage nach den wirtschaftspolitischen Funktionen der Fachverbände, nach den Möglichkeiten und Grenzen der Vertretung des Gruppeninteresses gegenüber dem Staat im Brennpunkt der wissenschaftlichen Diskussion[6]. Wenn Vertreter der wissenschaftlichen Wirtschaftspolitik heute darüber klagen, daß die Einwirkung der Verbände auf die staatliche Wirtschafts- und Sozialpolitik sich „weitgehend in einem Halbdunkel" vollziehe, „das von der wissenschaftlichen Forschung bisher nur ungenügend aufgehellt werden konnte"[7], so liegt es nahe, theoretische Erörterungen über das Verbandsproblem auch anhand historischer Erfahrungen zu überprüfen.

---

[3] Einen Eindruck von den Auseinandersetzungen unter den deutschen Nationalökonomen über die Kartellfrage vermittelt die Arbeitstagung über das Kartellproblem, die der „Verein für Socialpolitik" am 27./28. 9. 1905 zu Mannheim durchführte und die zur längsten Debatte führte, die eine Vereinstagung bis dahin erlebt hatte. SVS 116, 1906.

[4] Die Definition stammt von Egon *Tuchtfeldt*, Bemerkungen zur Verbandsdiskussion, in: Jb. f. Sw. 13, 1962, S. 80.

[5] Karl *Bücher*, Die Interessenvertretung. Vortrag, gehalten in der Generalversammlung des Zentralverbandes der Lederhändler Deutschlands zu Leipzig am 22. 4. 1900, in: Ders., Die Entstehung der Volkswirtschaft. Vorträge und Aufsätze, 2. Sammlung, 7. Aufl. Tübingen 1922, S. 387.

[6] E. *Tuchtfeldt*, a. a. O., S. 82.

[7] Theodor *Pütz*, Die ordnungspolitische Problematik der Interessenverbände, in: Jb. f. Sw. 11, 1960, S. 251.

I. Einführung: Probleme und Ziele der folgenden Untersuchung

Trotz der Bedeutung einer historisch ausgerichteten Verbandsforschung mag man gegen die folgende Studie, die sich mit der Politik der Verbände der deutschen Tabakwirtschaft gegen das Eindringen des amerikanischen Kapitals in die Zigarettenindustrie befaßt, einwenden, diese Verbände seien gemessen an den „beiden Prototypen der großen Interessenverbände der Besitzenden im Kaiserreich vor 1914"[8], dem „Bund der Landwirte" und dem „Zentralverband deutscher Industrieller", im Hinblick auf die Gestaltung der Politik Organisationen, die man getrost vernachlässigen könne[9]. Tatsächlich aber erwuchsen aus den Forderungen der Verbände der Tabakwirtschaft, die diese an Verwaltung und Regierung richteten, Probleme grundsätzlicher Art, welche insbesondere die Rolle des Verbandswesens in Wirtschaft und Politik, dann aber auch das Verhalten des Staates gegenüber der Verbandspolitik berührten. Für diese Fragen, die den Bereich der eigentlichen Wirtschaftspolitik bald überschritten und auch die Finanz-, Innen- und Außenpolitik erfaßten, mußten die Beamten in den „Reichsämtern" und in den Ministerien Badens, Bayerns, Preußens, Sachsens und Württembergs eine Lösung finden. Die Gegenüberstellung von Verbandsinteressen und -forderungen auf der einen, Zielsetzungen und Gegenhandlungen der Ministerialbürokratie[10] auf der anderen Seite bildet daher den Schwerpunkt der folgenden Untersuchung.

Im übrigen erregte die Auseinandersetzung in der deutschen Zigarettenindustrie — schon die Zeitgenossen sprachen vom „Trustkampf" — wenigstens auf ihrem Höhepunkt zwischen 1912 und 1914 in der Öffentlichkeit Aufsehen. Der Machtkampf führte zu Anfragen im Reichstag und in den Parlamenten der Bundesstaaten, und die Presse beschäftigte sich ausführlich mit ihm[11]. Der zu dieser Zeit bereits bekannte nationalliberale Parlamentarier und Verbandsfunktionär Gustav Stresemann

---

[8] Hans-Jürgen *Puhle*, Der Bund der Landwirte im Wilhelminischen Reich — Struktur, Ideologie und politische Wirksamkeit eines Interessenverbandes in der konstitutionellen Monarchie (1893 - 1914), in: W. Rüegg, O. Neuloh (Hrsg.), Zur soziologischen Theorie und Analyse des 19. Jahrhunderts, Göttingen 1971, S. 143.
[9] Einen Überblick über das Verhältnis von Interessenverbänden und politischen Parteien vor 1914 bietet Thomas *Nipperdey*, Interessenverbände und Parteien in Deutschland vor dem Ersten Weltkrieg, in: Politische Vierteljahresschrift 2, 1961.
[10] Der Ausdruck „Ministerialbürokratie" wird in den folgenden Ausführungen völlig wertneutral auf die Beamtenschaft in den Ministerien angewandt, der aufgrund ihrer Sachkompetenz und auf ihrer ohne Rücksicht auf wechselnde Regierungen fortlaufenden Geschäftsführung eine Schlüsselposition innerhalb der Exekutive des Wilhelminischen Deutschland zukam. Vgl. Max *Weber*, Wirtschaft und Gesellschaft. Grundriß der verstehenden Soziologie, 1. Halbband, Köln usw. 1965, S. 162 ff. und Theodor *Eschenburg*, Staat und Gesellschaft in Deutschland, München 1965, S. 715 f.
[11] Vgl. z. B. die Sammlung einschlägiger Presseartikel im Reichsamt des Innern. DZA Potsdam, RAI 7170, Fasz. 1 u. 2.

I. Einführung: Probleme und Ziele der folgenden Untersuchung

zählte in einem Ausblick auf das Jahr 1913 den „Trustkampf" zu den bedeutendsten wirtschaftspolitischen Ereignissen des Jahres[12]. Daher erstaunt es, daß der Machtkampf in der deutschen Zigarettenindustrie — abgesehen von einem zeitgenössischen Beitrag[13] — in der Folgezeit von der Wissenschaft kaum beachtet wurde[14] und offensichtlich schon bald vergessen war[15]. Aus diesem Grunde ist es zum besseren Verständnis der Verbandspolitik und der Haltung der Ministerialbürokratie gegenüber den Interessenforderungen notwendig, die Untersuchung mit einem Überblick über die Voraussetzungen und die Bedingungen des Trustkampfes zu beginnen.

---

[12] Gustav *Stresemann*, Handel und Industrie, in: D. Sarason (Hrsg.), Das Jahr 1913. Ein Gesamtbild der Kulturentwicklung, Berlin 1913, S. 204.

[13] Alexander *Geck*, Die Trustabwehrbewegung im deutschen Zigarettengewerbe. Ein kritischer Beitrag zur Geschichte der Zigarettenindustrie und des Zigarettenhandels, Greifswald 1920. Diese Arbeit entstand nach den Angaben des Verfassers „aufgrund von Beobachtungen, die ich in den Jahren 1912 und 1913 in Dresden und Hamburg machte, wo ich die Trustabwehrbewegung in ihren ersten Phasen entstehen und sich weiter entwickeln sah... Hierbei wurde ich von Angehörigen aller Zweige des Tabak- und Bankgewerbes durch Überlassung von Berichten und durch schriftliche und mündliche Auskünfte jeder Art in bereitwilligster Weise unterstützt." Ebenda, **Vorwort.**

[14] In den zwanziger Jahren erscheint der „Trustkampf" in einigen Dissertationen, die sich jedoch mit sporadisch ausgewählten Verlautbarungen der Verbände begnügen und deshalb nicht nur einseitige, sondern auch lückenhafte Darstellungen enthalten: Max *Teichgräber*, Der englisch-amerikanische Tabaktrust in Deutschland, Diss. Erlangen 1919 (Ms.); Felix *Marchellek*, Die Entwicklung der Zigarettenindustrie in Deutschland, Diss. Berlin 1921 (Ms.); Fritz *Leistner*, Der deutsche Zigarren- und Zigarettenhandel, Diss. Frankfurt/M. 1922 (Ms.); Hugo *Rinnebach*, München, ein Hauptproduktionsplatz der deutschen Zigarettenindustrie. Ein Beitrag zur Geschichte der deutschen Zigarettenindustrie, Diss. München 1924 (1926) (Ms.); Willi *Knoll*, Die deutsche Zigarettenindustrie, Diss. Frankfurt/M. 1929. Vgl. ferner Robert *Liefmann*, Die Unternehmungen und ihre Zusammenschlüsse. Bd. 2: Kartelle, Konzerne und Trusts, 7. Aufl. Stuttgart 1927, S. 255/256.

[15] Die beiden folgenden Aussagen zeigen, daß die Hintergründe und der Ablauf des „Trustkampfes" den Verfassern bereits nicht mehr geläufig sind. „Als Abwehrorganisation gegenüber den ‚Trusts' wurde im Jahre 1912 der Verband zum Schutze der deutschen Tabakindustrie e. V., Frankfurt a. M., gegründet, dessen Tätigkeit aber vollständig ruht". Horst *Wagenführ*, Kartelle in Deutschland, Nürnberg 1931, S. 318. „Die Eroberung des deutschen Marktes durch den Tabaktrust war schon in der Vorkriegszeit geplant, ist aber durch den Kriegsausbruch zum Stehen gekommen". Karl *Bräuer*, Reichs-Tabakmonopol oder Tabak-Verbrauchsteuer? Ein Beitrag zur Finanz- und Steuerpolitik des Deutschen Reiches, Jena 1931, S. 150. Die einzige neuere Darstellung der Trustabwehrbewegung stützt sich ausschließlich auf die Arbeit Gecks. Harald *König*, Entstehung und Wirkungsweise von Fachverbänden der Nahrungs- und Genußmittelindustrie, Berlin 1965, S. 226 - 232.

II. Bedingungen und Voraussetzungen des Trustkampfes

1. Die Struktur der deutschen Zigarettenmärkte

a) Die Nachfrage

In der Begründung zum Entwurf eines „Reichstabackmonopols" vom 27. 4. 1882 wird bei der Berechnung des Verbrauchs von Rohtabak die Produktion von Zigaretten „der Einfachheit halber" „bei der Geringfügigkeit der Menge und des Gewichts" übergangen[1], während die Herstellung von Zigarren, Rauchtabak, Kautabak und Schnupftabak berücksichtigt wird[2]. Demgegenüber heißt es in der Begründung zum Entwurf eines Zigarettensteuergesetzes vom 28. 11. 1905: „Die Übung des Tabakgenusses in der Form der Zigarette ist in Deutschland noch ziemlich jung. Es ist wenig über 40 Jahre her, daß die Zigarette in Deutschland ihren Einzug gehalten hat. Seither und insbesondere in den letztvergangenen zehn Jahren hat sich der Verbrauch von Zigaretten in Deutschland sowohl ausländischer wie inländischer Herkunft, in ganz ungewöhnlichem Maße vermehrt[3]." Die Schätzungen über den Verbrauch an Tabakwaren in Deutschland enthüllen jedoch nicht allein die stetige und rasche Zunahme des Zigarettenkonsums, sie deuten außerdem an, daß die Expansion des Zigarettenabsatzes sich wenigstens zum Teil auf Kosten des Umsatzes des Zigarrengewerbes vollzogen hat:

Der geschätzte Verbrauch an Zigarren und Zigaretten im Zollgebiet des Deutschen Reiches[4].

Jahr	Zigarren in 1 000 Stück	Zigaretten in 1 000 Stück
1893	5 510 000	690 000
1903	7 384 000	3 650 000
1908	8 621 300	6 509 547
1911	8 300 000	9 946 901
1913	8 700 000	13 135 919

---

[1] Stenograph. Berichte über die Verhandlungen des Reichstages. 5. Leg.-Per. II. Session 1882/83, Bd. 5, S. 73.

[2] Ebenda, S. 72 f.

[3] Ebenda, 11. Leg.-Per. II. Session 1905/06, 2. Anlageband, S. 1022.

[4] Diese Zahlenangaben beruhen auf der Schätzung von Ernst *Bülck*, Tabakhandel und Tabakbesteuerung, in: JGVV 38, 1914, S. 2131, auf Erhebungen des „Deutschen Tabakvereins" über die Zigarrenproduktion, zitiert nach Hans *Witteler*, Das deutsche Zigarrengewerbe. Entwicklung, Bedeutung und Tendenzen, Stuttgart 1932, S. 9, ferner auf einer Auswertung der Steuerstatistik über die Zigarettenproduktion ab 1907 im Stat. Jb. für das Deutsche Reich 36, 1915, S. 109. Der Anteil der selbstgefertigten Zigaretten am Gesamtverbrauch scheint nur in den Reichslanden Elsaß-Lothringen, und zwar dort unter Benutzung einheimischer Tabake, beträchtlich gewesen zu sein. Vgl. Albert *Manicke*, Die Tabaksteuervorlagen, in: Finanz-Archiv 23, 1906, S. 313.

II. Bedingungen und Voraussetzungen des Trustkampfes

Die Vermutung, daß der Aufstieg der Zigarettenindustrie mindestens teilweise die Stagnation des Zigarrenverbrauchs auslöste, bestärken statistische Angaben über den Anteil der Tabakwaren an den Gesamtausgaben für Genußmittel und über den Verbrauch von „fabrikationsreifem Rohtabak" im Zollgebiet des Deutschen Reiches[5].

Periode	Prozentualer Anteil der Tabakwaren an den Gesamtausgaben für Genußmittel	Verbrauch an Rohtabak pro Kopf der Bevölkerung in kg
1900 - 1904	16,9	1,60
1905 - 1909	17,6	1,56
1910 - 1913	19,1	1,54

Die Gegenüberstellung dieser Zahlenangaben ergibt einen Anstieg des prozentualen Anteils der Verbrauchsausgaben für Tabakwaren bei gleichzeitigem Rückgang des Pro-Kopf-Verbrauchs von Rohtabak. Diese Erscheinung beruht auf dem Sachverhalt, daß die Zigarette im Gegensatz zur Zigarre eine so geringe Tabakmenge enthält, daß selbst ein sehr starker Zigarettenraucher eine kleinere Tabakmenge verbraucht als ein mittelmäßiger Zigarrenraucher[6].

Welche Faktoren bewirkten nun die zeitweilig geradezu stürmische Zunahme der Nachfrage nach Zigaretten in Deutschland? Warum trat die Zigarette im Verhältnis zum Pfeifentabak, Kautabak und vor allem zur Zigarre als Artikel des Massenkonsums so spät in Erscheinung? Den entscheidenden Auftrieb verdankte die deutsche Zigarettenindustrie der Industrialisierung und der „Verstädterung". Die Fabrikarbeit nahm immer mehr zu. Viele Fabrikbetriebe mußten schon aus feuerpolizeilichen Gründen ihrer Belegschaft das Rauchen am Arbeitsplatz verbieten. In anderen Betrieben war es nicht möglich, bei der Arbeit, etwa bei der Bedienung einer Maschine, Pfeife oder Zigarre zu rauchen. Dadurch wurde zwar zunächst der Absatz des Kautabaks gefördert[7], doch waren der Ausdehnung des „Priemens" schon aus hygienischen Gründen enge Grenzen gezogen[8]. Hier aber bot die Zigarette einen Ausweg. Die Be-

---

[5] Die Berechnung über den prozentualen Anteil der Tabakwaren an den Gesamtausgaben für Genußmittel stammt von Walther G. *Hoffmann*, Franz *Grumbach*, Helmut *Hesse*, Das Wachstum der deutschen Wirtschaft seit der Mitte des 19. Jahrhunderts, Berlin usw. 1965, S. 128. Zugrunde gelegt wurden dabei die Preise des Jahres 1913. Die Angaben über den Rohtabakverbrauch sind dem Stat. Jb. für das Deutsche Reich 35, 1915, S. 308, entnommen.

[6] Vgl. Hans *Uhlmann*, Die Entwicklung von Unternehmung und Betrieb in der deutschen Zigarren-Industrie unter besonderer Berücksichtigung der Tabakbesteuerung, Diss. Halle—Wittenberg 1934, S. 59 u. S. 72; ferner Richard *Taras*, Die Entwicklung der Besteuerung des Verbrauchs von Tabak und Tabakerzeugnissen im Deutschen Reich vom Jahre 1906 bis zur Gegenwart, Diss. Rostock 1922 (Ms.), S. 43.

[7] Werner *Nebelung*, Die Kautabakindustrie der Stadt Nordhausen. Entwicklung und Bedeutung ihrer wirtschaftlichen und sozialen Verhältnisse, Diss. Jena 1929, S. 37.

[8] Richard B. *Tennant*, The American Cigarette Industry. A Study in Economic Analysis and Public Policy, New Haven 1950, S. 140 f.

1. Die Struktur der deutschen Zigarettenmärkte

triebspause mochte noch so kurz bemessen sein, für den Genuß wenigstens einer Zigarette reichte sie immer aus⁹. Auch dort, wo geraucht werden durfte, in Büros und in Verkehrsmitteln, setzte sich die Zigarette durch, weil ihr Konsum die Mitmenschen erheblich weniger belästigte als das Rauchen einer Zigarre oder gar einer Pfeife, das andererseits vom Raucher selbst mehr Aufmerksamkeit verlangte als der Konsum einer Zigarette[10]. Die „Verstädterung" brachte eine gewisse Hektik des täglichen Lebens mit sich. Die Muße für das Rauchen einer Pfeife oder einer Zigarre war oft nicht mehr gegeben. Die Zigarette jedoch, der „intensive, kurze Genuß", ließ sich nicht allein wohl dosieren, sondern verschaffte in Situationen der Aufregung und Anspannung dem Raucher sogar ein Gefühl der Beruhigung[11]; sie galt daher um 1913 „in unserer nervös hastenden Zeit als das Rauchobjekt der Zukunft[12]."

Eng verwandt mit dem „Zug der Zeit", der den Trend zur Zigarette verstärkte[13], war eine Modeströmung, die, unterstützt von einer geschickten Werbung, den Absatz der Zigaretten förderte. Im Bereich der Mode erfreute sich die deutsche Zigarettenindustrie eines äußerst wirksamen, aber dennoch für sie kostenlosen Werbeträgers. Sowohl Kaiser Wilhelm II. wie auch sein Sohn, Kronprinz Wilhelm, waren leidenschaftliche Zigarettenraucher. Pressebilder, die Seine Majestät im Manöver hoch zu Roß beim Anzünden einer Zigarette zeigten, oder auf denen der Kronprinz abgebildet war, die Zigarette lässig im Mundwinkel am Steuer seines Protos-Sportwagens sitzend, verfehlten ihre werbende Wirkung auf die Untertanen, insbesondere auf die „Militärpersonen" nicht[14]. Modischen Einflüssen der Zeit war es auch zuzuschreiben, daß die Frauen, die jetzt mit dem Rauchen begannen, sich von vornherein der Zigarette zuwandten[15]. Eine weitere Käuferschicht der Zigarette stellten

---

⁹ Vgl. Kurt *Bormann*, Die deutsche Zigarettenindustrie, Tübingen 1910, S. 1; A. *Birnbaum*, Die Zigarette im Handel, in: Manoli Zigarettenfabrik 1894 bis 1919, a. a. O., S. 81; A. *Manicke*, a. a. O., S. 309.
[10] R. B. *Tennant*, a. a. O., S. 140 f.
[11] Vgl. H. *Uhlmann*, a. a. O., S. 58; K. *Bormann*, a. a. O., S. 1; Ernst *Pietschmann*, Die Verschiebungen in der Art des Tabakkonsums und ihr Einfluß auf die deutsche Steuerpolitik, Diss. Köln 1929, S. 19.
[12] „Breslauer Zeitung" vom 19. 2. 1913, in: DZA Potsdam, RAI 7205, Bl. 33. Vgl. ferner R. B. *Tennant*, a. a. O., S. 141: "The special effect of cigarettes on the nerves must also be taken into account. The lightness of cigarette smoke and the ease with which it is unhealed seem to involve a closer union between smoker and smoke than do other forms and to make the smoker more dependent upon tobacco."
[13] Karlheinz *Hassel*, Absatz und Herstellung von Zigaretten im Deutschen Reich nach der Stabilisierung unter besonderer Berücksichtigung der tabaksteuerlichen Wirkungen, Diss. Hamburg 1934, S. 22.
[14] Solche Pressefotos enthält: Tabago. Ein Bilderbuch vom Tabak und den Freuden des Rauchens, a. a. O., 1960, S. 98/99.
[15] Vgl. Christian *Grotewold*, Die Tabakindustrie, ihr Rohmaterial, ihre Technik und ihre volkswirtschaftliche Bedeutung, Stuttgart 1907, S. 84; E. *Pietschmann*, a. a. O., S. 19.

die Jugendlichen dar, die einerseits ebenfalls der Modeströmung zugänglich waren, andererseits aber „das Quantum" einer Pfeife oder einer Zigarre noch nicht vertrugen[16].

Zwei weitere wichtige, miteinander verbundene Ursachen für die starke Zunahme des Zigarettenverbrauchs bildeten die Entwicklung der Kaufkraft der Bevölkerung und die Gestaltung der Preise für Tabakwaren. Zwar unterlagen diese Preise je nach Ausfall der Tabakernten und den auf den internationalen Tabakmärkten angebotenen Mengen und Qualitäten starken Schwankungen, die sich zumindest langfristig auf die Entwicklung der Preise der Enderzeugnisse auswirkten[17]. Dennoch weist die Statistik der Einzelhandelspreise für Tabakwaren von der Jahrhundertwende bis zum Jahre 1913 eine steigende Tendenz auf[18]:

Die Einzelhandelspreise für Tabakwaren
Pfennig/kg

Jahr	Preise	Jahr	Preise
1900	790	1907	936
1901	808	1908	879
1902	722	1909	938
1903	741	1910	971
1904	757	1911	982
1905	828	1912	987
1906	814	1913	992

Obwohl in dieser Periode die Nettolöhne anstiegen, ist die Frage umstritten, ob gleichzeitig auch die Kaufkraft der Bevölkerung wuchs. In den neunziger Jahren nämlich verlangsamte sich der technische Fortschritt in der Konsumgüterindustrie, während er sich in der Investitionsgüterindustrie beschleunigte. Das Wachstum des Investitionssektors führte zu einer Erhöhung der Beschäftigung und der Einkommen, die wiederum die Nachfrage nach Verbrauchsgütern anschwellen ließ. Diese zusätzliche Nachfrage konnte die Konsumgüterindustrie, deren Möglichkeiten zur technischen Verbesserung ihrer Betriebe inzwischen äußerst beschränkt waren, nur zu steigenden Preisen decken, wodurch ein erheblicher Druck auf die Reallöhne entstand[19]. Zeitgenössische lokale Unter-

---

[16] A. *Manicke*, a. a. O., S. 309.
[17] Vgl. z. B. J. *Katz*, Die Entwicklung der Kosten für Lebenshaltung in der Stadt Hannover 1890 - 1912, in: SVS 145, 1914, S. 182 ff. und Emil *Hofmann*, Preisbewegung und Kosten der Lebenshaltung in der Stadt Mannheim für die Jahre 1890 - 1912, in: ebenda, S. 201 u. 211.
[18] Zahlenangaben nach W. G. *Hoffmann* u. a., a. a. O., S. 590.
[19] Zu diesem Ergebnis gelangt nach ökonometrischen Untersuchungen Ashok V. *Desai*, Real Wages in Germany 1871 - 1913, Oxford 1968, S. 104. Etwas optimistischer urteilt Gerhard *Bry*, Wages in Germany 1871 - 1945, Princeton 1960, S. 74: "It should not be assumed, however, that the two decades prior to World War I brought no benefits to German wage earners. While average weekly earnings remained almost static, working time per week declined. In other words, real earnings per hour increased during these years."

1. Die Struktur der deutschen Zigarettenmärkte 19

suchungen bestätigen diese These. So konnte in Hannover „der Durchschnitt der Arbeiterschaft" mit den Lohnerhöhungen der Jahre 1900 bis 1912 den Mehraufwand für die inzwischen gestiegenen Kosten der Lebenshaltung nicht ausgleichen, ja „für einen sehr großen Teil der Arbeiterschaft ist die Lohnverbesserung hinter den Mehransprüchen des Nahrungsmittelverbrauchs sogar recht erheblich zurückgeblieben[20]." In Breslau wurde der Lohnzuwachs, den die Arbeiter zwischen 1908 und 1912 erzielten, „bei den Arbeitern der chemischen Industrie vollständig und bei den anderen Gruppen zu durchweg hohen Bruchteilen allein durch die notwendigen Mehrkosten für die Ernährung aufgezehrt[21]." Selbst in Städten wie Mannheim, wo wenigstens bis 1910 die Reallöhne gestiegen waren, mußte berücksichtigt werden, daß sich mit der zunehmenden städtischen Agglomeration die Struktur der Verbrauchsausgaben der Bevölkerung verändert hatte. Ausgaben entstanden nun für die Überwindung der Entfernung zwischen Arbeitsort und Wohnsitz, außerdem als „Aufwendungen, die der moderne Mensch allenthalben zu machen genötigt ist, um den Zusammenhang mit der Natur nicht ganz zu verlieren, ferner an die Ausgaben für die rationelle Körperpflege[22]."

Da der Tabak zu den Genußmitteln gehört, deren Konsum bei sinkender Kaufkraft des Verbrauchers nur schwer eingeschränkt oder aufgegeben wird[23], lag es angesichts dieser Entwicklung der Preise und Löhne nahe, einen Preisvergleich zwischen den einzelnen Tabakwaren vorzunehmen. Dabei schnitt die Zigarette weitaus am besten ab. Während die Kosten im arbeitsintensiven Zigarrengewerbe mit dem Ansteigen der Löhne wuchsen, gelang es der Zigarettenindustrie durch vermehrten Einsatz von Fertigungsmaschinen die Produktionskosten zu drosseln[24]. Die zunehmende Automation und die ständig steigende Nachfrage nach ihren Produkten erlaubte es den Herstellern von Zigaretten, die Steuer des Jahres 1906 und die Steuererhöhung des Jahres 1909 selbst zu tragen[25], während im Zigarrengewerbe die steuerlich bedingte Preiserhöhung 1909 zu einer spürbaren Abwanderung von Kunden zur Zigarette führte[26]. Für den Raucher, der mit seinem Einkommen haushalten mußte, gleichwohl aber seinen „Rauchgenuß" nicht einschränken wollte, lautete die Überlegung: „Die Kosten, die er für eine Zigarre anzulegen

[20] J. *Katz*, a. a. O., S. 124.
[21] Else *Neisser*, Preisbewegung und Haushaltungskosten in Breslau 1893 bis 1912, in: SVS 145, 1914, S. 471.
[22] E. *Hoffmann*, a. a. O., S. 235.
[23] Vgl. Joh. Friedrich *Fischer*, Die Grenzen des Tabakkonsums, Diss. München 1930, S. 19 f.
[24] Vgl. Ludwig *Heyde*, Die volkswirtschaftliche Bedeutung der technischen Entwicklung in der deutschen Zigarren- und Zigaretten-Industrie, Stuttgart 1910, S. 56 f.; Jacob Wolf (Hrsg.), Der Tabak und die Tabakfabrikate, 2. Aufl. Leipzig 1922, S. 305; R. *Taras*, a. a. O., S. 43.
[25] E. *Bülck*, a. a. O., S. 2140/2141.
[26] Ders., S. 2141; H. *Witteler*, a. a. O., S. 13.

hatte, waren für seine Verhältnisse zu groß; für denselben Preis erstand er eine Anzahl Zigaretten, die er beliebig über seine freie Zeit verteilen konnte, ohne den immerhin fraglichen Genuß einer schon einmal angerauchten Zigarre in Betracht ziehen zu müssen[27]."

Es erstaunt deshalb nicht, wenn schon bald in den Berichten der Handelskammern „industrielle Gegenden mit starker Arbeiterbevölkerung" als Zentren des Verbrauchs von Zigaretten erschienen, und wenn dort behauptet wurde, in Arbeiterkreisen gebe man der Zigarette nur des billigeren Preises wegen den Vorzug[28]. Diese Behauptung erhärtete der Erfolg, den die preiswerte österreichische „Sportzigarette" auf den süddeutschen Absatzmärkten erzielte[29], trotz verschiedener Zollerhöhungen, die den übrigen Import an Zigaretten, vor allem aus russischer und ägyptischer Fertigung, fast bis zur Bedeutungslosigkeit schrumpfen ließen[30]. 1908 klagte die Handels- und Gewerbekammer für Oberbayern zu München: „Alle Bemühungen der einheimischen Industrie vor allem durch Lieferung von Qualitäten, welche anerkannter Maßen diejenigen der österreichischen Marke (Sport-Zigarette) weit hinter sich lassen, waren nicht imstande, der namentlich in Arbeiterkreisen stark verbreiteten, schwer erklärlichen Anhänglichkeit an dieses Auslandsfabrikat Abbruch zu tun oder dieselbe auch nur zu vermindern[31]." Diese „Anhänglichkeit" war jedoch, bezog man sich auf den Preisvergleich, leicht zu erklären.

b) Das Angebot

Der raschen Ausdehnung der Nachfrage nach Zigaretten entsprachen auf der Marktseite der Anbieter eine zunehmende Trennung von Produktion und Handel sowie im Bereich der Fabrikation ein unaufhaltsamer Trend zum Großbetrieb. Als in den sechziger Jahren des 19. Jahrhunderts Russen, Griechen und Türken den Grundstein für eine „deutsche" Zigarettenindustrie legten[32], kennzeichneten der Zwerg-

---

[27] A. *Birnbaum*, a. a. O., S. 81. Vgl. auch A. *Manicke*, a. a. O., S. 309, Anm. 1.
[28] H. *Uhlmann*, a. a. O., S. 73. Vgl. ferner K. *Bormann*, a. a. O., S. 73; H. *Witteler*, a. a. O., S. 11/12. Diesen Sachverhalt bestätigten Abgeordnete des Deutschen Reichstags während der Debatten über die Einführung der Zigarettensteuer im Frühjahr 1906. Vgl. die Ausführungen des Abg. Dr. Wiemer (DFVP) in der Sitzung am 4. 5. 1906. Stenograph. Berichte über die Verhandlungen des Reichstages. 11. Leg.-Per. II. Session 1905/06, Bd. 4, S. 2909.
[29] F. *Leistner*, a. a. O., S. 73.
[30] Vgl. hierzu K. *Bormann*, a. a. O., S. 66 - 68; A. *Birnbaum*, a. a. O., S. 84; ferner Stat. Jb. für das Deutsche Reich 36, 1915, S. 200 u. o. V., Zigarren und Zigaretten im deutschen Außenhandel, in: WWA 2, 1913, S. 280.
[31] H. *Rinnebach*, a. a. O., S. 50; K. *Bormann*, a. a. O., S. 68.
[32] Die erste deutsche Zigarettenfabrik errichtete 1862 Joseph Michael von Huppmann-Vabella in Dresden als Filiale des bedeutenden russischen Unternehmens „Laferme" in Petersburg. Der Betrieb wurde in einer Stube des Seitengebäudes Ostra-Allee 10 mit zwei russischen und vier deutschen Arbeiterinnen unter der Leitung eines russischen Tabakschneiders eröffnet. E. *Pietschmann*, a. a. O., S. 11.

1. Die Struktur der deutschen Zigarettenmärkte

betrieb und die Verbindung von Produktion und Absatz die Struktur der Angebotsseite des Marktes. Die ersten „deutschen" Unternehmer der Branche fertigten in Handarbeit Zigaretten, die sie in ihrem Laden oder durch Hausieren feilboten[33]. Kleinbetriebe dieser Art waren nur lebensfähig, wenn sie mit einem festen Kundenkreis rechnen konnten, der die in Deutschland noch nahezu unbekannte Zigarette den anderen Tabakwaren vorzog[34]. Ihr Standort war daher auf Groß- und Residenzstädte mit internationalem Publikum wie Dresden, Berlin und München, auf mondäne Kurbäder wie Wiesbaden und Baden-Baden[35] und auf Städte mit einem relativ hohen Anteil slawischer Bevölkerung wie etwa Breslau[36] beschränkt. Erst als sich die Zigarette im Verlauf der achtziger Jahre auch unter der deutschen Bevölkerung allmählich durchsetzte, begannen einige Fabriken über den Bereich des Zwergbetriebes und über den Absatzraum der Ladenkundschaft hinauszuwachsen[37]. Doch schien es anfangs so, als würde die Zigarettenindustrie auf dem Stand der Manufaktur verharren müssen. Überdies erforderte die Herstellung der Zigaretten in Handarbeit eine hohe Geschicklichkeit des Tabakschneiders. „Nur langjährige Übung konnte seinen Fingern die Empfindlichkeit und Präzision des Tastsinnes geben, die zur Herstellung eines gleichmäßig schönen, langfaserigen und seidenweichen Schnittgutes unerläßlich ist[38]." Trotz der Einwanderung von Zigarettenfacharbeitern aus Rußland, den Balkanländern und der Türkei war abzusehen, wann die Zigarettenproduktion an ihre, durch die hohen Anforderungen an die Arbeitskraft bestimmte Kapazitätsgrenze stoßen würde.

In dieser Lage gelang es der amerikanischen Maschinenindustrie, durch die Konstruktion einer Reihe komplizierter und auch kostspieliger Maschinen die Arbeitsvorgänge bei der Produktion von Zigaretten wie Formen des eingelegten Tabaks zu einem Strange, Schneiden des

---

[33] Oft verlegten sie sogar die „Produktion" in das Schaufenster dieses Ladens, das dann stets von einer interessierten Zuschauermenge umlagert wurde, „welche dem geschickten Spiel der Finger des Zigarettenmachers zusah". Manoli-Zigarettenfabrik 1894 - 1919. Festschrift zur Feier des 25jährigen Bestehens der Manoli Zigarettenfabrik, Berlin 1919, S. 7.

[34] August *Zimmermann*, Die Tabakindustrie unter besonderer Heranziehung badischen Materials, Tübingen 1931, S. 22.

[35] So waren die ersten Kunden der Firma Batschari in Baden-Baden russische Kurgäste, die auch während ihres Kuraufenthaltes die heimatliche Zigarette nicht gegen die deutschen Arten des Tabakkonsums vertauschen mochten. Erich *Batschari*, Preisschleuderei, Diss. Heidelberg 1917, S. 7/8.

[36] Breslau verdankte seinen Aufschwung als Standort der Zigarettenindustrie der Nachfrage seiner polnischen Einwohner, für welche die Zigarette bereits ein alltägliches Konsumgut darstellte. Vgl. Hermann *Freymark*, Die Handelskammer Breslau 1849 - 1924, in: Die Handelskammer Breslau 1849 - 1924, Breslau 1925, S. 83 u. W. *Knoll*, a. a. O., S. 20.

[37] Daneben erfolgten Neugründungen von Fabrikationsbetrieben, „häufig durch Selbständigmachung bisheriger Zigarettenarbeiter". Alfred Kuhlo (Hrsg.), Geschichte der bayerischen Industrie, München 1926, S. 183.

[38] Robert *Cudell*, Das Buch vom Tabak, Köln 1927, S. 230.

Papiers, Rollen, Kleben, Schneiden und Beschriften der Zigaretten sowie die Verpackung auf mechanischem Wege durchzuführen[39]. Allerdings vollzog sich diese Entwicklung in Stufen. Die Kapazität der ersten Maschinen war noch nicht sehr groß, so daß die Aufstellung zahlreicher Maschinen notwendig gewesen wäre, um hohe Produktionsmengen zu erreichen[40]. Ferner dauerte es einige Zeit, bis alle Arbeitsvorgänge mechanisiert worden waren. Um 1905 beispielsweise produzierte die Firma Manoli in Berlin mit Hilfe einer einzigen Maschine bereits täglich bis zu 120 000 Zigaretten der niedrigsten Preisklasse. Teuere Sorten, die mit einem Goldmundstück versehen wurden, mußte sie hingegen vorwiegend in Handarbeit herstellen lassen[41]. Eine Spezialisierung auf Zigaretten von besonderer Qualität bot also den Kleinbetrieben noch eine Möglichkeit der weiteren Existenz[42]. Bei den „gewöhnlichen" Sorten setzte sich die maschinelle Produktion indessen immer mehr durch[43]. Die immer größer werdende Produktionskapazität dieser Maschinen beschleunigte ihrerseits wieder die Tendenz zur Markenbildung in der Zigarettenindustrie. „Alle Maschinenproduktion großen Stils hat Auf-Lager-Arbeit zur Voraussetzung, alle Auf-Lager-Arbeit aber Markenarbeit[44]."

Die maschinelle Produktionsweise veränderte nicht allein die traditionelle Betriebsgröße in der Zigarettenbranche, sie verschob auch das Gewicht der einzelnen Anbieter und Produzenten am Markt. Für den Ankauf der „arbeitssparenden" Maschinen war ein erheblicher Kapitalaufwand erforderlich, der die finanziellen Möglichkeiten des Inhabers einer Manufaktur bei weitem überstieg. Nur der Fabrikant, der es rechtzeitig verstand, sich dieses Kapital zu beschaffen, sei es durch die Aufnahme kapitalkräftiger Teilhaber in sein Unternehmen, sei es durch die Verschmelzung seines Unternehmens mit anderen, durfte hoffen, am „Zigaretten-Boom" teilzunehmen. An die Stelle der Einzelunternehmung trat nun bald die Personengesellschaft, schließlich auch die Aktiengesellschaft[45].

---

[39] Edgar *Jaffé*, Die Tabakindustrie, in: Die Hauptindustrien Deutschlands, Leipzig 1904, S. 885.
[40] Die deutsche Zigaretten-Industrie und die Entwicklung zum Reemtsma-Konzern unter besonderer Berücksichtigung der Reemtsma-Werke, Diss. Nürnberg 1935, S. 18/19.
[41] Manoli-Zigarettenfabrik, a. a. O., S. 8.
[42] Vgl. E. *Batschari*, a. a. O., S. 7.
[43] L. *Heyde*, a. a. O., S. 119.
[44] Ebenda, S. 120.
[45] Allerdings gab es in der Branche bis zum Jahre 1914 nur fünf Aktiengesellschaften. Daher ist es nicht möglich, Aussagen über das gesamte in der deutschen Zigarettenindustrie investierte Kapital zu treffen. Vgl. Fritz *Skowronek*, Der Einfluß der neuen Tabaksteuern auf die Entwicklung von Betrieb und Unternehmung in der Zigaretten-Industrie, Diss. Halle—Wittenberg 1928, S. 55/56; F. J. *Fischer*, a. a. O., S. 36.

1. Die Struktur der deutschen Zigarettenmärkte

Einen weiteren Anstoß zur Konzentration der Produktion auf wenige große Unternehmungen gab 1906 die Einführung der Banderolensteuer, die unter dem Zeichen der Mittelstandspolitik erlassen worden war[46]. Nach dem Gesetz hatte der Fabrikant der Zigaretten die Steuer in Form der Banderole, mit der jede Packung verschlossen wurde, zu entrichten, bevor die „steuerpflichtigen Erzeugnisse" seinen Betrieb verließen. Gegen „Bestellung voller Sicherheit" konnte eine Stundung der Steuerbeträge auf die Dauer von sechs Monaten erfolgen. Da im Zigarettenhandel allgemein Zahlungsziele bis zu einem Jahr üblich waren[47], mithin die verauslagten Steuerbeträge erst nach einiger Zeit in Form der Verkaufserlöse wieder hereinkamen, begünstigte das Gesetz finanzstarke Großunternehmen, die eher als ein Kleinbetrieb in der Lage waren, die Steuerstundung zu erlangen und damit einen Zinsgewinn zu verbuchen. Auch die Kontrolle der „steuerpflichtigen Erzeugnisse", welche der Fabrikant nach bestimmten Vorschriften durchzuführen hatte, verursachte dem großen Betrieb weniger Kosten als dem kleinen, der oftmals noch gar keine Buchführung eingerichtet hatte[48]. Die Steuereinhebung in der Form des Banderolensystems, die auf einem festen Verkaufspreis des Steuerobjektes beruhte und die diesen Preis nun für alle Handelsstufen und für den Endverbraucher auf der Packung deutlich sichtbar machte, prägte die Zigarette endgültig zum „Idealtyp des Markenartikels", bei dem das Markenbild als Absatzfaktor in den Vordergrund trat[49].

Da es sich aber bei der Zigarette um einen „Herstellermarkenartikel" handelte, — im Gegensatz zur „Handelsmarke" und zur „Hausmarke"[50], die beide im Zigarrenhandel vorherrschten[51] —, verlor der Handel bald jeglichen Einfluß auf die Gestaltung dieses Produktes; insbesondere der Einzelhändler sank damit zum reinen „Verschleißer" herab[52]. Maßgebend für die Struktur der Angebotsseite wurde daher allein der Bereich der Produktion, der vor Ausbruch des Ersten Weltkrieges durch das Bestehen einiger großer und sehr vieler kleiner Fabrikationsunternehmen

---

[46] Vgl. E. *Batschari*, a. a. O., S. 12 f.
[47] Ebenda, S. 12.
[48] K. *Bormann*, Zigarettenindustrie, a. a. O., S. 14/15.
[49] Hans Günter *Herppich*, Das Markenbild als Element flexibler Absatzplanung in der Zigarettenindustrie, in: Erich Gutenberg (Hrsg.), Absatzplanung in der Praxis, Wiesbaden 1962, S. 117.
[50] Georg *Bergler*, Art. „Markenartikel", in: HdSW 7, 1961, S. 127.
[51] Versuche, nach dem Umsatzrückgang als Folge der Steuerreform des Jahres 1909 auch die Zigarre zu einem Markenartikel umzugestalten, scheiterten am Widerstand der Zigarrenhändler, die um ihre Entscheidungsfreiheit fürchteten und an der mangelnden Konzentration der Unternehmen im Zigarrengewerbe. Max *Zentz*, Die Konzentration der Zigarettenindustrie und die Zigarettensteuer, Diss. München 1927, S. 33.
[52] Vgl. K. *Hassel*, a. a. O., S. 36 f. u. Victor *Mataja*, Art. „Kleinhandel", in: HdStw 3. Aufl. 5, 1910, S. 876.

II. Bedingungen und Voraussetzungen des Trustkampfes

gekennzeichnet war. Zum Zentrum der Großindustrie entwickelte sich Dresden. Der einstmals absatzorientierte Standort wies auch im Zeitalter des Massenkonsums der Zigarette Vorteile auf, lag er doch verkehrsgünstig für die Einfuhr der Rohtabake und für den Absatz auf den deutschen Binnenmärkten[53]. Bereits 1910 deckte die Produktion der fünf größten Zigarettenfabriken zu Dresden ein Drittel des gesamten deutschen Verbrauchs[54]. Doch gab es auch außerhalb Dresdens einige Großunternehmen, so etwa die Firmen Manoli und Garbaty in Berlin, Zuban in München und Batschari in Baden-Baden. Daneben produzierte eine große Anzahl kleiner Firmen, oft sogar „Einmannbetriebe", für den lokalen Markt. Meist lebten diese „Fabriken" davon, daß sie höherwertige Zigaretten in Handarbeit herstellten, im übrigen aber den Vertrieb von gängigen Sorten der Großfirmen übernahmen[55]. Diese Eigenart des Produktionsbereiches veranschaulicht die Statistik über die Anzahl der Zigarettenfabriken im Deutschen Reich[56]:

1. Fabriken, die nur Zigaretten herstellen

Jahr	Zahl	ohne Gehilfen	mit reiner Handarbeit	mit reiner Maschinenarbeit
1907	876	420	834	14
1910	1 015	408	883	37
1913	1 013	469	859	43

2. Fabriken, die Zigaretten und Zigarettentabak herstellen

1907	323	62	198	4
1910	294	48	154	4
1913	333	65	165	10

Vergleicht man die Steuerstatistik der Zigarettenfabriken mit der der Erzeugung, so ergibt sich: 1907 stellten 1 199 Fabriken 5 694 491 000 Zigaretten her, 1913 produzierten 1 346 Fabriken 12 412 347 000 Zigaretten, das entspricht einer Vermehrung der Fabriken um 12 % bei gleichzeitiger Steigerung der Produktion um 118 %[57].

---

[53] Vgl. Karl *Mende*, Über Standortsbedingtheit und Aufbau der Dresdner Großindustrie, Diss. Dresden 1927, S. 121/122; Horst *Fehre*, Dresden 1834 bis 1933. Entwicklung und Wirkungen einer deutschen Großstadt, bevölkerungsgeographisch gesehen, Diss. Dresden 1944, S. 84.

[54] L. *Heyde*, a. a. O., S. 119.

[55] Ein anschauliches Beispiel für diese Kombination von Produktion und Handel liefert der Beginn der Geschäftstätigkeit eines späteren Konzernherrn in der Zigarettenbranche. Im Jahre 1910 verkaufte Bernhard Reemtsma seine Kolonialwarenhandlung in Erfurt und kaufte dafür die „Cigarettenfabrik" Dixi. „Unter etwa 1 000 Zigarettenfabriken in Deutschland war Dixi einer der allerkleinsten Betriebe. Die von ihm vertriebenen Zigaretten der 1- und 2-Pfennig-Preislage bezog er als Fertigfabrikate von anderen Fabriken. Unter den in Handarbeit selber hergestellten Zigaretten der höheren Preislagen war die 5-Pfennig-Zigarette ‚Thüringer Gold' die erfolgreichste Marke." Tabago, a. a. O., S. 110.

[56] Stat. Jb. für das Deutsche Reich 36, 1915, S. 109.

Abgesehen von den kleinen Fabriken, die teilweise Handelsfunktionen übernehmen, erfolgte der Verkauf der Zigaretten an den Verbraucher auch sonst nur zu einem Teil durch den Fachhandel mit Tabakwaren, bei dem die Grenze zwischen Groß- und Einzelhandel schwer zu ziehen war, da auch viele Grossisten Detailhandel betrieben[58]. Kennzeichnend für den Facheinzelhandel in den Großstädten war das Filialgeschäft, das an verkehrsreichen Plätzen, etwa in der Nähe von Bahnhöfen entstand. Nach empirischen Untersuchungen, die in Berlin vorgenommen wurden, bedienten die Filialläden, die meist elegant eingerichtet und modern ausgestattet waren; vorwiegend Kunden der mittleren und höheren Einkommensklassen, während die „Arbeiterkundschaft", sofern sie ihren Bedarf an Tabakwaren nicht im Konsumverein deckte, dem „kleinen" Zigarrenladen treu blieb[59].

Einen großen Teil des Umsatzes an Zigaretten auf der Ebene des Einzelhandels bestritten jedoch fachfremde Händler. Der Verkauf dieses Markenartikels, der verpackt und mit einem Preis ausgezeichnet war, stellte keinerlei fachspezifische Anforderungen an den Händler und verursachte keinerlei besondere Aufwendungen[60]. Überdies vernachlässigten anfangs die Zigarrenhändler das Geschäft mit der Zigarette. „Sehr angenehm war den Händlern das oft auftretende Begehren nach einigen Zigaretten zu winzigem Preise gerade nicht. Er sah den jungen Käufer lieber gehen als kommen, der ihn um einige Pfennige willen aus seiner behaglichen Ruhe störte, ...[61]" Die Gastwirte schließlich waren nicht an die Sonntagsruhe und die Zeit des Ladenschlusses gebunden und benutzten dieses Privileg, ihren Gästen Tabakwaren in einer Menge zu verkaufen, die deren augenblicklichen Rauchbedarf bei weitem überstieg[62]. Zigaretten wurden deshalb in großen Mengen in Restaurants, Cafés, Gastwirtschaften, Hotels, Werks- und Soldatenkantinen und Offizierskasinos gehandelt; man konnte sie auch in Lebensmittelgeschäften, Grünkramläden, Papierwarengeschäften, Flaschenbierhandlungen und bei Friseuren erwerben[63].

---

[57] Zu den Angaben über die Produktionshöhe siehe ebenda, S. 109.
[58] Vgl. Kurt *Nippes*, Die Absatzorganisation in der deutschen Zigarettenindustrie, Diss. Köln 1927, S. 18.
[59] Vgl. Julius *Hirsch*, Die Filialbetriebe im Detailhandel. Unter hauptsächlicher Berücksichtigung der kapitalistischen Massenfilialbetriebe in Deutschland und Belgien, Bonn 1913, S. 126 f. Die Inhaber der Filialläden nannten für diese Präferenzen der Arbeiterschaft politische Motive, ein großer Teil der Berliner Kleinhändler sei „parteizugehörig", in diesen Läden finde der Arbeiter daher auch seine „Parteiblätter". Ebenda, S. 31.
[60] Damit wurde allerdings der Handel mit Zigaretten für „viele Existenzen ... ein ultimum refugium". Vgl. E. *Batschari*, a. a. O., S. 22.
[61] A. *Birnbaum*, a. a. O., S. 81.
[62] Vgl. F. *Leistner*, a. a. O., S. 48.
[63] Ebenda.

c) Marktstruktur und Marktverhalten

Die Struktur des Angebots und der Nachfrage, die sich auf dem Zigarettenmarkt innerhalb der Zollgrenzen des Deutschen Reiches nach der Jahrhundertwende gebildet hatte, legte das Marktverhalten der Anbieter und der Nachfrager in seinen Grundzügen bereits fest. Auf der Marktseite der Nachfrager herrschte der Zustand der „atomistischen Konkurrenz". Abgesehen vom „Großeinkauf" oder vom „Massenbezug" der Konsumvereine oder der Offizierskasinos gab es keine erkennbaren Versuche der Verbraucher, durch ein gemeinsames Vorgehen am Markt Einfluß auf die Preisbildung oder die Produktgestaltung der angebotenen Zigaretten zu gewinnen. Der Raucher akzeptierte vielmehr die Preisforderung des Händlers und paßte seine Nachfrage an diesen Preis an, und zwar meist nicht durch eine Ausdehnung oder Einschränkung seines Zigarettenkonsums, sondern bei Preisschwankungen durch einen Übergang in eine höhere oder in eine niedere Preisklasse.

Demgegenüber hatten der Handel und die kleinen Produzenten, die ja zum Teil auch Handelsfunktionen wahrnahmen, immerhin die Möglichkeit, die Wirkung der vertikalen Preisbindung, welche die „Markenfirmen" eingeführt hatten, durch das „Preisschleudern" auf wichtigen Märkten herabzusetzen. Ursprung und Zentrum der „Preisschleuderei" war der Markt von Berlin, der vom Zigaretteneinzelhandel übersetzt war[64]. Wollte ein Händler auf diesem Markt konkurrenzfähig bleiben, so lohnte es sich für ihn, eine 3-Pfennig-Markenzigarette für 2 Pfennige anzubieten. Der Kunde vertraute auf die Qualität, die durch die Marke gewährleistet wurde, und nahm den Preisvorteil gern wahr. Der Händler verzichtete bei der einzelnen Packung auf einen Teil seiner Handelsspanne, machte aber diese Einbuße — wenigstens zunächst — durch eine Erhöhung seines Umsatzes wett. Oft allerdings provozierte sein Marktverhalten ein „Gegenschleudern" seiner Konkurrenten, das allzu leicht in einen Preiskampf des Handels ausartete[65]. Die Markenfabriken wehrten sich gegen das Preisschleudern, denn ihre Werbung stellte oft den Preis des Produktes als Qualitätsmerkmal heraus, etwa: „Salem Gold, die beliebte 4-Pfennig-Zigarette[66]." Überdies mußten sie fürchten, daß eine stillschweigende Billigung der Aufweichung der vertikalen Preisbindung ihrer Marke auch nur auf einigen wichtigen Märkten Gegen-

---

[64] Vgl. A. *Geck*, a. a. O., S. 85 u. Adolf *Flügler*, Tabakindustrie und Tabaksteuer. Unter besonderer Berücksichtigung der Zigarette, Jena 1931, S. 159.
[65] Siehe hierzu E. *Batschari*, a. a. O., S. 21 f.
[66] Franz *Findeisen*, Die Markenartikel im Rahmen der Absatzökonomie der Betriebe, Berlin 1924, S. 50. Vgl. ferner Erich *Hoppmann*, Binnenhandel und Binnenhandelspolitik, Berlin usw. 1959, S. 139: „Wenn der Preis fest und gleichbleibend ist und die Qualität fest und gleichbleibend ist, so liegt der durch die Reklame psychologisch vorbereitete Trugschluß nahe, daß die Preishöhe eines Artikels seiner Qualität ‚entspricht'."

1. Die Struktur der deutschen Zigarettenmärkte

maßnahmen der anderen Markenhersteller auslösen würde. Die Bekämpfung des Preisschleuderns erwies sich allerdings als schwierig. Die Gerichte versagten den Produzenten ihre Hilfe, denn sie erklärten unmißverständlich: „Der Eigentümer der neu erworbenen Ware kann selbständig einen ihm beliebigen Preis beim Weitervertrieb an andere bestimmen[67]." Die Markenfirmen versuchten deshalb, mit dem Handel Vereinbarungen zu treffen, um das Preisschleudern auszuschließen, doch scheiterten solche Versuche immer wieder an den unüberbrückbaren Interessengegensätzen zwischen den Markenherstellern auf der einen, dem Groß- und Einzelhandel auf der anderen Seite[68].

Das Marktverhalten der Markenartikelfabrikanten wurde durch die Entwicklungsphase, in der sich der deutsche Zigarettenmarkt befand, entscheidend geprägt. Spätestens in den neunziger Jahren überschritt die Zigarettenindustrie das Stadium der Experimentierungsphase, dessen Kernproblem die Kreation des Produktes und der Nachfrage gewesen war, und trat in die Phase der Expansion ein. Alle Merkmale der Marktprozesse deuten darauf hin, daß die Expansionsphase bis 1914 anhielt[69]. Im Gegensatz zu der folgenden Phase, der Ausreifungsphase, welche die deutsche Zigarettenindustrie allenfalls erst in den späten zwanziger Jahren erreichte[70], hatten bis 1914 weder das Produkt noch die Nachfrage fest umrissene Formen angenommen; was feststand, war lediglich die Richtung ihrer Entwicklung, bei der Nachfrage war es das Wachstum, beim Produkt die ständige Senkung der Produktionskosten infolge zunehmender Mechanisierung des Herstellungsverfahrens und daneben infolge — wenn auch nur geringer — qualitativer Verbesserungen[71].

Diese Entwicklungsphase des Marktes zwang die großen Firmen der Branche, der Investitionspolitik im Rahmen ihrer Geschäftstätigkeit

---

[67] F. *Findeisen*, a. a. O., S. 89.
[68] Näheres über diese Versuche, welche die Markenfirmen bis 1911 als Mitglieder des 1903 gegründeten Markenschutzkartells „Markenschutzverband" unternahmen, bei: Johannes *Wernicke*, Kapitalismus und Mittelstandspolitik, 2. Aufl. Jena 1922, S. 387; Heinz *Sellert*, Markenartikel und Preispolitik, Diss. Freiburg/Br. 1927, S. 113; Werner *Fahrenbruch*, Verkaufsbetrieb von Markenartikelfabriken, Diss. Gießen 1927, S. 70; Ludwig *Astheimer*, Der Markenartikel und seine wirtschaftliche Bedeutung, Diss. Gießen 1932, S. 30.
[69] Der Erste Weltkrieg und die Nachkriegszeit erhöhten den Zigarettenverbrauch noch einmal gewaltig. „Einen großen Aufschwung nahm der Tabakverbrauch seit dem 1. Weltkrieg. Die Zigarette erwies sich als wesentliches Anregungs- und zugleich — gegensätzlich — als Beruhigungsmittel in den schweren Materialschlachten mit ihren seelischen Belastungen der kämpfenden Truppe. In der Nachkriegszeit gewöhnten sich auch die Frauen rasch an den Zigarettengenuß." Robert *Nöll von der Nahmer*, Lehrbuch der Finanzwissenschaft, Bd. 2: Spezielle Steuerlehre, Köln usw. 1964, S. 187.
[70] Vgl. Aribert *Heilmann*, Entwicklungstendenzen im deutschen Tabakwarenmarkt in den Jahren 1930 bis 1955, Diss. Mannheim 1956.
[71] Vgl. Ernst *Heuss*, Allgemeine Markttheorie, Tübingen usw., 1965, S. 44 bis 46.

eine Schlüsselstellung einzuräumen[72]. Nur ständige Erweiterungsinvestitionen, nur das fortwährende Bemühen, in den Fabrikhallen stets die modernsten Maschinen stehen zu haben und deren Anzahl laufend zu vergrößern, gewährleisteten einer Unternehmung einen entsprechend hohen Anteil an der wachsenden Nachfrage. Ein Zögern beim Ausbau der Produktionskapazität bedeutete ein Zurückbleiben hinter den Konkurrenten und früher oder später den Niedergang auf die Ebene der Kleinfabriken. Die Erweiterungsinvestitionen bei gleichzeitiger Mechanisierung zwangen andererseits den Unternehmer zu einer offensiven Absatzpolitik. Im Gegensatz zur arbeitsintensiven Zigarrenproduktion, die mit hohen variablen und niederen fixen Kosten arbeitete und durch eine Neueinstellung oder Entlassung von Arbeitskräften ihre Produktion rasch an Änderungen der Nachfrage anpassen konnte, fielen im Großbetrieb der Zigarettenindustrie hohe Anlagekosten an, auch dann, wenn nicht eine einzige Zigarette produziert wurde. Der Anteil der fixen Kosten pro Stück wurde allerdings immer geringer, je größer die produzierte Menge wurde. Angesichts seiner hohen fixen Gesamtkosten trachtete also der Unternehmer danach, seine Produktionskapazität immer voll auszulasten[73]. Nun konnte er die Entwicklung der Nachfrage in zukünftigen Jahren allenfalls schätzen und mußte mit Rückschlägen oder einer Stagnation rechnen. Daher war es geboten, die Ausnutzung seiner Kapazität für solche Zeiten einigermaßen zu sichern, indem er sich bereits jetzt möglichst große Marktanteile eroberte. Die Expansionsphase begünstigte dabei seine absatzpolitische Initiative, denn alle ihre Dimensionen — Nachfrage, Kosten und Produkt — befanden sich im Gegensatz zu den späteren Marktphasen noch im Fluß und boten daher dem Wettbewerb um Marktanteile noch weiten Spielraum[74].

Welche absatzpolitischen Maßnahmen empfahlen sich nun in der konkreten Situation der deutschen Zigarettenindustrie dem Unternehmer, der das Ziel verfolgte, sich einen möglichst großen Teil der Nachfrage zu erschließen? Der Erfolg einer Preissenkung war fragwürdig. Spätestens seit dem Anbruch des „Maschinenzeitalters" in der Zigarettenherstellung teilten sich verhältnismäßig wenige große Firmen die regionalen Märkte. Da sie einen Artikel produzierten und anboten, der, obschon als „Markenartikel" ausgebildet, doch recht gut substituierbar war, mußte jeder Anbieter mit Reaktionen der Konkurrenten auf seine eigenen produktions- und absatzpolitischen Entscheidungen rechnen. Für den einzelnen Anbieter war es also ungewiß, wie seine Konkur-

---

[72] Ebenda, S. 46 f.
[73] Vgl. Wilhelm *Blase*, Die Rohtabakversorgung Deutschlands, Diss. Köln 1933, S. 16.
[74] Vgl. E. *Heuss*, a. a. O., S. 60.

renten auf seine Preisänderungen reagieren würden[75]. Überdies war keine der Markenartikelfirmen so finanzkräftig oder von ihrer Kostenstruktur und ihrem Marktanteil den Konkurrenten so überlegen[76], daß sie sich von einem Preiskampf unter den Produzenten hätte Vorteile versprechen können. Bei gebundenen Endverkaufspreisen blieben mithin noch die folgenden Aktionsparameter, mit deren Hilfe eine Firma ihren Marktanteil erhöhen konnte[77]:

1. der Abgabepreis bzw. die Handelsspanne,
2. die Produktqualität,
3. die Werbung.

Tatsächlich versuchten einige Markenfabriken, die Händler durch eine Senkung des Abgabepreises am verstärkten Verkauf ihres Produktes zu interessieren, doch war auch bei dieser Maßnahme Vorsicht geboten, denn entsprechende Reaktionen der Konkurrenten drohten, die dann nur dem Handel nützen, den Produzenten aber insgesamt schaden würden. Da der zweite Weg, die Produktstrategie, in der Zigarettenbranche kaum gangbar war, rückte zwangsläufig die Werbung als Mittel der Absatzpolitik in den Vordergrund[78]. Allerdings umfaßte diese Werbung nicht allein Versuche, das eigene Markenbild fest im Bewußtsein der Verbraucher zu verankern, sie beschränkte sich auch nicht auf „Nichtpreiswettbewerb mit hauptsächlich symbolischem Sinn"[79], sondern sie erstreckte sich vor allem auf das Zugabewesen, das derart ausgestaltet wurde, daß die Zugabe einer indirekten Preissenkung gleichkam[80]. Diese Ausformung des Zugabewesens bildete schließlich den äußeren Anlaß, an dem sich der Trustkampf in der deutschen Zigarettenindustrie entzündete.

2. Die Gegner im Trustkampf

a) Der amerikanische Tabaktrust

Nach diesem Überblick über die Konstellation der Angebotsseite der deutschen Zigarettenmärkte, die gewissermaßen den Nährboden für

---

[75] Beobachtungen der Vorgänge auf den amerikanischen Zigarettenmärkten während der zwanziger Jahre bestätigten diese Ungewißheit. Als der Preis der „Lucky-Strike" Zigarette heraufgesetzt wurde, hielten die beiden Konkurrenten, Camel und Chesterfield, an dem alten Preis fest, so daß der Lucky-Strike-Umsatz zurückging und der Preis wieder gesenkt werden mußte. Bei späteren Preiserhöhungen gingen alle drei Firmen gleichsinnig vor. R. B. Tennant, a. a. O., S. 75 f.
[76] Vgl. Herbert *Jacob*, Preispolitik, 2. Aufl. Wiesbaden 1971, S. 200.
[77] Vgl. Alfred E. *Ott*, Vertikale Preisbildung und Preisbindung. Eine theoretische Analyse, Göttingen 1966, S. 129.
[78] Siehe hierzu Lester G. *Telser*, Advertising and Cigarettes, in: The Journal of Political Economy 70, 1962.
[79] Vgl. Fritz *Machlup*, Wettbewerb im Verkauf. Modellanalyse des Anbieterverhaltens, Göttingen 1966, S. 444.
[80] Ebenda, S. 446.

den Trustkampf lieferte, ist es nun noch notwendig, die Gegner vorzustellen, die sich in dieser Auseinandersetzung zwischen 1901 und 1915 einander gegenüberstehen. Den Namen verdankte der Machtkampf dem „amerikanischen Tabaktrust". Hinter dieser Bezeichnung verbarg sich die „American Tobacco Company" (ATC), die 1890 durch eine Fusion der fünf größten amerikanischen Zigarettenfabriken unter der Leitung des „Tabakmagnaten" James Buchanan Duke entstanden war. Gestützt auf einen Ausschließlichkeitsvertrag mit der Maschinenfabrik Bonsack, die bereits 1884 eine Maschine mit einer Tagesproduktion von 120 000 Zigaretten herstellte[1], baute die ATC ihre Machtstellung auf den amerikanischen Märkten aus. Ihre Marktstrategie beruhte dabei auf den folgenden Instrumenten:

1. Werbung vor allem in Form der „Wertreklame". Jeder Packung Zigaretten wurde ein Kupon beigelegt, der gegen Waren aller Art eingelöst werden konnte[2]. Je nach Sammeleifer erhielt man für eine bestimmte Anzahl von Kupons Uhren, Grammophone, Fahrräder, ja selbst künstliche Gliedmaßen[3].

2. Gezielte Preiskämpfe gegen kleine Konkurrenten, die nur für einen lokalen Markt produzierten. Allerdings setzte der Trust bei solchen Kämpfen niemals den Ruf seiner bekannten Marken aufs Spiel. "Primitive price cutting was usually confined to special 'fighting brands' fighting brands "detailed to do the dirty work and absorb the damage[4]."

3. Behinderung der Konkurrenten im Marktprozeß. Auch bei diesen Aktionen hielt sich der Trust im Hintergrund und verbarg seinen Einfluß hinter seinen „im geheimen kontrollierten Gesellschaften". Bei der allgemeinen Erbitterung der amerikanischen Öffentlichkeit gegen die Trusts erzielten vielfach Außenseiter, die in ihrer Werbung ihre finanzielle Unabhängigkeit herausstellten, einen guten Umsatz. Deshalb erwarb der Trust 1903 und 1904 heimlich die Kontrolle über eine Reihe von Firmen, die weiterhin ihre Produkte als „independent" oder „not made by a trust" kennzeichneten, aber nun zugunsten der ATC den Kampf gegen deren Konkurrenten aufnahmen[5]. Mindestens ein Fall

---

[1] Dieser Vorteil wog um so schwerer, als die USA als das Land der „teuren Handarbeit" galten. So betrugen nach amtlichen Ermittlungen die Arbeitskosten einer Zigarette im Jahr 1876 96,5 cents pro Tausend, 1895 nach der Einführung der Maschine bei ziemlich unveränderten Lohnsätzen nur mehr 8,1 cents pro Tausend. Hermann *Levy*, Der amerikanische Tabak-Trust, in: KR 8, 1910, S. 840.

[2] R. B. *Tennant*, a. a. O., S. 42. „General Publicity" nahm in den Werbemaßnahmen des Trustes hinter dem Zugabewesen eindeutig den zweiten Rang ein.

[3] Vgl. Victor *Mataja*, Die Reklame. Eine Untersuchung über Ankündigungswesen und Werbetätigkeit im Geschäftsleben, 2. Aufl. München usw. 1916, S. 150.

[4] R. B. *Tennant*, a. a. O., S. 51.

[5] H. *Levy*, a. a. O., S. 844.

konnte dem Trust nachgewiesen werden, in dem ein scheinbar „trustfreies" Tochterunternehmen unter den Arbeitskräften einer Außenseiterfirma einen Streik anzettelte und den Handel durch Bestechung dazu verleitete, die Waren der betroffenen Firma aus seinem Sortiment zu entfernen[6].

4. Aufbau einer „trusteigenen" Ladenkette. 1901 erlangte die ATC die Kontrolle über die „United Cigar Stores Company", deren Kettenläden sie nach eigenen Zielsetzungen erweiterte. Die „price-cutting-shops" dieser Gesellschaft bekämpften Einzelhändler, die sich den Geschäftsbedingungen des Trustes nicht fügten, durch Preisunterbietung[7].

Die Ergebnisse dieser Marktstrategie lassen sich mit Zahlen belegen. Im Jahre 1910 betrug der Anteil der ATC an der gesamten amerikanischen Produktion von Tabakwaren[8]:

Erzeugnis	Anteil in Prozent
Zigaretten	86,1
Kautabak	84,9
Rauchtabak	76,2
„Fine cut"	79,7
Schnupftabak	96,5
Zigarillos	91,4
Zigarren	14,4

Der augenscheinliche Mißerfolg der ATC bei der „Vertrustung" der Produktion von Zigarren beruhte auf dem arbeitsintensiven Herstellungsverfahren dieser Branche, das die wichtigste Waffe des Trustes, das Maschinenmonopol, zur Wirkungslosigkeit verurteilte[9]. Auch die Fabrikation „türkischer" Zigaretten, die bis 1910 ausschließlich manuell erfolgte, blieb eine Domäne kleiner, unabhängiger Firmen[10]. Ebenso mißlang der Versuch der ATC, die Produktion an Rohtabak in den USA unter ihre Kontrolle zu bringen, denn die Farmer in den Tabakanbaugebieten schlossen sich zu Angebotskartellen zusammen, die auf dem Rohstoffmarkt dem Trust entgegentraten[11].

Bald aber dämpfte das Eingreifen der staatlichen Wirtschaftspolitik die weiteren Expansionsbestrebungen der ATC. Bereits 1907 strengte die Bundesregierung einen Prozeß wegen Verletzung des Sherman-Antitrustgesetzes an; 1911 verfügte der „Oberste Gerichtshof" nach Maßgabe des „Sherman-Act" die Auflösung der ATC[12]. Zur Voll-

---

[6] R. B. *Tennant*, a. a. O., S. 43.
[7] Vgl. Martin *Umbach*, Die amerikanischen Kettenladenbetriebe (Chain Store Systems), Leipzig 1929, S. 32/33.
[8] R. B. *Tennant*, a. a. O., S. 27.
[9] H. *Levy*, a. a. O., S. 839.
[10] R. B. *Tennant*, a. a. O., S. 45.
[11] H. *Levy*, a. a. O., S. 837/838.
[12] R. B. *Tennant*, a. a. O., S. 66 f.; William H. *Nicholls*, Price Policies in the Cigarette Industry. A Study of „Concerted Action" and its Social Control 1911 - 1950, Nashville 1951, S. 28 f.

streckung seines Urteils erarbeitete der „Supreme Court" ein „kunstreiches Schema", das fast 75 % der gesamten Produktion bei Zigaretten, Fein- und Rauchtabaken auf drei neugegründete Großfirmen verteilte, nämlich auf die neue ATC, Liggett & Myers und Lorillard Co., und die restlichen 25 % an die kleineren Produzenten vergab[13]. An die Stelle der monopolistischen Praktiken der alten ATC trat mithin das oligopolistische Marktverhalten dreier Großfirmen. „Atomistic competition was not established; monopoly was replaced by oligopoly[14]."

Die Bestrebungen der ATC, Anteile an den europäischen Märkten für Tabakwaren zu erringen, begannen um die Jahrhundertwende. Der Expansionsdrang des Trustes richtete sich dabei von vornherein auf Nordeuropa, weil Österreich—Ungarn, Frankreich, Spanien und Italien Staatsmonopole für Tabakwaren besaßen. In Großbritannien kaufte die ATC 1901 die Firma Ogdens Ltd. Sofort schlossen sich dreizehn große englische Produzenten zur Abwehr in einer Gesellschaft zusammen, die den Namen „Imperial Tobacco Company" (ITC) erhielt. Zwischen der ATC, vertreten durch Ogdens Ltd., und der ITC entbrannte ein kurzer Machtkampf. Der Trust warf amerikanische Zigaretten zu niedrigen „Kampfpreisen" auf die Märkte, gewährte dem Einzelhandel hohe Rabatte und führte das Kupon-System ein. Diesen Maßnahmen stellte die ITC eine eigene leistungsfähige Ladenkette gegenüber, in denen die in England bekannten und beliebten Marken, die sich jetzt alle in ihrem Besitz befanden, verkauft wurden. Da sich der englische Raucher als sehr „markentreu" erwies, neigte sich der Kampf zugunsten der ITC, die sich ihrerseits anschickte, nun ihre Erzeugnisse auch auf den amerikanischen Märkten anzubieten[15]. In diesem Augenblick bahnte der Trust Friedensverhandlungen an, die bereits im September 1902 zu einem Ergebnis führten: Die ATC erhielt die amerikanischen, die ITC die englischen Märkte als ausschließlichen Interessenbereich zuerkannt. Beide Konzerne gründeten eine gemeinsame Handelsgesellschaft, die „British American Tobacco Company" (BATC), die sich künftig dem Exportgeschäft widmete und die auch für die Geschäftsinteressen der beiden Zigarettenkonzerne auf dem gesamten deutschen Markt zuständig war[16]. Nach der Auflösung der ATC durch den „Supreme Court" im Jahre 1911, welche im übrigen die Geschäftstätigkeit der BATC nicht

---

[13] Fritz *Engelmann*, Der Kampf gegen die Monopole in den USA, Berlin usw. S. 55/56; Isidor *Singer*, Das Land der Monopole: Amerika oder Deutschland? Berlin 1913, S. 73 f.

[14] R. B. *Tennant*, a. a. O., S. 66. Vgl. ferner W. H. *Nicholls*, a. a. O., S. 172.

[15] Falsch ist die Darstellung bei Josua *Gerstner*, Die Konzentration der deutschen Zigarettenindustrie, Diss. Jena 1933, S. 13: „Die Imperial Tobacco-Company mußte sich dem amerikanischen Trust unterwerfen."

[16] Vgl. Henry W. *Macrosty*, Das Trustwesen in der britischen Industrie, Berlin 1910, S. 202 f. u. H. *Levy*, Monopole, Kartelle und Trusts in der Geschichte und Gegenwart der englischen Industrie, 2. Aufl. Jena 1927, S. 251 f.

berührte, wechselte ein beträchtlicher Teil der Aktien dieser Gesellschaft in britischen Besitz über[17]. Dennoch wurde in Deutschland im täglichen Sprachgebrauch weiterhin die Bezeichnung „amerikanischer Tabaktrust" auf die BATC angewandt[18].

b) Die Verbände der deutschen Tabakwirtschaft

Das erste Auftreten des amerikanischen Tabaktrusts auf den deutschen Märkten für Zigaretten beunruhigte die gesamte deutsche Tabakwirtschaft, den Handel eingeschlossen. Diese Unruhe war verständlich, hatte doch der Trust in seiner Heimat die Herstellung aller Tabakwaren unter seine Kontrolle gebracht, mit Ausnahme des Zigarrengewerbes, das sich aber weiterhin von ihm bedroht fühlte, und vermochte er doch mit Hilfe seiner „Ladenkette" wirtschaftlichen Zwang gegen den Einzelhandel auszuüben. Die gesamte deutsche Tabakwirtschaft sah es deshalb als ihre Aufgabe an, die Expansionsbestrebungen des Trustes innerhalb des deutschen Zollgebietes einzudämmen, und sie übertrug diese Aufgabe von vornherein ihren drei großen Verbänden. Zum einen nämlich verfügte der Wirtschaftszweig bereits über gefestigte Interessenorganisationen, die sich im Abwehrkampf gegen die wiederholten Versuche der Reichsregierung, ein Tabakmonopol einzuführen, und gegen deren Bestrebungen, die Tabakbesteuerung zu erweitern und zu erhöhen, bewährt hatten[19]. Zum anderen bahnte sich um die Jahrhundertwende ein neues Verhältnis in der Zusammenarbeit zwischen den Verbänden auf der einen und den Regierungen und Verwaltungen auf der anderen Seite an. In der Ära Bismarck waren die wirtschaftlichen Interessenorganisationen noch oft in der Rolle der „Pressure Groups" aufgetreten, die der Legislative und der Exekutive Schwierigkeiten in den Weg legten, um bestimmte wirtschaftspolitische Maßnahmen zu erzwingen oder zu verhindern. Während der Vorbereitungen eines neuen Zollgesetzes zwischen 1897 und 1902 bewährten sich die Verbände jedoch als Berater der in Außenhandelsfragen wenig erfahrenen Ministerialbürokratie[20], die dankbar Vorschläge und Anregungen dieser

---

[17] Ende 1912 meldete der deutsche Generalkonsul in London dem Reichskanzler, „daß sich gegenwärtig die Hälfte des Gesellschaftskapitals in britischen Händen befinden soll". DZA Potsdam, RAI, 7205, 21.
[18] Am 15. 4. 1913 teilte der Verband zur Abwehr des Tabaktrustes dem Reichsamt des Innern mit: „Die Bezeichnung ‚amerikanischer Tabaktrust' ist im Laufe der letzten 12 Jahre in den Tabakfachkreisen Deutschlands zu einer schlagwortähnlichen Bezeichnung geworden, welche besagen soll, daß ein Trust besteht unter Führung einer amerikanischen Finanzgruppe..." DZA Potsdam, RAI 7205, 132.
[19] Vgl. H. *König*, a. a. O., S. 216.
[20] Vgl. Karl Erich *Born*, Von der Reichsgründung bis zum 1. Weltkrieg, in: Bruno Gebhardt (Hrsg.), Handbuch der deutschen Geschichte 3, 9. Aufl. Stuttgart 1970, S. 349.

Organisationen entgegennahm[21]. Besonders im Bereich der Ministerien war seitdem die Bereitschaft spürbar, sich vor wirtschaftspolitischen Entscheidungen von Fachverbänden beraten zu lassen, wobei die Interessenverbände als „Akteure der Wirtschaftspolitik"[22] mindestens den Einfluß erlangten, über den Parlament und Parteien bereits verfügten.

Welches waren nun die Verbände der Tabakwirtschaft, die den Kampf gegen das Vordringen des Trustes aufnahmen? Die wichtigste Interessenorganisation der deutschen Tabakindustrie war der deutsche Tabakverein (DTV), der 1892 aus einer Fusion kleinerer Verbände hervorgegangen war[23]. Er umfaßte Rauchtabakproduzenten, Zigarrenfabrikanten, Hersteller von Kau- und Schnupftabak, Rohtabakhändler und bis zum Jahre 1906 auch die wichtigsten Unternehmungen der Zigarettenindustrie. Nach einer Übersicht, die das Reichsamt des Innern erarbeitete und veröffentlichte[24], gehörten dem DTV 1903 1 181 Einzelmitglieder an. Hinzu traten drei bedeutende korporative Mitglieder:

1. Der Verband deutscher Zigarettenfabriken, Dresden, der 1887 gegründet worden war und 42 Mitglieder umfaßte.

2. Der Verein der Tabakinteressenten des westfälischen Industriebezirkes, Bünde i. W., der seit 1877 insbesondere die Interessen der westfälischen Zigarrenindustrie vertrat, mit 108 Mitgliedern, die über 20 000 Arbeiter beschäftigten.

3. Der Verein der Tabakinteressenten für Berlin und Umgegend, gegründet 1893, mit ungefähr 300 Mitgliedern.

Der DTV hatte seinen Sitz in Frankfurt/Main. Er verfügte über ein eigenes Publikationsorgan „Die süddeutsche Tabakzeitung", „ein vorzüglich redigiertes Fachblatt[25]." Als Zweck seiner Organisation hatte der DTV dem Reichsamt des Innern mitgeteilt: „Wahrung der gemeinsamen

---

[21] Vgl. Walter Julius *Holländer*, Der deutsche Zolltarif von 1902, in: JGVV 37, 1913, u. Siegfried *Tschierschky*, Die Organisation der industriellen Interessen in Deutschland, Göttingen 1905, S. 35: „Und eine Behörde wie das Reichsamt des Innern, die so emsig und vielseitig die erforderlichen Tatsachenmaterial zu sammeln bemüht war, der es vor allen Dingen so sehr darauf ankam, von den Verhältnissen der einzelnen Industrien vertiefte, abgeschlossene Darstellungen zur Kenntnis zu erhalten, mußte sich in erster Linie ja auch auf die Arbeiten dieser Industrieverbände stützen."
[22] Vgl. Hans Karl *Schneider*, Zielbestimmung für die Wirtschaftspolitik in der pluralistischen Gesellschaft, in: Hans Besters (Hrsg.), Theoretische und institutionelle Grundlagen der Wirtschaftspolitik, Berlin 1967, S. 38 f.
[23] Friedrich *Schomerus*, Die freien Interessenverbände für Handel und Industrie und ihr Einfluß auf die Gesetzgebung und Verwaltung, in: JGVV 25, 1901, S. 107.
[24] Verzeichnis der im Deutschen Reiche bestehenden Vereine gewerblicher Unternehmer zur Wahrung ihrer wirtschaftlichen Interessen. Zusammengestellt im Reichsamte des Innern, Berlin 1903, S. 438.
[25] L. *Heyde*, a. a. O., S. 198.

2. Die Gegner im Trustkampf

Interessen und Pflege kollegialer Gesinnung. — Keine Kartellbestrebungen"[26]. Von einer Preis- oder Mengenabsprache in Form eines Kartellvertrages durfte sich die Tabakindustrie angesichts der Verschiedenartigkeit ihrer Produkte und des ausgesprochenen Markencharakters besonders der Zigarette freilich auch keine nennenswerte Stärkung ihrer wirtschaftlichen Macht erwarten. Sie war daher von vornherein auf die Tätigkeit des Interessenverbandes in Form des Fachverbandes angewiesen, dessen Aufgaben die informelle, nicht institutionalisierte Beeinflussung der Willensbildung und die formelle „de facto institutionalisierte, aber nicht gesetzlich geregelte" Beeinflussung der Organe der Gesetzgebung und Vollziehung bildeten[27].

Die zunehmende Verschiebung der Nachfrage nach Tabakwaren zugunsten der Zigarette führte schon bald zu Spannungen innerhalb des DTV, die sich 1906 entluden, als der Verband, auf Betreiben der in ihm vereinigten Zigarrenhersteller, offen für eine steuerliche Sonderbelastung der Zigarette eintrat. Diese Stellungnahme provozierte den Austritt des Verbandes deutscher Zigarettenfabriken, der sich sogleich mit dem ebenfalls 1887 entstandenen „Verband deutscher Zigarettenfabrikanten zu Berlin" zu einer eigenen Interessenorganisation zusammenschloß, die den Namen „Verband der Deutschen Zigaretten-Industrie" (VDZI) erhielt[28]. Der VDZI mit Sitz in Dresden zählte 1910 128 Mitglieder, welche ungefähr 10 000 Arbeiter beschäftigten. Diese Relation zeigt, daß sich vor allem die großen und mittleren Zigarettenproduzenten im VDZI zusammengefunden hatten[29]. Das Verbandsorgan des VDZI hieß „Die Tabakwelt", der Verbandszweck lautete: „Die Wahrung und Förderung der Interessen der Deutschen Zigaretten-Industrie und der gemeinsamen Interessen seiner Mitglieder[30]."

Der dritte Verband der Tabakwirtschaft, der eine wichtige Rolle im Trustkampf spielte, war die Organisation des Facheinzelhandels, der im Jahre 1900 auf der Grundlage einiger lokaler Verbände entstandene „Verband Deutscher Zigarrenladen-Inhaber" (VDZL). Der VDZL hatte seinen Sitz in Hamburg und besaß „Zweigvereine" in fast allen größe-

---

[26] Verzeichnis, a. a. O., S. 438.
[27] T. Pütz, Grundlagen der theoretischen Wirtschaftspolitik, Stuttgart 1971, S. 204 u. 210; ferner E. Tuchtfeldt, a. a. O., S. 80.
[28] Vgl. Hermann Edwin Krueger, Historische und kritische Untersuchungen über die freien Interessenvertretungen von Industrie, Handel und Gewerbe in Deutschland, insbesondere die Fach-, Zweck- und Zentralverbände gewerblicher Unternehmer, in: JGVV 32/33, 1908/09, S. 1600.
[29] Daß das Schwergewicht des VDZI auf den größeren und mittleren Unternehmen lag, zeigen auch die Festsetzung der Höhe des Mitgliedsbeitrages und die Verteilung der Stimmen. H. König, a. a. O., S. 223.
[30] Handbuch wirtschaftlicher Vereine und Verbände des Deutschen Reichs. Hrsg. vom Hansa-Bund für Gewerbe, Handel und Industrie, Berlin, Leipzig 1913, S. 454.

ren Städten des Reiches. 1910 hatte er 3 900 ordentliche und 240 fördernde Mitglieder. Der Zweck des Verbandes bestand nach seinen eigenen Angaben im folgenden: „Die gemeinsamen Standes-Interessen seiner Mitglieder nach allen Richtungen hin zu fördern und zu vertreten. Politik und Religion sind aus den Verhandlungen ausgeschlossen." Als „Mittel zu diesem Zweck" waren unter anderem vorgesehen: „3. Berichte und Eingaben an die zuständigen Behörden, an den Reichstag usw. und Gründung eines Archivs[31]."

Da insbesondere der Absatz der Zigaretten zu einem beträchtlichen Teil in den Händen fachfremder Detaillisten lag, überrascht es nicht, wenn am Rande des Trustkampfes als Helfer der deutschen Tabakwirtschaft noch einige weitere Verbände auftauchen, deren Verbindungen zur Branche nicht ohne weiteres ersichtlich sind, so z. B. der „Verein der Damenfriseure und Perückenmacher"[32] oder der „Verband der Landgasthofbesitzer" und der „Rheinisch-Westfälische Wirteverband"[33].

Als weiterverarbeitende Industrie fand die Tabakindustrie einen Rückhalt für ihre Interessen beim Bund der Industriellen (BDI). Sowohl der DTV wie auch der VDZI waren daher korporative Mitglieder des BDI[34]. Der BDI war 1895 als zentrale Unternehmerorganisation der Leicht- und Fertigwarenindustrie gegründet worden und umschloß vor allem kleinere und mittlere Betriebe sowie Unternehmen, die auf den Export angewiesen waren. Er setzte sich noch entschiedener als der „Zentralverband Deutscher Industrieller", die Interessenorganisation der Rohstoff- und Schwerindustrie, für eine Verzahnung zwischen politischen Institutionen und industriellen Interessen ein und forderte daher die Entsendung Industrieller als Abgeordnete in die Parlamente und die Verstärkung des Einflusses der Unternehmer auf Gesetzgebung und Verwaltung. Seinen Aufschwung als Träger politischer Macht nach der Jahrhundertwende verdankte der BDI seinem späteren geschäftsführenden Vorsitzenden, Dr. Gustav Stresemann, der, seit 1902 Geschäftsführer des Bezirksvereins Dresden-Bautzen des BDI, eine namhafte Rolle bei der Gründung des Verbandes sächsischer Industrieller spielte, der wiederum der an Mitgliedern stärkste und dem Einfluß nach wichtigste Landesverband des BDI wurde[35]. Da Sachsen Zentrum der deutschen Zigarettenindustrie war, konnte der BDI dem Trustkampf nicht gleichgültig gegenüberstehen. Hinzu traten überdies persönliche Ver-

---

[31] Ebenda, S. 456. Vgl. auch Verzeichnis, a. a. O., S. 440 f. 1903 lautete die Bezeichnung noch: „Zentralverband deutscher Zigarren- und Tabak-Ladeninhaber."
[32] Handbuch wirtschaftlicher Vereine, a. a. O., S. 575.
[33] A. Geck, a. a. O., S. 170.
[34] Handbuch wirtschaftlicher Vereine, a. a. O., S. 451 u. 454.
[35] Vgl. Fritz Hauenstein, Die Gründerzeit der Wirtschaftsverbände, in: Ordo 9, 1957, S. 53.

2. Die Gegner im Trustkampf

flechtungen zwischen dem BDI und den Organisationen der Tabakwirtschaft. So zählten zum Vorstand des BDI der Syndikus des DTV, Josef Schloßmacher, und der Syndikus des VDZI, Carl Greiert. Schloßmacher war von Beruf Direktor der Deutschen Tabakbaugesellschaft Kamerun m.b.H. und gleichzeitig Vorsitzender des Verbandes Deutscher Lederwarenindustrieller sowie Syndikus der Handelskammer Offenbach und des Verbandes Deutscher Teigwarenfabrikanten. Greiert war außerdem Syndikus der Handelskammer Dresden und des Verbandes Deutscher Schokoladenfabrikanten. Zum großen Ausschuß des BDI zählten E. Robert Böhme, Vertreter der Zigarettenfabrik „Kios" in Dresden und Vorsitzender des Exportvereins im Königreich Sachsen, und Kommerzienrat Leonhardi von der Firma Fritz Leonhardi GmbH, Zigarrenfabriken, Minden, der gleichzeitig Vorsitzender der Deutschen Tabakberufsgenossenschaft war[36].

Der Handel in der Tabakbranche und insbesondere die Einzelhändler durften auf die Unterstützung ihrer wirtschaftlichen Interessen durch die „Mittelstandsbewegung" hoffen, die sich in den Mittelstandsprogrammen der politischen Parteien, mit Ausnahme der Sozialdemokraten, niederschlug, und die 1904 zur Gründung eines Verbandes der Einzelhändler und Handwerker, der „Deutschen Mittelstandsvereinigung" führten[37]. Auch im „Hansa-Bund", der 1909 gegründeten Vereinigung wirtschaftlicher Verbände zur Abwehr der Steuerpläne der „konservativen" Reichsfinanzreform, der sich bald zum „dritten Typ des Interessenverbandes im Wilhelminischen Reich" entwickelte, gekennzeichnet „durch seinen Appell an die Öffentlichkeit, die direkte und massive propagandistische Intervention bei den Parlamentswahlen und die zunehmende organisatorische und auch personelle Verfilzung mit den politischen Parteien sowie der Verbände untereinander"[38], waren die Interessen der deutschen Tabakwirtschaft vertreten. In den „Gesamtausschuß" des „Hansa-Bundes" wurden gewählt: Adolph Collenbusch, Vorsitzender des DTV und der Handelskammer Dresden; J. Harnisch, Direktor der Zigarettenfabrik Laferme in Dresden, Vorsitzender des Arbeitgeber-Verbandes der Zigarettenindustrie; Everhard Gruner, Direktor der Tabak-Importfirma Gruner & Söhne in Bremen und Mitglied der Handelskammer Bremen[39].

---

[36] Siehe hierzu Helga *Nussbaum*, Unternehmer gegen Monopole. Über Struktur und Aktionen antimonopolistischer bürgerlicher Gruppen zu Beginn des 20. Jahrhunderts, Berlin-Ost 1966, S. 229, 230, 232.
[37] Vgl. hierzu Magnus *Biermer*, Art. „Mittelstandsbewegung", in: HdStw 3. Aufl. 6, 1910, S. 762; Leo *Müffelmann*, Die moderne Mittelstandsbewegung, Berlin 1913, S. 93 f.; Josef *Wein*, Die Verbandsbildung im Einzelhandel. Mittelstandsbewegung, Organisation der Großbetriebe, Fachverbände, Genossenschaften und Spitzenverband, Berlin 1968.
[38] J. *Puhle*, a. a. O., S. 346.
[39] STA Dresden, AM 7044, 2.

3. Die „Amerikanische Gefahr" und die deutsche Wirtschaft 1900 - 1914. Öffentliche Meinung und Wirklichkeit

Nach der Struktur des Zigarettenmarktes und den Gegenspielern im Trustkampf ist schließlich noch eine weitere Komponente dieser Auseinandersetzung zu beleuchten, nämlich die „Amerikanische Gefahr", die angeblich Deutschlands Wirtschaft bedrohte und die tatsächlich die Öffentlichkeit beunruhigte[40]. Als gefährlichste Waffe des „Amerikanismus" im Kampf gegen die deutsche Wirtschaft galt die Organisationsform des „Trusts"[41]. Wie hoch also war die „Amerikanische Gefahr", insbesondere in Gestalt der „Trusts", für die wirtschaftliche Entwicklung des Deutschen Reiches einzuschätzen?

Bereits um die Jahrhundertwende hatte Deutschland in wirtschaftlicher Hinsicht die europäischen Großmächte, auch England, überholt[42]. Um so größeres Gewicht fiel nun dem wirtschaftlichen Gegensatz zwischen dem Reich und den Vereinigten Staaten zu. Die USA schienen unerschöpfliche Rohstoffquellen zu besitzen, von denen Deutschland teilweise abhängig war. So konnte die deutsche Wirtschaft auf die Zufuhr von Petroleum, Kupfer und Baumwolle aus Nordamerika überhaupt nicht, auf die Importe von Getreide, Fett und Fleisch nur schwer verzichten. Andererseits schirmten die Vereinigten Staaten ihre Binnenmärkte durch Prohibitivzölle immer mehr gegen die Einfuhren europäischer Industrieprodukte ab, traten aber nun selbst mit einer leistungsfähigen Exportindustrie als Wettbewerber auf den internationalen Märkten in Erscheinung, vor allem auf einem traditionellen Absatzmarkt der deutschen Exportwirtschaft, in Südamerika[43]. Nicht genug damit begannen amerikanische Industrielle um die Jahrhundertwende, auch auf den deutschen Binnenmärkten zuerst Verkaufsorganisationen und bald auch eigene Produktionsstätten zu errichten. Gewiß, auch vor dieser Zeit produzierten und verkauften amerikanische Erwerbsunternehmen auf deutschem Boden ihre Waren, doch wurde ihre Geschäfts-

---

[40] Alfred *Vagts*, Deutschland und die Vereinigten Staaten in der Weltpolitik, Bd. 1, New York 1935, S. 345 f. Vgl. ferner Frank A. *Vanderlip*, Amerikas Eindringen in das europäische Wirtschaftsgebiet, 2. Aufl. Berlin 1903; Hugo von *Knebel Doeberitz*, Besteht für Deutschland eine amerikanische Gefahr? Berlin 1904; Franz Erich *Junge*, Amerikanische Wirtschaftspolitik. Ihre ökonomischen Grundlagen, ihre sozialen Wirkungen und ihre Lehren für die deutsche Volkswirtschaft, Berlin 1910.
[41] Vgl. M. *Dietze*, Der wirtschaftliche Imperialismus und die Trusts, Berlin 1913; R. *Liefmann*, a. a. O., S. 254 f.
[42] Hartmut *Kaelble*, Industrielle Interessenpolitik in der Wilhelminischen Gesellschaft. Centralverband Deutscher Industrieller 1895 - 1914, Berlin 1967, S. 151 f.
[43] Vgl. George W. F. *Hallgarten*, Imperialismus vor 1914. Die soziologischen Grundlagen der Außenpolitik europäischer Großmächte vor dem Ersten Weltkrieg, 2. Aufl. Bd. 1, München 1963, S. 390; D. *Stegmann*, a. a. O., S. 95 f.

3. Die „Amerikanische Gefahr" und die deutsche Wirtschaft 1900 - 1914

tätigkeit nicht als amerikanische Bedrohung der heimischen Industrie empfunden. Die Ziele der 1882 gegründeten „Deutschen Edison Gesellschaft" etwa bewegten sich noch ganz im Rahmen der Hilfeleistungen an Geldkapital und technischem Wissen, die Deutschland in der Phase der Industrialisierung von den ökonomisch bereits weiterentwickelten Volkswirtschaften Englands, Belgiens und Frankreichs empfangen hatte[44]. Selbst die Monopolisierung der deutschen Petroleummärkte, welche die „Standard Oil Company" — Rockefellers Petroleumtrust — 1890 einleitete, wurde, trotz heftiger Kritik des damit verbundenen Machtkampfes und der dabei angewandten „unseriösen" Geschäftspraktiken[45], dennoch nicht als „amerikanische Gefahr" gewertet, weil der Trust „wenigstens unzweifelhaft als Entgelt eine großzügige, auch für das eroberte Wirtschaftsgebiet wertvolle Vertriebsorganisation geschaffen hat, und außerdem von einer Schädigung einheimischer Erzeugerinteressen nicht die Rede sein kann[46]". Anders stand es um die amerikanischen Konzerne, die danach Fertigungsbetriebe in Deutschland errichteten. Die Maschinenfabrik Worthington, die Firma Singer Nähmaschinen, die National Cash Register Company, die International Harvester Corporation, die United Shoe Machinery Co., die Fahrstuhlfabrik Otis, die Corn Products Refining Co., die Quaker Oats Co. und schließlich auch die American Tobacco Co.[47], sie alle boten Artikel an, die auch von deutschen Unternehmern produziert wurden. Ihre Geschäftstätigkeit werteten zunächst die Konkurrenten, dann aber auch Teile der Öffentlichkeit als „Einbrüche, die lediglich die Ersetzung an sich gesunder entwicklungsfähiger Landesindustrien zum Ziele haben"[48].

Überdies beruhten die Markterfolge der amerikanischen Unternehmen in Deutschland weniger auf einer technischen Überlegenheit, sondern mehr auf einer für deutsche Verhältnisse neuartigen Absatzpolitik, in der die Produktgestaltung und vor allem die Werbung besonderes Gewicht erhielten[49]. Sachliche Kritiker der amerikanischen „Konkurrenzmanöver" auf deutschen Märkten räumten immer wieder ein, daß die

---

[44] Vgl. Simon *Kurz*, Die Überfremdungsgefahr der deutschen Aktiengesellschaften und ihre Abwehr, Leipzig 1921, S. 2 u. Heinz *Hartmann*, Amerikanische Firmen in Deutschland. Beobachtungen über Kontakte und Kontraste zwischen Industriegesellschaften, Köln usw. 1963, S. 42 f.

[45] Vgl. Fritz *Blaich*, Der „Standard-Oil-Fall" vor dem Reichstag. Ein Beitrag zur deutschen Monopolpolitik vor 1914, in: Z. f. d. ges. Stw. 126, 1970, S. 664 f.

[46] S. *Tschierschky*, Ein Sieg im Kampf gegen die amerikanische Trustgefahr in Deutschland, in: KR 13, 1915, S. 84.

[47] Vgl. H. *Hartmann*, a. a. O., S. 43 u. Jürgen *Kuczynski*, Studien zur Geschichte des deutschen Imperialismus, Bd. 1: Monopole und Unternehmerverbände, 2. Aufl. Berlin-Ost 1952, S. 91 f.

[48] S. *Tschierschky*, Amerikanische Trustgefahr, a. a. O., S. 84.

[49] Vgl. Ludwig Max *Goldberger*, Das Land der unbegrenzten Möglichkeiten. Beobachtungen über das Wirtschaftsleben der Vereinigten Staaten von Amerika, Berlin usw. 1911, S. 283.

Marktstrategie der amerikanischen Firmen sich keineswegs nur unlauterer und ruinöser Verhaltensweisen bediente[50]. Selbst der Nähmaschinenfabrik Singer, deren betriebliche Absatzpolitik oft im Kreuzfeuer der Kritik stand, mußte bescheinigt werden, daß sie sich — im Gegensatz zu ihren deutschen Konkurrenten — mit großem Aufwand um die Gewinnung neuer Kunden bemühte. Ihre Verkäufer verschmähten es z. B. nicht, auch in entlegene Dörfer vorzudringen, um dort Verkaufsgespräche zu führen. Überdies hielt die Singer Co., bedacht auf hohe Umsätze, „immer anständige Verkaufspreise" aufrecht, und sie führte ein neuartiges Abzahlungssystem ein, das den Absatz an Nähmaschinen erheblich steigerte und somit auch den deutschen Produzenten nützte[51]. Mindestens in einigen Wirtschaftszweigen offenbarte deshalb das Klagen deutscher Unternehmer gegen die amerikanischen „Konkurrenzmanöver" weitgehend die eigene Rückständigkeit in Technik und Organisation und die mangelnde Fähigkeit zur Anpassung.

Noch weniger haltbar war die These von der amerikanischen Bedrohung der deutschen Wirtschaft unter dem Blickwinkel der weltwirtschaftlichen Beziehungen. Die amerikanischen Prohibitivzölle führten zu keinem völligen Erliegen oder auch nur zu einem starken Rückgang der deutschen Einfuhren in die Vereinigten Staaten[52]. Zwar verringerte sich die Bedeutung der USA als Absatzgebiet für die deutsche Industrie — 1902 kaufte Deutschland in den USA Waren für 911,1 Millionen Mark und exportierte dorthin Waren im Wert von 499,2 Mio. M, für 1909 lauteten die Zahlen: Einfuhr aus den Staaten 1 262,6 Mio. M, Ausfuhr nach den Staaten 606,3 Mio. M, für 1913: Einfuhr 1 711,2 Mio. M und Ausfuhr 713,2 Mio. M[53] — doch ist zu fragen, ob hinter dem relativen Zurückbleiben der deutschen Einfuhren aus den USA gegenüber den amerikanischen Ausfuhren nach Deutschland nicht auch die mangelnde Anpassungsfähigkeit der deutschen Exportwirtschaft steckte[54]. Zeitge-

---

[50] Diese Feststellung gilt auch für den „Handelsredakteur" F. *Hildebrandt*, der in seiner Broschüre „Amerikanische Konkurrenz-Manöver auf deutschen Industriemärkten", 2. Aufl. Berlin usw., o. J., auf S. 11 ausdrücklich bemerkt: „Daß nicht alle amerikanischen Gesellschaften in Deutschland sich jene gewissenlosen oder unfairen Geschäftsmethoden zu eigen gemacht haben, braucht wohl kaum besonders hervorgehoben zu werden."
[51] Vgl. Karl August *Eulner*, Die deutsche Nähmaschinen-Industrie, Diss. Heidelberg 1913, S. 68 f.
[52] Vgl. hierzu Ekkehard *Böhm*, Überseehandel und Flottenbau. Hanseatische Kaufmannschaft und deutsche Seerüstung 1879 - 1902, Düsseldorf 1972, S. 148 ff. u. Erich *Benndorf*, Weltwirtschaftliche Beziehungen der sächsischen Industrie, Jena 1917, S. 330 f.
[53] Zahlenangaben nach dem Stat. Jb. für das Deutsche Reich, Bd. 32, 1911, S. 278 u. 280; Bd. 35, 1914, S. 257/258.
[54] „Frei von der beim Deutschen auch im Welthandel bisweilen betätigten bureaukratischen Kleinlichkeit, wagt der Amerikaner für die Möglichkeit, sich eine neue Absatzquelle zu eröffnen, die größten Summen und jedes Opfer an Zeit und Mühen." L. M. *Goldberger*, a. a. O., S. 284.

3. Die „Amerikanische Gefahr" und die deutsche Wirtschaft 1900 - 1914

nössische Sachverständige wiesen nämlich auf die Grenzen der amerikanischen Wirtschaftsexpansion hin, die zugleich die Absatzchancen für deutsche Waren vorzeichneten. Da das amerikanische Lohnniveau wesentlich höher war als das europäische, zudem die Mechanisierung zur Herstellung völlig gleichartiger Massenartikel in riesigen Mengen drängte, lohnten sich verstärkte Exportanstrengungen der deutschen Industrie bei arbeitsintensiv hergestellten Produkten und bei Waren von individuellem Geschmack[55].

Außerdem erreichten viele amerikanische Exportgüter ihren Bestimmungshafen auf Schiffen der leistungsfähigen deutschen Handelsflotte, einer der wichtigsten Devisenlieferanten der deutschen Volkswirtschaft[56]. Der Anteil deutscher Reeder am lukrativen Außenhandel der USA blieb gewahrt, als es ihnen unter Führung Albert Ballins, des Generaldirektors der HAPAG, gelang, mit dem Schiffahrtstrust des Stahlindustriellen Morgan „Freundschaftsverträge" abzuschließen[57]. Nur wenige Zeitgenossen wollten wahrhaben, daß diese Verträge ökonomisch gesehen nichts anderes bedeuteten als die Beteiligung deutscher Unternehmer an einem der gefürchteten amerikanischen „Trusts"[58]. In diesem Zusammenhang darf auch nicht übersehen werden, daß das deutsche Kalisyndikat die natürliche Monopolstellung, die es vor 1914 auf dem Weltmarkt besaß, dazu benutzte, den ausländischen Kunden wesentlich höhere Preise abzuverlangen als den inländischen. Die Leidtragenden dieser — fast möchte man sagen: trustartigen — Absatzpolitik waren Industrie und Landwirtschaft in den USA, die nach der deutschen Wirtschaft den größten Verbrauch von Kalisalzen für Düngezwecke hatten[59].

Entscheidend für die Wertung der „Amerikanischen Gefahr" ist jedoch die Frage, ob nicht auch deutsche Unternehmungen im Ausland Kapital

---

[55] Vgl. Wilhelm *Schwarzwälder*, Die Entwicklung des Nürnberg-Fürther Exportes nach den Vereinigten Staaten von Nordamerika von seinen Anfängen an bis zur Gegenwart, Nürnberg 1912, S. 134 f.

[56] Siehe hierzu Erich *Murken*, Die großen transatlantischen Linienreederei-Verbände, Pools und Interessengemeinschaften bis zum Ausbruch des Weltkrieges. Ihre Entstehung, Organisation und Wirksamkeit, Jena 1922, S. 163 f.

[57] Ebenda und G. W. F. *Hallgarten*, a. a. O., S. 556.

[58] Während allgemein der „Freundschaftsvertrag" als Instrument der Verhinderung einer „Morganisierung" der deutschen Dampferlinien gefeiert wurde, bedauerte die „Frankfurter Zeitung", daß Deutsche dem Trust beigetreten waren und daß sie es damit den Amerikanern erleichterten, „erstmals mit einem wirksamen Trust auch im europäischen Wirtschaftsleben Fuß zu fassen". Geschichte der Frankfurter Zeitung. Hrsg. vom Verlag der Frankfurter Zeitung, Frankfurt/M. 1911, S. 998/999.

[59] Vgl. Georg Gothein (Hrsg.), Agrarpolitisches Handbuch, Berlin 1910/11, S. 398; R. *Liefmann*, Art. „Kaliindustrie", in: HdStw 5, 4. Aufl., 1923, S. 564; Ludwig *Prager*, Die Handelsbeziehungen des Deutschen Reiches mit den Vereinigten Staaten von Amerika bis zum Ausbruch des Weltkrieges im Jahre 1914. Eine kritisch-historische Wirtschaftsstudie, Weimar 1926, S. 91 f.

angelegt hatten, in der Absicht, damit einen Profit zu erzielen. Tatsächlich trat in den beiden letzten Jahrzehnten vor Ausbruch des Ersten Weltkriegs neben die beiden alten großen Gläubigerstaaten Frankreich und Großbritannien als dritte Gläubigernation im weltwirtschaftlichen System Deutschland, obwohl es — im Gegensatz zu England und Frankreich — den größten Teil des Zuwachses seines Kapitalstocks für die Investitionen seiner rasch wachsenden Industrie benötigte, obgleich das Volumen der heimischen Staatsanleihen erheblich zunahm und obwohl die Kosten der Lebenshaltung im Inland anstiegen[60]. Zwar konnten sich die Auslandsanlagen Deutschlands um 1914 noch nicht mit den englischen im Umfang von ungefähr 78 Mrd. M und den französischen mit einem Volumen von 50 Mrd. M messen, doch erlaubte der zunehmende deutsche Wohlstand in Verbindung mit einer expandierenden Außenwirtschaft dennoch um diese Zeit die Anlage von 20 bis 25 Mrd. M in ausländischen Volkswirtschaften[61]. Eine Gewichtung aller vorliegenden Schätzungen ergibt für das Jahr 1914 deutsche Kapitalanlagen im Ausland in Höhe von 23,5 Mrd. M, von denen 12,5 Mrd. M auf Anlagen im europäischen Ausland entfielen, während 11,0 Mrd. M in überseeischen Gebieten investiert worden waren, davon allein 3,7 Mrd. M in den USA und in Canada[62]. So war z. B. die Deutsche Bank seit 1910 am amerikanischen Stahltrust, der „Betlehem Steel Co.", finanziell beteiligt. Grundsätzlich bot die Anlage von Geldkapital in den USA dem deutschen Anleger einen stark spekulativen Anreiz in Form einer hohen Verzinsung, „dem das deutsche Kapital sich mit durchwegs mehr Glück als Unglück hingab[63]". Übrigens konnte das Defizit in der Handelsbilanz gegenüber den USA, das 1913 fast 1 Mrd. M betrug, im gesamten Zahlungsverkehr mit den Staaten ausgeglichen werden, nämlich „durch Gewinn und Dividenden der Kapitalanlagen in den Vereinigten Staaten, durch Versendung von Effekten, durch Ausgaben reisender Amerikaner in Deutschland, durch Gewinn von Auslandsbanken und Sendungen der Auswanderer[64]".

Bestand indessen nicht doch eine Bedrohung der deutschen Wirtschaft in Gestalt der wirtschaftlichen Organisationsform der „Trusts", deren

---

[60] Hans *David*, Das deutsche Auslandskapital und seine Wiederherstellung nach dem Kriege, in: WWA 14, 1919, S. 31 u. Friedrich *Lenz*, Wesen und Struktur des deutschen Kapitalexports vor 1914, in: WWA 18, 1922, S. 47 f.

[61] Vgl. hierzu Karl *Helfferich*, Deutschlands Volkswohlstand 1888 - 1913, 3. Aufl. Berlin 1914, S. 111 f.; August *Sartorius von Waltershausen*, Deutsche Wirtschaftsgeschichte 1815 - 1914, 2. Aufl. Jena 1923, S. 621; Fritz *Birkenkamp*, Deutsche Industrie-Anlagen im Ausland, Diss. Köln 1935, S. 5 f.; Herbert *Feis*, Europe the World's Banker 1870 - 1914. An Account of European Foreign Investment and the Connection of World Finance with Diplomacy before the War, 2. Aufl. New York 1964, S. 74.

[62] H. *Feis*, a. a. O., S. 74.

[63] A. *Vagts*, a. a. O., S. 427 u. 480/481.

[64] A. *Sartorius von Waltershausen*, a. a. O., S. 439.

3. Die „Amerikanische Gefahr" und die deutsche Wirtschaft 1900 - 1914

Existenz nicht bestritten werden konnte? Vielfach wurde ja in Deutschland die „amerikanische Gefahr" auf die Bedrohung durch die Trusts reduziert[65]. Die Besorgnis über ein Ausgreifen dieser Organisationsformen auf die deutsche Industrie erfaßte dabei keineswegs „nur eine auf Sensationen erpichte Presse, sondern auch kühle und nüchtern rechnende Geschäftsmänner, einsichtsvolle Politiker und erfahrene Wirtschaftsforscher[66]". So warnte der bekannte Berliner Nationalökonom Adolph Wagner in seinen Vorlesungen unermüdlich vor der Gefahr, die dem europäischen Wirtschaftsleben durch die amerikanischen Trusts drohe[67]. Der angesehene Historiker und Politiker Hans Delbrück stellte fest: „Die Trusts beherrschen nicht nur das Wirtschaftsleben, sondern durch ihr Geld auch in hohem Grade die Wahlen und die Volksvertretungen. Es ist völlig hoffnungslos, gegen die Trusts zu kämpfen, alle Gesetze haben keinen Erfolg gehabt...[68]." Kaiser Wilhelm II. schließlich erblickte in Morgans Schiffahrtstrust, der 1902 entstanden war, „eine finstere Verschwörung amerikanischer Plutokraten mit dem Ziel, Deutschland, wenn nicht ganz Europa, niederzuzwingen...[69]".

Die Abschätzung und die Wertung der Trustgefahr beruhten jedoch in Deutschland auf falschen Voraussetzungen, denn viele deutsche Kritiker des amerikanischen Trustwesens bemühten sich nicht um eine klare Definition des Begriffs „Trust". In ihren Augen bildete jedes größere amerikanische Unternehmen einen Trust, auch dann, wenn es keine monopolähnliche Stellung am Markt besaß[70]. Ferner unterschätzte man in Deutschland die Anzahl und die Bedeutung der „nichttrustifizierten" Einzelunternehmungen in der Wirtschaft der Vereinigten Staaten, namentlich in der Eisen- und Stahl-, Papier-, Leder- und chemischen Industrie. Die „kleineren Millionen-Unternehmungen" gediehen trotz aller gegenteiligen Erwartungen so gut, daß der Anteil der Trusts an der nationalen Produktion etwa von Zucker, Stahl und Roheisen im Rückgang begriffen war. Die Rückwirkungen von der amerikanischen Wirtschaft auf die deutsche gingen daher „nicht nur nicht ausschließlich, sondern nicht einmal vorwiegend von den Trusts aus[71]". Vielfach übersah man auch die erstaunlichen Parallelen, die zwischen den angeblich unfairen Geschäftspraktiken der amerikanischen Trusts und dem

---

[65] Vgl. Arnold *Steinmann-Bucher*, Ausbau des Kartellwesens, Berlin 1902, S. 16/17; S. *Kurz*, a. a. O., S. 3; A. *Vagts*, a. a. O., S. 407 f.; ferner Theodor *Duimchen*, Die Trusts und die Zukunft der Kulturmenschheit, Berlin 1903.
[66] E. *Murken*, a. a. O., S. 162/163.
[67] Ebenda, S. 163.
[68] Hans *Delbrück*, Regierung und Volkswille. Eine akademische Vorlesung, Berlin 1914, S. 182.
[69] Lamar *Cecil*, Albert Ballin. Wirtschaft und Politik im deutschen Kaiserreich 1888 - 1918, Hamburg 1969, S. 60.
[70] Dieser Sachverhalt galt gerade auch für den Trustkampf in der deutschen Zigarettenindustrie. A. *Geck*, a. a. O., S. 113.
[71] A. *Vagts*, a. a. O., S. 415/416.

Marktverhalten deutscher Kartelle mit Monopolstellung, etwa des Rheinisch-Westfälischen Kohlensyndikats, bestanden[72]. Schließlich wurde auch die Frage übergangen, ob die wirtschaftliche Expansion der Vereinigten Staaten wirklich nur dem Machtstreben der Trusts zu verdanken war. Experten erblickten nämlich die Ursachen dieses Aufschwungs in günstigen Ernten, im wachsenden Kapitalstock des Landes, in der Stärkung des Selbstbewußtseins der USA durch die Erfolge in der auswärtigen Politik und in der Energie und im Unternehmungsgeist der Industriellen, also in Erscheinungen und Entwicklungen, die weitgehend ohne die Begleiterscheinung der Vertrustung eingetreten waren[73]. Ja, es war sogar fraglich, ob sich dieser Aufschwung für die deutsche Konkurrenz ohne die Existenz der Trusts nicht noch stärker fühlbar gemacht hätte, standen diese doch im Verdacht, sie hätten „ein Gutteil amerikanischer Initiative lahmgelegt, die sonst sowohl auf dem inneren wie auf dem Weltmarkt in konkurrierende Erscheinung getreten wäre[74]". Die „amerikanische Gefahr" erscheint mithin im Rückblick als „ein Angsterzeugnis aus der Situation des zeitweilig zurückbleibenden deutschen Kapitalismus heraus, der auf der ökonomischen Wetterkarte in ein Tief rückte, während über dem amerikanischen ein Hoch schwebte. ... Deutsches Kapital, soweit es nicht frei beweglich war und seine Tätigkeit ins amerikanische Hochdruckgebiet verlegte, nutzte den in der ökonomischen Krisenzeit verstärkten imperialistischen Pessimismus wie so oft imperialistische Bedürfnisse und Stimmungen ... entnahm ihm die nur zu gern ‚äußerlich' gesuchte Rechtfertigung des Rentenschutzes, den ihm die Bülow-Zölle brachten[75]."

Inzwischen aber hatte die deutsche Wirtschaftswissenschaft die Organisationsform des „Trusts" endgültig mit einem negativen Vorzeichen versehen. Während der Aussprache über das Kartellproblem, die der „Verein für Socialpolitik" im September 1905 in Mannheim abhielt, erläuterte Gustav Schmoller, der führende Mann der deutschen Volkswirtschaftslehre und zugleich „das wissenschaftliche Sprachrohr der Berliner Ministerien und Reichsämter[76]" den Unterschied zwischen dem „guten" deutschen Kartell und dem „bösen" amerikanischen Trust, der in den folgenden Thesen gipfelte: „Die Vertrustung schafft sehr leicht ein System des Raubes und des Betruges, die richtige Kartellierung mehr oder weniger ein System der Gerechtigkeit und Billigkeit. Die Gründer

---

[72] Siehe hierzu F. *Blaich*, a. a. O., S. 670 f.; ferner Hjalmar *Schacht*, Trust oder Kartell?, in: Preußische Jahrbücher 110, 1902, S. 3.
[73] A. *Vagts*, a. a. O., S. 415.
[74] Ebenda.
[75] Ebenda, S. 425.
[76] Dieter *Lindenlaub*, Richtungskämpfe im Verein für Sozialpolitik, Teil 1, Wiesbaden 1967, S. 146.

3. Die „Amerikanische Gefahr" und die deutsche Wirtschaft 1900 - 1914

der Trusts sind sehr häufig Geldmacher, die sich egoistisch den Beutel füllen wollen, die Leiter der Kartelle sind Erzieher, welche den Gesamtinteressen eines Gewerbezweiges den Sieg über die egoistischen Einzelinteressen verschaffen wollen. Das Trustsystem braucht brutale und verschlagene Gewaltmenschen, die meist ohne höhere Kultur des Geistes und Gemütes, ohne symphatische und soziale Gefühle nur in dem Geschäft und Geldverdienen ihr Glück finden...[77]." Über einzelne Formulierungen in diesen Aussagen wurde zwar diskutiert, doch den Kern der Schmollerschen Thesen wagte kein namhafter Vertreter der deutschen Wirtschaftswissenschaft anzugreifen[78]. Wenn der „amerikanische" Trust schon im Bereich der Wissenschaft eine derart negative Beurteilung erfuhr, von der sich das „deutsche" Kartell recht vorteilhaft abhob, so erstaunt es weiter nicht, daß im alltäglichen Sprachgebrauch die Bezeichnung „Trust" bald den Rang eines Schimpfwortes erhielt[79], mit dessen Hilfe man amerikanische Konkurrenten in den Augen der Öffentlichkeit diffamieren konnte.

---

[77] SVS 116, 1906, S. 267/268.
[78] Ebenda, S. 393 u. 406. Der Experte für Kartell- und Trustfragen in jener Zeit, Robert Liefmann, pflichtete Schmollers Ausführungen sogar ausdrücklich bei. R. *Liefmann*, Die heutige amerikanische Trustform und ihre Anwendbarkeit in Deutschland, in: Jbb. f. Nat. u. Stat. 88, 1907, S. 348/349.
[79] Hierfür bietet ein anschauliches Beispiel die Schrift des „antisemitischen" Politikers und MdR Hermann *Ahlwardt*, Die Vertrustung Deutschlands, Leipzig 1913.

III. Der Trustkampf als Problem der deutschen Ministerialbürokratie

1. Die „Antitrustbewegung" in den Jahren 1901 bis 1905

a) Die Absatzpolitik der Firma Jasmatzi AG als Ursache der Auseinandersetzungen

Da die Furcht vor der „Trustgefahr" auch in Regierungskreisen weit verbreitet war, wurde das erste Auftreten des amerikanischen Tabaktrustes in Deutschland von der Ministerialbürokratie in Preußen und in Sachsen aufmerksam beobachtet[1]. Am 12. 2. 1901 kaufte eine Tochtergesellschaft der ATC, die Consolidated Tobacco Co., die bekannte Dresdner Zigarettenfabrik G. A. Jasmatzi. Sie wandelte die Einzelfirma in eine Aktiengesellschaft um. Vom Grundkapital, das 1 500 000 M betrug, erwarb der bisherige Inhaber Aktien im Nennwert von 500 000 M. Anfang 1902 entstanden jedoch Meinungsverschiedenheiten zwischen Georg A. Jasmatzi und dem von der ATC bestellten Geschäftsführer Gütschow, worauf Jasmatzi sein Aktienpaket an die neu gegründete BATC veräußerte und aus dem Vorstand der Gesellschaft ausschied. Die Firma befand sich nun völlig unter der Kontrolle der BATC; ihre Leitung oblag allein dem Generaldirektor Gütschow[2].

In Übereinstimmung mit der in London residierenden Muttergesellschaft BATC verfolgte Gütschow das Ziel, den Anteil der Firma am deutschen Zigarettenabsatz zu erhöhen, und er benutzte dazu Methoden, die der „deutschen" Konkurrenz fremd waren. Zunächst stattete er den Betrieb mit den modernsten technischen Hilfsmitteln aus[3], selbst die Buchführung und die „Fabrikationskontrolle" wurden nach „amerikanischem Muster" umgewandelt[4]. Sodann verbesserte und ergänzte er die Absatzwirtschaft des Unternehmens. Besonderes Augenmerk widmete die Geschäftsleitung dabei der „Präferenzpolitik", also allen absatzpolitischen Maßnahmen, die dazu bestimmt waren, Absatzwiderstände am Markt nicht mit Hilfe des Verkaufspreises, sondern durch intensive Werbung, durch die Gestaltung der Produkte und des Sortiments und durch die Gewährung günstiger Zahlungs- und Kreditbedingungen und

---

[1] Vgl. STA Dresden, AM 7054, Bl. 1 u. 2.
[2] A. *Geck*, a. a. O., S. 44; J. *Gerstner*, a. a. O., S. 13.
[3] K. *Bormann*, Zigarettenindustrie, a. a. O., S. 10.
[4] M. *Teichgräber*, a. a. O., S. 49.

1. Die „Antitrustbewegung" in den Jahren 1901 - 1905

zusätzlicher Kundendienstleistungen zu überwinden[5]. Ihre neuen Zigarettenmarken führte die Firma mit einer für deutsche Verhältnisse „beispiellosen Reklame" ein, der die vom Marktanteil her etwa gleich starken Konkurrenten[6] zunächst nicht wirksam begegnen konnten. Abgesehen von der wesentlich weiter entwickelten amerikanischen Werbetechnik waren die deutschen Firmen schon deshalb nicht in der Lage, auf den Reklamefeldzug der Jasmatzi AG sofort zu reagieren, weil eine Werbeaktion im Gegensatz zu einer Preisunterbietung zuvor die Bereitstellung der finanziellen Mittel, den Entwurf von Anzeigen und das Belegen von Werberaum bei den gewünschten Werbeträgern wie Tageszeitungen oder Litfaßsäulen erfordert hätte[7]. Die höheren Werbeaufwendungen und die neuartigen Werbemethoden verschafften der Jasmatzi AG mithin einen zeitweiligen Vorsprung am Markt, der kurzfristig für die Konkurrenten nicht einzuholen war[8].

Außerdem bemühte sich die Firma im Gegensatz zu den deutschen Unternehmern, den gesamten Einzelhandel, und zwar auch den fachfremden Detailhandel für den Vertrieb ihrer Marken zu gewinnen. Lange Zeit glaubten nämlich in Deutschland die Hersteller von Markenartikeln, ihren Interessen damit am besten zu dienen, wenn ihre Marken nicht bei jedem beliebigen Händler zu finden waren. Sie trafen deshalb unter den Detaillisten eine Auswahl und bevorzugten in der Belieferung den Fachhandel. Dieses Vorgehen erlaubte ihnen gleichzeitig, die Handelsspanne relativ niedrig zu halten, konnten sie doch den Händler darauf verweisen, daß die Beschränkung des Verkaufs ihres Markenartikels auf wenige Händler eine hohe Umsatzchance verbürge, die für die niedrige Spanne reichlich entschädige[9]. Speziell in der Zigarettenbranche herrschte der Brauch, daß die Produzenten von Markenartikeln nur den Großhandel und den Facheinzelhandel, Hotels und größere Restaurants, Kasinos und Militärkantinen in ihr Vertriebsnetz einbezogen, und „kleine Plätze", etwa den Handel auf dem Lande und den fachfremden Handel, den Herstellern der „anonymen" Marken und oft auch Zwischenhändlern mit „unseriösen" Geschäftspraktiken überließen[10].

---

[5] Vgl. Günter *Wöhe*, Einführung in die Allgemeine Betriebswirtschaftslehre, 10. Aufl. München 1970, S. 324 f.
[6] K. *Bormann*, Zigarettenindustrie, a. a. O., S. 9.
[7] Vgl. H. Peter *Gieseler*, Konsumgüterwerbung und Marktstruktur, Freiburg/Br. 1965, S. 185/186.
[8] Dennoch war die Meldung der Zeitung „Daily Mail" vom 30. 12. 1902, die der deutsche Generalkonsul in London an Reichskanzler Bülow sandte, übertrieben. Sie lautete: "The German tobacco industry is panicstricken at the prospect of such competition, which it admits is likely to prove irresistible." STA Dresden, AM 7054, Bl. 15.
[9] Siehe hierzu Robert *Nieschlag*, Binnenhandel und Binnenhandelspolitik, 2. Aufl. Berlin 1972, S. 86.
[10] Vgl. Theodor *Aldenhoven*, Herr Staatsanwalt? Moderne Ausbeuter und ihre Opfer, Düsseldorf-Grafenberg 1910, S. 64.

Gerade in diesen etwas vernachlässigten Bereich des Zigaretteneinzelhandels stieß die Präferenzpolitik der Jasmatzi AG vor, deren Geschäftsleitung erkannt hatte, daß für die Einführung und die Verbreitung eines Markenartikels der Detailhändler, der dem Kunden persönlich gegenübertrat, wesentlich wichtiger war als der Grossist[11]. Auf zwei Wegen suchte die Firma ihr Ziel, über den Detailhandel möglichst nahe an den Kunden heranzukommen, zu erreichen. Sie gewährte dem Einzelhandel hohe Rabatte und bei der Einführung neuer Marken „Gratis-Beigaben" und „Extra-Gutscheine" auch für kleine Abnahmemengen[12], und sie baute einen Stab von Reisenden auf, die unmittelbare Vertriebsaufgaben und die Beratung der Händler wahrnahmen, wobei sie keinen Unterschied zwischen dem Fachhandel und dem fachfremden Handel machten. „Die Trustreisenden besuchten Gastwirte, Kolonialwarenhändler, Bäcker und Friseure, und die Geschäfte, die sie dort abzuschließen pflegten, waren oft sehr zweifelhafter Natur, zumindesten waren sie solch großer Fabrikunternehmungen, wie es die im Konzern vereinigten größtenteils waren, durchaus unwürdig. Die kleinen und kleinsten Aufträge wurden entgegengenommen und außerdem den Auftraggebern noch Rabatte gewährt und Geschenke gemacht[13]." Der Aufbau einer solchen Vertriebsorganisation bedeutete natürlich ein Zurückdrängen des Großhandels, womit dessen „Funktionsentleerung", die mit dem Aufkommen des Markenartikels eingeleitet worden war, beschleunigt wurde[14], aber auch eine Zurücksetzung des bisher privilegierten Fachhandels gegenüber den fachfremden Detaillisten. Er führte dazu, daß Grossisten und Teile des Einzelhandels den „amerikanischen" Geschäftsmethoden der Jasmatzi AG von vornherein ablehnend gegenüberstanden.

Diese ablehnende Haltung entlud sich bald darauf in einer Boykottbewegung, mit deren Hilfe einige „mittlere" Fabrikanten und einige „Großfilialbetriebe", die Groß- und Einzelhandel in einem Unternehmen vereinigten, den Vertrieb der Jasmatzi AG zu behindern suchten[15]. Als Entgegnung auf die Boykottmaßnahmen führte die Firma in ihrer Absatzpolitik das „Kuponsystem" ein, das bis zu dieser Zeit im deutschen Zigarettenhandel völlig unbekannt war[16]. In den Betrieben der Jas-

---

[11] K. *Nippes*, a. a. O., S. 70.
[12] Vgl. STA Dresden, AM 2478, Bl. 44, 45, 48, 49, 51, 55, 63, 64, 70.
[13] Dieses Urteil stammte aus der Sicht der „deutschen" Konkurrenz. M. *Teichgräber*, a. a. O., S. 78.
[14] Vgl. Artur *Woll*, Der Wettbewerb im Einzelhandel. Zur Dynamik der modernen Vertriebsformen, Berlin 1964, S. 253/254.
[15] A. *Geck*, a. a. O., S. 45; J. *Hirsch*, a. a. O., S. 157.
[16] „Die Wertreklame hatte bereits in den neunziger Jahren im Lebensmittelgeschäft und hier speziell im Geschäft mit Kaffee-Ersatz (Kathreiner-Malzkaffee) Bedeutung gehabt, geriet dann aber in Vergessenheit". Fritz *Redlich*, Reklame. Begriff — Geschichte — Theorie, Stuttgart 1935, S. 216/217.

1. Die „Antitrustbewegung" in den Jahren 1901 - 1905

matzi AG wurde fortan jeder Packung Zigaretten ein Gutschein beigelegt. Diese „Kupons" konnten innerhalb einer gewissen Frist gegen Gebrauchsgegenstände eingetauscht werden. Der Käufer der Zigaretten konnte sich bei seinem Händler anhand eines „Kuponkataloges" unterrichten, in welcher Weise die Jasmatzi AG seinen Sammeleifer belohnen würde. Der Katalog enthielt die Abbildungen von fast tausend Gegenständen, die gegen Gutscheine eingetauscht werden konnten: Für 10 Kupons gab es sechs Kragenknöpfe oder einen Federhalter, eine Markttasche entsprach 145 Kupons, für 3600 Gutscheine erhielt man einen Kinderwagen, ein Kassenschrank galt 20 000 Kupons und für eine Schreibmaschine mußte der Sammler 30 000 Bons einsenden[17].

Das Kuponsystem erleichterte die Einführung neuer Zigarettenmarken, hob den Umsatz bei den bereits eingeführten Marken und machte den Namen „Jasmatzi" schlagartig in ganz Deutschland bekannt[18]. Die Reichhaltigkeit der im Katalog angebotenen Waren spornte nicht allein viele Raucher wegen der Einlösefrist der Kupons zu verstärktem Rauchgenuß an, sondern bewog sie obendrein wegen der großen Anzahl von Gutscheinen, die für einige Artikel benötigt wurde, auch Bekannte und Verwandte zum Kauf der Jasmatzi-Erzeugnisse zu überreden, womit sie sich als freiwillige Verkaufsagenten der Firma betätigten[19]. Dieser, aus den Vereinigten Staaten übernommenen Form des Zugabewesens konnten die deutschen Zigarettenproduzenten kurzfristig nichts Gleichwertiges entgegensetzen, denn eine Nachahmung des Systems hätte von ihnen nicht allein eine entsprechende Erfahrung, sondern auch erhebliche finanzielle Mittel verlangt. Das Bestellen und Einlagern der Zugabeartikel, die Versendung der Prämien und die Abrechnung mit den Sammlern der Kupons verursachten hohe Kosten und funktionierten nur im Rahmen einer wohldurchdachten innerbetrieblichen Organisation[20]. Eine spürbare Senkung der Verkaufspreise als Entgegnung auf das Zugabewesen schied für die deutschen Zigarettenfirmen ebenfalls aus, da der Ausgang eines solchen Preiskampfes, für den die Jasmatzi AG sicher auch gewappnet war, höchst ungewiß erschien. Daher blieb der deutschen Konkurrenz nur ein Ausweg: Sie mußte Einfluß auf die staatliche Wirtschaftspolitik gewinnen, um die „amerikanischen Geschäftsmethoden" von den Binnenmärkten zu verdrängen.

---

[17] Vgl. hierzu den Katalog der Zugabeartikel in: DZA Potsdam, RAI 7204, Bl. 21, ferner A. *Geck*, a. a. O., S. 45 u. 79.
[18] Vgl. die Geschäftsberichte und Rundschreiben der Jasmatzi AG in: STA Dresden, AM 2478, Bl. 49, 50, 53.
[19] Henry *Faucherre*, Die Händler-Rabattsparvereine, Jena 1912, S. 18; Arthur *Cohen*, Edmund *Simon*, Geschichte der Handelskammer München seit ihrer Gründung (1869), München 1926, S. 283/84.
[20] Vgl. V. *Mataja*, a. a. O., S. 153.

50   III. Der Trustkampf als Problem der deutschen Ministerialbürokratie

b) Das Werben der Verbände um staatliche Hilfe im Trustkampf

Den ersten Versuch, Macht und Autorität des Staates als Verbündete im Kampf gegen die Jasmatzi AG zu gewinnen, unternahmen der Verband deutscher Zigarettenfabriken und die Organisation des Tabakfachhandels, der VDZL. Beide Verbände richteten im März 1903 eine Bittschrift an das Reichsamt des Innern[21], in der sie der Firma Jasmatzi vorwarfen, sie verfolge die „auf Unterjochung der großen deutschen Tabakindustrie" gerichteten Absichten der ATC. Zuerst sollte die Zigarettenindustrie dem Trust „dienstbar" gemacht werden, danach würden die Amerikaner die übrigen Zweige der Tabakwarenherstellung unterwerfen[22]. Diese Prognose war reichlich gewagt, denn die beiden Verbände wußten zweifellos, daß das Bestreben der ATC, auch in die amerikanische Zigarrenindustrie vorzudringen, gescheitert war, sie war indessen den Ministerialbeamten gegenüber notwendig, um die Behauptung von der Bedrohung der gesamten deutschen Tabakwirtschaft zu stützen. Besonders heftig beklagten sich die Verbände in ihrer Petition über die absatzpolitischen Maßnahmen der Jasmatzi AG, die Gewährung von „Extrarabatten" in Höhe von 25 % an die Einzelhändler und die Einführung des Kuponsystems. Obwohl der Verein der Dresdener Zigarrenhändler sich den „amerikanischen Gepflogenheiten" entschieden widersetzt habe, behaupteten sie, sei dennoch die Gefahr vorhanden, „daß sowohl die Händler, die nur zum kleineren Teil organisiert und mit dem eigentlichen Wesen des Trusts nicht bekannt sind, als auch die urteilslose große Menge der Raucher dieser doppelten Versuchung nicht widerstehen und daß dadurch die Amerikaner ihrem Ziele nähergebracht werden". Zwar versagten die „derzeitigen" gesetzlichen Vorschriften gegenüber „den gänzlich neuen unerhörten Geschäftskniffen" des Trustes, doch bestünde immerhin die Möglichkeit „auf dem Verwaltungswege" diese Methoden wenigstens teilweise unwirksam zu machen, denn „Beamtenkonsumvereine, welche behördlicher Aufsicht unterstehen, vor allem aber Kasinos und Kantinen der Regimenter und sonstiger Armeeverbände könnten angewiesen werden, von Tabakfabrikaten nur solche zu halten, die nicht mit dem Trust in Verbindung stehen". Geschähe dies nämlich nicht, „so würden bei der Anziehungskraft, welche Versprechungen von goldenen Uhren usw. ... auf die große Menge Uneingeweihter ausüben müssen, die Kasinos und Kantinen der ganzen Armee den deutsch-feindlichen Zwecken der ausländischen Gesellschaft dienstbar gemacht[23]".

Nachdem die beiden Verbände somit den Behörden einen Weg aufgewiesen hatten, wie man die amerikanische Gefahr in der Tabakbranche

---

[21] STA Dresden, AM 7054, Bl. 39 - 41, ferner BHSTA Abt. IV, MKr 6134.
[22] Ebenda.
[23] STA Dresden, AM 7054, Bl. 40.

1. Die „Antitrustbewegung" in den Jahren 1901-1905

wirksam bekämpfen könnte, baten sie das Reichsamt des Innern „gütigst seinen Einfluß in bezeichneter Richtung aufwenden und Maßnahmen treffen zu wollen, um der bedrohten deutschen Industrie tunlichste Unterstützung angedeihen zu lassen". Sie versicherten, ihre Eingabe bezwecke keinesfalls nur die Förderung der Interessen der deutschen Tabakwirtschaft, „die Übermacht ausländischer Kapitalriesen" bedrohe vielmehr „alle deutschen Berufsklassen und Erwerbsstände"[24]. Trotzdem zögerte der Staatssekretär im Reichsamt des Innern, Graf von Posadowsky—Wehner[25], die staatliche Autorität zur Beeinflussung des Konsums auf den Zigarettenmärkten einzusetzen. „Eine unmittelbare *amtliche* Benachrichtigung von Consum-Vereinen, Genossenschaften und ähnlichen Verbänden möchte ich für bedenklich erachten", erklärte er, „sie scheint mir zur Zeit auch aus dem Grunde nicht geboten, weil die zur Vertretung der Tabakindustrie berufenen Vereine... bereits den Weg der Selbsthilfe beschritten und die Abnehmer- und Händlerkreise auf die Nachteile der amerikanischen Konkurrenz hingewiesen haben[26]." Er kam der Bitte der beiden Verbände aber insofern nach, als er die Petition an diejenigen Bundesstaaten versandte, die eigene Kriegsministerien und überdies eine bedeutende eigene Zigarettenindustrie besaßen, nämlich an Sachsen, Preußen und Bayern[27]. Doch auch in den Bundesstaaten erfolgten keine konkreten Maßnahmen gegen die Absatzpolitik der Firma Jasmatzi. So empfahl das bayerische Außenministerium dem Kriegsministerium, da das Reichsamt den in der Petition der Verbände geschilderten Sachverhalt offenbar als zutreffend erachte, so bestehe keine Einwendung dagegen, die Truppenteile auf die Angelegenheit aufmerksam zu machen, „wobei selbstverständlich ein *Verbot* des Bezugs der Jasmatzi-Zigaretten nicht in Frage kommen könnte". Außerdem erscheine es angezeigt, „in der Sache nicht einseitig vorzugehen, sondern zunächst eine bezügliche Verfügung des preußischen Kriegs-Ministeriums abzuwarten[28]". Aber auch die zuständigen Ministerien in Preußen und in Sachsen waren bestrebt, sich aus dem wirtschaftlichen Konkurrenzkampf herauszuhalten, auch sie entschlossen

---

[24] Ebenda. Unterschrieben wurde die Petition für den Verband deutscher Zigarettenfabriken vom Vorsitzenden Schleicher und vom Syndikus Greiert, für den Zentral-Verband deutscher Zigarren- und Tabakladeninhaber vom Präsidenten Griese und vom Syndikus Engel.
[25] Der Staatssekretär, ein überaus korrekter Beamter, stand industriellen Forderungen ohnehin fern, seine Sympathien galten der Landwirtschaft. Martin *Schmidt*, Graf Posadowsky. Staatssekretär des Reichsschatzamtes und des Reichsamtes des Innern 1893 - 1897, Diss. Halle 1935, S. 35 u. 36.
[26] STA Dresden, AM 7054, Bl. 30.
[27] Württemberg, das zwar ein eigenes Kriegsministerium, aber keine bedeutende Zigarettenindustrie besaß, wurde von dieser Aktion vorerst ausgespart. STA Dresden, AM 7054, Bl. 30; DZA Potsdam, 7203, fol. 12.
[28] BHSTA IV, 11. 4. 1903. Hervorhebung im Original.

sich nicht zu einem Verbot der Trustwaren in „amtlichen" Verkaufsstellen[29].

Der Verband deutscher Zigarettenfabriken hatte dieses Zögern der Ministerialbürokratie offenbar erwartet und versuchte, die Militärbehörden vor vollendete Tatsachen zu stellen. Nur wenige Tage nach seiner Eingabe an das Reichsamt des Innern verschickte er an die Kommandos der einzelnen Truppenteile im Reich eine Denkschrift. Unter dem Hinweis „Vertraulich" erläuterte er zunächst „dem geehrten Kommando" die „gewaltige *nationale* Gefahr", die in den Markterfolgen der Jasmatzi AG liege, „da die aus dem Tabakgewerbe entspringenden Einnahmen nicht den deutschen Fabrikanten, Händlern und Arbeitern zugute kommen, sondern nach USA fließen werden". Damit betreffe „der *nationale Schaden*" auch die Reichsfinanzen[30]. Diese Behauptung entsprach allenfalls der halben Wahrheit, denn tatsächlich bezahlte die Jasmatzi AG in Deutschland Steuern, beschäftigte in ihren Betrieben deutsche Arbeiter und Angestellte und ließ am Verkauf ihrer Produkte deutsche Händler verdienen. Wer aber lautstark den amerikanischen Tabaktrust beschuldigte, die deutsche Steuerkraft zu mindern, da er seine deutsche Tochtergesellschaft buchmäßig nur einen geringen Ertrag ausweisen ließ und den größten Teil des in Deutschland erzielten Profits in die Staaten abführte[31], der mußte gerechterweise auch bemängeln, daß der deutsche Elektrokonzern AEG mit seinen südamerikanischen Filialen ähnliche Verrechnungen durchführte und das Steueraufkommen in den Staaten Lateinamerikas zugunsten des deutschen Fiskus schmälerte[32].

Solche Vergleiche lagen dem Verband jedoch fern. „In dem sicheren Bewußtsein, daß es im nationalen Interesse liegt, wenn der Gewinn aus deutscher Arbeit auch den Deutschen erhalten bleibt", bat er vielmehr das jeweilige Kommando, „durch geeignete Maßnahmen dahin zu wirken", daß

1. „Gratis-Verteilungen" der Jasmatzi AG in den Kasinos und Kantinen zurückgewiesen würden, und daß

2. Produkte dieser Firma in diesen Verkaufsstätten nicht mehr angeboten würden[33].

---

[29] Bayern hielt es für angebracht, „in der Sache nicht einseitig vorzugehen, sondern zunächst eine bezügliche Verfügung des preußischen Kriegs-Ministeriums abzuwarten". Ebenda.
[30] BHSTA IV, 14. 3. 1903. Hervorhebungen im Original.
[31] So z. B. H. *Rinnebach*, a. a. O., S. 65 u. K. *Bormann*, Zigarettenfabrikation, a. a. O., S. 108.
[32] Zur Geschäftstätigkeit der AEG in Südamerika vgl. W. H. *Edwards*, Englische Expansion und deutsche Durchdringung als Faktoren im Welthandel, Jena 1916, S. 81 f.
[33] BHSTA IV, 14. 3. 1903.

1. Die „Antitrustbewegung" in den Jahren 1901 - 1905

Die unverbindliche Feststellung, die Reichsregierung beobachte die sich in Deutschland bildende Opposition gegen den Trust „mit *regem Interesse*", und die abschließende Bemerkung, entsprechende Eingaben seien auch an die Kriegsministerien der deutschen Bundesstaaten gerichtet worden, sollten dem Anliegen des Verbandes in den Augen der einzelnen Truppenkommandanten einen amtlichen Anstrich verschaffen. In einer Art Rückversicherung unterrichtete der Verband Anfang April die Ministerien von seiner Aktion und bat sie unter Bezugnahme auf das an die Kommandos ergangene Rundschreiben „im Interesse unserer deutschen Industrie um geeignete Unterstützung[34]".

Der Aufruf an vaterländische Gefühle und der Anschein der Vorwegnahme einer ohnehin bald ergehenden amtlichen Verfügung bewogen manchen Kommandeur, der Bitte des Verbandes nachzukommen und den Verkauf der „Trustmarken" im Bereich der ihm unterstehenden Kasinos und Kantinen zu behindern. So konnte das Organ des „Bundes der Landwirte", die „Deutsche Tageszeitung" — Motto: Für Kaiser und Reich! — Für deutsche Art! — Für deutsche Arbeit in Stadt und Land[35]! — in ihrer Ausgabe vom 10. 6. 1903 melden, in den Kasinos und Kantinen einzelner Regimenter sei der Verkauf der Trustwaren untersagt worden[36]. Die Behinderung des Absatzes ihrer Produkte veranlaßte die Firma Jasmatzi zu einer Entgegnung. Ihr Generaldirektor Gütschow richtete zwei Eingaben an das Reichsamt des Innern und an die Kriegsminister in Berlin, Dresden und München[37]. Zunächst stellte er fest, seine Firma sei in Dresden steuerpflichtig und beschäftige eine große Anzahl deutscher Arbeiter und Angestellter, denen sie „ein gutes Auskommen" verschaffe. Tatsächlich galt die betriebliche Lohn- und Sozialpolitik der Jasmatzi AG unter der Dresdener Zigarettenindustrie als führend[38]. Sodann verwies er auf die Güte ihrer Produkte, die, nachdem sie unlängst erst von der Berliner Handelskammer anerkannt worden sei, auch von den Konkurrenten nicht bestritten werde[39]. Schließlich bat er die Ministerialbeamten um den Erlaß zweier Maßnahmen:

1. Die Kriegsminister sollten die Schikanen, die in einigen Truppenteilen dem Verkauf der Jasmatzi-Zigaretten bereitet würden, unterbin-

---
[34] Ebenda.
[35] „Die Auflage dieser zweimal täglich erscheinenden Zeitung lag bereits nach dem ersten Jahr ihres Erscheinens bei 40 000; unter den Abonnenten waren jedoch wesentlich mehr Gutsbesitzer, Domänenpächter, Beamte, Offiziere, Juristen und Ärzte als Bauern." H. J. *Puhle*, Agrarische Interessenpolitik und preußischer Konservatismus im wilhelminischen Reich (1893 bis 1914). Ein Beitrag zur Analyse des Nationalismus in Deutschland am Beispiel des Bundes der Landwirte und der Deutsch-Konservativen Partei, Hannover 1966, S. 58.
[36] BHSTA IV, 19. 6. 1903.
[37] Ebenda, 16. 5. u. 19. 6. 1903.
[38] Vgl. A. *Geck*, a. a. O., S. 172.
[39] BHSTA IV, 19. 6. 1903; DZA Potsdam, RAI 7203, Bl. 12.

den, denn: „Wir verlangen nichts mehr als die Marktfreiheit für unser Fabrikat, welches gewiß nicht bezogen werden wird, wenn es nicht besser oder billiger als das der Konkurrenz zu haben ist oder sonst dem Abnehmer Vorteile gewährt[40]."

2. Die Reichsregierung möge den von seinen Konkurrenten ausgestreuten Gerüchten entgegentreten, sie habe offiziell gegen seine Firma Stellung genommen[41].

Gütschow versäumte es nicht, seinem Anliegen in Form einer geschickt verkleideten Warnung Nachdruck zu verleihen. „Angesichts der bevorstehenden Verhandlungen über Handelsverträge" würde dem Standpunkt der deutschen Außenwirtschaftspolitik erheblicher Schaden zugefügt werden, erklärte er, wenn nämlich im Ausland der Eindruck entstünde, die auf Grund der Handelsverträge gewährten Freiheiten würden in Deutschland nach Maßgabe der Nationalität des Produzenten auf Umwegen unterhöhlt werden[42]. Hier spielte er auf die gespannten wirtschaftlichen Beziehungen Deutschlands zu den Vereinigten Staaten an. Vier Jahre zuvor erst hatte mit Mühe ein Handelskrieg zwischen beiden Staaten verhindert werden können, den die deutsche Wirtschaft wohl kaum verkraftet hätte[43]. Was würde es nun angesichts der provisorischen Handelsabkommen mit den USA bedeuten, wenn deutsche Behörden dem amerikanischen Geldkapital auf deutschen Märkten die Bewegungsfreiheit verweigern würden, die sie für das deutsche Kapital auf amerikanischen Märkten als selbstverständlich voraussetzten? Doch vermochte auch diese Überlegung die Ministerialbürokratie nicht von ihrem Vorsatz abzubringen, im Konkurrenzkampf der Zigarettenproduzenten neutral zu bleiben. Eine Anweisung an die Militärbehörden, den Verkauf der Trustfabrikate ausdrücklich zu genehmigen, bedeutete zweifelsohne eine solche Einmischung, die Gütschow mit seinen Schreiben vielleicht gerade provozieren wollte. Daher erhielt der Generaldirektor der Jasmatzi AG eine höflich gehaltene Absage als Antwort auf sein Ersuchen: Da die Verwaltungen der Offiziersspeiseanstalten und Mannschaftskantinen bei der Beschaffung ihrer Waren völlig freie Hand hätten, sofern nicht militärdienstliche Interessen berührt würden, was bei dem von ihm zur Sprache gebrachten „Konkurrenzstreit" nicht der Fall sei, könnten Anweisungen in dem von ihm gewünschten Sinn nicht erlassen werden[44].

Zwar war der Versuch des Verbandes der Zigarettenfabrikanten und des VDZL, die Staatsgewalt gegen die „Geschäftskniffe der Jasmatzi AG zu mobilisieren, fehlgeschlagen. Doch hatten beide Verbände immerhin

---

[40] BHSTA IV, 16. 5. 1903.
[41] DZA Potsdam, RAI 7203, Bl. 12.
[42] BHSTA IV, 16. 5. 1903.
[43] Vgl. L. *Prager,* a. a. O., S. 40 f.; E. *Böhm,* a. a. O., S. 148.
[44] BHSTA IV, 24. 8. 1903.

1. Die „Antitrustbewegung" in den Jahren 1901 - 1905

erreicht, daß sich nun das gesamte „deutsche" Tabakgewerbe ihren Bestrebungen anschloß. Unter der Schirmherrschaft des Zentralverbandes der deutschen Tabakwirtschaft, des DTV, gründeten sie daher am 26. 8. 1903 den „Trustabwehrausschuß", dessen Aufgabe die Auseinandersetzung mit dem Tabaktrust bilden sollte. Den Vorsitz des Gremiums und die Vertretung nach außen übernahm der Syndikus des DTV, Josef Schloßmacher[45]. Auch der Trustabwehrausschuß warb von vornherein um staatliche Unterstützung im Kampf gegen die neuartigen Geschäftsmethoden der Jasmatzi AG[46], konzentrierte dabei aber seinen Angriff auf das Kuponsystem. Mit wirtschaftlich und moralisch begründeten Einwendungen hoffte der Ausschuß, die Ministerialbürokratie zu einem Verbot oder wenigstens zu einer erheblichen Einschränkung des Zugabewesens, des wichtigsten absatzpolitischen Instrumentes der Konkurrenz, zu bewegen. Der Trust verteile an die Raucher wertvolle und teure Geschenke, so lautete der wirtschaftlich motivierte Einwand, also sei seine Firma erheblich höher mit Kosten belastet als deren deutsche Konkurrenten, „da alle diese Ausgabeposten beim Verkauf der Jasmatzi-Fabrikate herausgewirtschaftet werden müssen..."[47]. Zwar wagte es der Trustabwehrausschuß nicht, die hohe Qualität der Trustwaren anzuzweifeln, doch glaubte er, aus dem Sachverhalt der außergewöhnlich hohen Kostenbelastung auf die künftige Produktgestaltung der Firma Jasmatzi schließen zu dürfen: „Die Qualität ihrer Erzeugnisse muß deshalb früher oder später entsprechend geringer werden, wenn sie ihren Zweck erreichen will ..."[48] Hatte die Einführung des Kuponsystems[49] indessen wirklich zu einer Kostenexplosion innerhalb der Firma Jasmatzi geführt? Zunächst einmal zahlte die Firma für die Schreibmaschine, die sie einem Kunden gegen Einsendung von 30 000 Kupons aushändigte, nicht den Preis, den dieser Kunde in einem Einzelhandelsgeschäft bezahlt hätte und den er als Maßstab für seine individuelle Bewertung der Zugabe heranzog. Die Firma erwarb vielmehr die Artikel, die in ihrem Zugabenkatalog enthalten waren, unmittelbar beim Produzenten, so daß die Handelsspannen für den Groß- und Einzelhandel wegfielen. Davon abgesehen betrugen die Kosten der Zugaben pro verkaufte Einheit des Produktes — die Packung mit zwanzig Zigaretten zu 1 Pfennig enthielt einen Kupon[50] — nur einen Bruchteil der kleinsten Geld-

---

[45] Vgl. hierzu DZA Potsdam, RAI 7203, Bl. 32 - 34.
[46] Ebenda, Bl. 35 - 37; BHSTA IV, 1. 9. 1903.
[47] Ebenda, Bl. 36.
[48] Ebenda.
[49] Am 30. 4. 1903 berichtete der Vorstand der Jasmatzi AG, „daß wir bis heute bereits über 8 000 Gegenstände im Werte von über 36 000,— M gegen Gutscheine und Coupons ausgegeben haben. Diese Reklame wird von Tag zu Tag populärer und zwar lösen wir jetzt täglich ca. 50 000 Coupons ein". STA Dresden, AM 2478, Bl. 50.
[50] A. *Geck*, a. a. O., S. 79.

einheit und waren deshalb geringer als der kleinstmögliche Preisnachlaß[51]. Überdies beeindruckte wohl die meisten Raucher die Aussicht auf eine Zugabe mehr als eine Senkung des Verkaufspreises der 20-Pfennig-Packung um einen einzigen Pfennig, ein nach dem Gutscheinsystem erworbenes Kaffeeservice stellte für ihn einen „selbständigen Wert" dar, „während jede Anschauungsreklame — ein noch so teueres Plakat, noch so kostbare Dekoration oder ähnliches — gar keinen unmittelbaren Nutzen hat für ihn[52]". Folgt man den Geschäftsberichten der Firma Jasmatzi, so lösten die Aufwendungen für das Kuponsystem eine derartige Ausweitung des Absatzes ihrer Produkte aus, daß der Umsatz wesentlich schneller anwuchs als die Kosten, was sich in einem ständig steigenden Reingewinn niederschlug[53].

Die moralisch verbrämten Einwände des Trustabwehrausschusses gegen das Kuponsystem erschöpften sich in der Aufzählung einzelner Beispiele[54]: Der Sohn eines deutschen Zigarettenfabrikanten wollte in einem Offizierskasino seine Waren anbieten. Er wurde jedoch abgewiesen mit dem Hinweis auf ein Dutzend Klappstühle, die dem Kasino vom „Trust" als Dank für den ausschließlichen Bezug der Jasmatzi-Zigaretten überlassen worden waren. Ein Lehrer hatte seine Kollegen zum Kauf der Trustzigaretten angehalten, um die Sammlung seiner Gutscheine zu vervollständigen. Mehrfach sei auch berichtet worden, daß Schüler der „Oberklassen" zu den Konsumenten der Trustwaren zählten und mit den Gutscheinen unter sich Handel trieben. Da nach der Meinung des Trustabwehrausschusses somit die wirtschaftliche und moralische Verwerflichkeit des Kuponsystems erwiesen war, bat er die hohen Staatsregierungen, sie sollten in allen Verkaufsstätten, die unter dem Einfluß ihrer Behörden stünden, den Vertrieb der Jasmatzi-Zigaretten unterbinden, denn: „Kein Beamter sollte ... der Verbreitung von Trustware Vorschub leisten; an keiner amtlichem Einfluß unterstehenden Verkaufsstelle, in keinem Offizierskasino, in keiner Militärkantine, in keiner Eisenbahnwirtschaft, bei keinem Militär- oder Beamten-Konsum-Verein oder -Warenhaus sollten Trustfabrikate zu haben sein[55]!" Vor allem aber richtete der Ausschuß an die hohen Staatsregierungen „die ganz ergebene Bitte, es möge von Reichswegen durch Erlaß eines Gesetzes dem von uns gekennzeichneten, mit Gutscheinen und ähnlichen Beigaben arbeitenden Geschäftsgebahren, *durch welches der des Schutzes der hohen Regierungen besonders bedürftige Mittelstand* schwer geschädigt wird, allgemein entgegengetreten...[56]" werden.

---

[51] Vgl. hierzu F. *Machlup*, a. a. O., S. 445, Anm. 16.
[52] Martin *Müller*, Der Interessenkampf zwischen großkapitalistischem und mittelständischem Einzelhandel, Diss. Freiburg/Br. 1933, S. 53/54.
[53] Vgl. die Geschäftsberichte der Jasmatzi AG in STA Dresden, AM 2478.
[54] DZA Potsdam, RAI 7203, fol. 38.
[55] Ebenda.

1. Die „Antitrustbewegung" in den Jahren 1901 - 1905

Allerdings waren die Beispiele, die der Ausschuß zur Illustration der wirtschaftlichen und moralischen Schäden des Zugabewesens ausgewählt hatte, wegen ihrer Unbestimmtheit kaum geeignet, deutsche Ministerien zu einem Einschreiten gegen die Absatzpolitik der Firma Jasmatzi zu bewegen[57]. Dem Trustabwehrausschuß blieb schließlich nichts anderes übrig, als sich ein halbes Jahr später wieder bei der Ministerialbürokratie in Erinnerung zu bringen. Im März 1904 berichtete er dem Reichsamt des Innern anhand zweier Beispiele, wie das von der Jasmatzi AG eingeführte Kuponsystem allmählich beginne, im deutschen Warenhandel um sich zu greifen[58]. Dennoch dauerte es noch bis zum Mai 1904, ehe Staatssekretär Posadowsky zu der Eingabe des Ausschusses Stellung nahm. Er beobachte aufmerksam die Formen der Auseinandersetzung in der Zigarettenindustrie, erklärte er, außerdem stehe er mit dem Auswärtigen Amt wegen der Berichterstattung der diplomatischen Vertretungen über die Entwicklungen auf den ausländischen Tabakmärkten in Verbindung[59]. Alle Berichte, die er erhalte, lasse er den verbündeten Regierungen und den beteiligten Ressorts zugehen. Maßnahmen, wie sie in der Denkschrift des Trustabwehrausschusses empfohlen würden, werde er „zunächst nicht" ergreifen. Im übrigen habe er Staatssekretär Nieberding vom Reichsjustizamt um eine Rechtsauskunft über den „Handel mit Gutscheinen" gebeten[60].

Nieberding stellte in einem Rechtsgutachten fest, daß die „bestehende Gesetzgebung" keine rechtliche Handhabe biete, um gegen das Kuponsystem, so wie es von der Firma Jasmatzi eingeführt worden sei, einzuschreiten. „Namentlich kann, im Gegensatz zu dem sogenannten Hydrasystem...[61], das Versprechen einer Zugabe an denjenigen, welcher eine bestimmte Zahl der den Kaufgegenständen beigefügten Gutscheine beibringt, nicht als eine öffentlich veranstaltete Ausspielung im Sinne des § 286 des StGB[62] angesehen werden[63]." Mit „Hydra-" oder auch

---

[56] Ebenda. Hervorhebungen im Original.
[57] So hatte z. B. der Sachbearbeiter im bayerischen Kriegsministerium in der Eingabe des Trustabwehrausschusses an der Stelle, wo von den Klappstühlen im Offizierskasino die Rede war, handschriftlich vermerkt: „Wird kaum in Bayern gewesen sein." BHSTA IV, 1. 9. 1903.
[58] DZA Potsdam, RAI 7203, fol. 102.
[59] Vgl. den Bericht des Staatssekretärs im Reichsamt des Innern vom 5. 5. 1904, DZA Potsdam, RAI 7203, Bl. 128; ferner die zahlreichen einschlägigen Gesandtschaftsberichte in diesem Faszikel und in: STA Dresden, AM 7054.
[60] DZA Potsdam, RAI 7203, Bl. 128.
[61] Nieberding verweist hier auf eine höchstrichterliche Entscheidung, in der das Hydrageschäft dem Tatbestand des unlauteren Wettbewerbs gleichgesetzt wird. Vgl. Entscheidungen des Reichsgerichts in Strafsachen 34, 1901, S. 140 ff. u. S. 390 ff.
[62] Der § 286 StGB lautet: „Wer ohne obrigkeitliche Erlaubnis öffentliche Lotterien veranstaltet, wird mit Freiheitsstrafe bis zu zwei Jahren oder mit Geldstrafe bestraft. Den Lotterien sind öffentlich veranstaltete Ausspielungen beweglicher oder unbeweglicher Sachen gleichzuachten."
[63] DZA Potsdam, RAI 7203, Bl. 146.

"Schneeballsystem" bezeichnete man einen Kaufvertrag, bei dem der Verkäufer den Käufer verpflichtete, den Kaufpreis durch Anzahlung und durch Zuführung einer bestimmten Anzahl weiterer Kunden zu tilgen. Die so geworbenen Kunden wurden nach dem gleichen System beliefert. Erfüllte der Käufer diese Bedingung nicht, mußte er den Kaufpreis voll bezahlen[64]. Rechtlich gesehen war also das Kuponsystem, obwohl es auch auf Kundenwerbung abzielte, etwas anderes als das Hydrasystem. Diese Feststellung aber bedeutete für den Trustabwehrausschuß, daß die werbewirksamen Zugaben der Firma Jasmatzi nach dem geltenden Recht erlaubt waren. Im übrigen verspürte auch Staatssekretär Nieberding wenig Lust, sich in den Konkurrenzkampf der deutschen Zigarettenindustrie verwickeln zu lassen, denn er ging auf die Frage, ob gegenüber dem "Geschäftsgebahren" des amerikanischen Tabaktrustes besondere gesetzliche Maßnahmen zu ergreifen seien, nicht näher ein[65].

Noch drei weitere Niederlagen mußte der Trustabwehrausschuß im Jahre 1904 hinnehmen. Auf die Eingabe, mit der er am 25. 11. 1903 den preußischen Kriegsminister gebeten hatte, den Verkauf der Jasmatzizigaretten in den Militärkantinen zu verbieten, erhielt er am 8. 1. 1904 den Bescheid, diese Kantinen seien Privateinrichtungen der Truppen, an deren Geschäftsbetrieb die Militärverwaltung in keiner Weise beteiligt sei[66]. Sein Versuch, über die Eisenbahnverwaltung den Verkauf von Jasmatzi-Erzeugnissen auf Bahnhöfen zu verhindern, scheiterte. Die "Deutsche Automatengesellschaft" zu Köln teilte nämlich der Königlich Preußischen Eisenbahndirektion kurz und bündig mit: "Die Fabrikate sind von besonders guter Qualität und befriedigen die Käufer, dieser Umstand allein hat uns vor 2 Jahren veranlaßt, die Fabrikate der Firma Jasmatzi aus unseren Automaten zu verkaufen[67]." Auch bei seinem Bemühen, die Handelskammern für seine Ziele zu gewinnen, erzielte der Trustabwehrausschuß keinen durchschlagenden Erfolg, wie ein Beispiel aus Württemberg zeigt. Zwar unterstützten die Kammern Heilbronn und Ulm das Anliegen des Ausschusses und empfahlen, "die Fabrikate dieser amerikanischen Trustfirmen dort auszuschließen, wo öffentliche Stellen die Möglichkeit haben, den Absatz zu beeinflussen (Bahnhofsgaststätten, Automaten auf Bahnhöfen, Militärkantinen usw.)". Die Kammer Heidenheim jedoch hegte Zweifel, ob solche Eingriffe mit dem Grundsatz der Gewerbefreiheit vereinbar seien[68].

---

[64] Vgl. Dr. Gablers Lexikon des Wirtschaftsrechts, Wiesbaden 1972, Sp. 1529.
[65] DZA Potsdam, RAI 7203, Bl. 146.
[66] Ebenda, Bl. 159.
[67] Ebenda, Bl. 23.
[68] Walther *Mosthaf*, Die württembergischen Industrie- und Handelskammern Stuttgart, Heilbronn, Reutlingen, Ulm 1855 - 1955, Band II: Die Handelskammern 1900 - 1933, Stuttgart 1962, S. 174.

Schließlich konnte trotz der Antitrustagitation die Jasmatzi AG „gestützt auf ihre Qualitäten und ihre mustergültige Arbeitsteilung" ihren Umsatz im Jahre 1904 um fast 18 % gegenüber dem Vorjahr steigern[69]. Das Bestreben der Geschäftsleitung, ihre Produktionskapazität auszudehnen und nun auch auf dem wichtigen Berliner Markt Fuß zu fassen, war daher verständlich. Eine Erweiterung ihrer Dresdener Fabrikationsanlagen oder der Erwerb eines Betriebes in Berlin hätte die Firma jedoch wieder dem Verdacht der Monopolisierung der deutschen Zigarettenindustrie ausgesetzt. Gewitzt durch die Erfahrungen mit der Antitrustbewegung ging sie daher vorsichtig und behutsam vor: Am 30. 1. 1905 wandelten die beiden Inhaber der Zigarettenfabrik Josetti in Berlin, die Kaufleute Meier und Peters, ihr Unternehmen aus einer OHG in eine GmbH um, deren Stammkapital 475 000 M betrug. Am 26. 1. 1906 übertrugen sie Gesellschaftsanteile in Höhe von 474 000 M auf den Generaldirektor Gütschow von der Jasmatzi AG, der gleichzeitig Geschäftsführer der Firma Josetti wurde, in deren Firmenbezeichnung aber ausdrücklich der Zusatz „Inhaber Meier & Peters" beibehalten wurde[70].

**c) Trustabwehr als Mittelstandspolitik:
Die Initiative der Deutschen Mittelstandsvereinigung**

Die Verbesserung der Ertragslage der Jasmatzi AG ging mit einem Abflauen der Aktionen des Trustabwehrausschusses einher. Zwei Gründe waren hierfür maßgebend. Im Frühjahr 1905 kam es in Dresden zu einem Streik der Zigarettenarbeiter, die höhere Löhne forderten. Die Firma Jasmatzi zeigte sich bereit, die Lohnforderungen ihrer Arbeitnehmer zu erfüllen. Daraufhin versprachen die anderen Dresdener Zigarettenindustriellen, die Agitation gegen die Jasmatzi AG einzustellen, falls diese sich entschließen könnte, mit ihnen in der Lohnfrage solidarisch vorzugehen und die verlangte Lohnerhöhung zu verweigern. Die Geschäftsleitung nahm dieses Angebot an und versicherte obendrein, sie plane keine Erweiterung ihrer Geschäftstätigkeit, insbesondere wolle sie keine Einzelhandelsbetriebe erwerben oder in andere Zweige der Tabakindustrie vordringen, und sie sei bereit, ihr Kuponsystem einzuschränken[71]. Außerdem aber gelang es der Firma Jasmatzi, die Tätigkeit des Trustabwehrausschusses für ein gutes Jahr lahmzulegen,

---

[69] Vgl. hierzu A. *Geck*, a. a. O., S. 52.
[70] J. *Gerstner*, a. a. O., S. 15. Der Darstellung liegen die Registerakten des Kammergerichts Berlin zugrunde. Geck schildert den Vorgang anders: „1905 beteiligte sich die Jasmag. mit einem Kapital von 300 000 Mk. an der zu einer GmbH. umgewandelten Josetti, ..." Seine Quelle ist eine Streitschrift, die der Syndikus des VDZI, Greiert, 1913 verfaßt hatte. A. *Geck*, a. a. O., S. 47.
[71] A. *Geck*, a. a. O., S. 47. Schriftlich wurden diese Abmachungen nicht festgelegt. Geck stützt sich hier auf Aussagen des Vorstandes der Jasmatzi AG.

indem sie die treibende Kraft dieses Gremiums, den Vorsitzenden Schloßmacher, wegen dessen Antitrustagitation in ein langwieriges Gerichtsverfahren verwickelte[72].

Nachdem die „großen" Dresdener Zigarettenfabrikanten ihren Separatfrieden mit der Jasmatzi AG geschlossen hatten und überdies die Tätigkeit des Trustabwehrausschusses blockiert worden war, verlagerte sich die Hauptlast der Antitrustbewegung auf die kleinen und mittleren Unternehmen und auf den Handel, die nun die „Deutsche Mittelstandsvereinigung" (DMV) für den Trustkampf mobilisierten. Im Gegensatz zu dem vorerst nicht mehr einsatzfähigen Trustabwehrausschuß brachte die DMV ein ansehnliches politisches Gewicht in diese Auseinandersetzung ein. Während nämlich der Ausschuß nur die Interessen einer einzigen Branche vertreten konnte, verkörperte die DMV im Frühjahr 1905 die gesamte Mittelstandsbewegung. Sie vereinigte den „Alten Mittelstand", nämlich Handwerker, selbständige Gewerbetreibende·und Einzelhändler, die sich im Zuge der Konzentrationsbewegung in die Richtung des industriellen Großbetriebes, des Warenhauses und der Konsumgenossenschaft in ihrer wirtschaftlichen Existenz bedroht fühlten. Hinzu traten zumindest Teile des „Neuen Mittelstandes", der Privatangestellte, Beamte und Handlungsgehilfen umfaßte[73]. Außerdem bildete die „Mittelstandspolitik" ein bevorzugtes Gebiet der Wirtschafts- und Sozialpolitik Deutschlands in der Ära Wilhelms II., das im Grunde „aus einer Reihe von Versuchen, die Basis des bestehenden politischen und sozialen Systems zu erweitern und zu stabilisieren", bestand[74]. Mit Ausnahme der Sozialdemokratie hatten alle bedeutenden politischen Parteien „Mittelstandsprogramme" verfaßt, mit deren Hilfe sie nun die großen Gruppen der „mittelständischen" Wähler umwarben[75].

Schon auf Grund ihres politischen Gewichtes und Einflusses durfte die DMV damit rechnen, daß ihre Eingaben von der Ministerialbürokratie bearbeitet und beantwortet werden würden, hatte doch kurz zuvor auf dem deutschen Mittelstandstag ein Vertreter des Reichsamtes des Innern den Wunsch der Reichsregierung übermittelt, daß die Bestrebungen der

---

[72] Vgl. zu den Prozessen um Schloßmacher das umfangreiche Aktenmaterial in: DZA Potsdam, RAI 7203, Bl. 36—80. Siehe ferner Herbert *Giersch*, Allgemeine Wirtschaftspolitik. Bd. 1: Grundlagen, Wiesbaden 1961, S. 205.

[73] Vgl. zu dieser Mittelstandsbewegung Wilhelm *Stieda*, Die Mittelstandsbewegung, in: Jbb. f. Nat. u. Stat. 29, 1905; Magnus *Biermer*, Art. „Mittelstandsbewegung", in: HdStw 3. Aufl. Bd. 6, 1910; Emil *Lederer*, Mittelstandsbewegung, in: Archiv für Sozialwissenschaft und Sozialpolitik 31, 1910; 35, 1912; 37, 1913; Leo *Müffelmann*, Die moderne Mittelstandsbewegung, Berlin 1913.

[74] Heinrich August *Winkler*, Der rückversicherte Mittelstand: Die Interessenverbände von Handwerk und Kleinhandel im deutschen Kaiserreich, in: W. *Rüegg*, a. a. O., S. 174.

[75] Vgl. Johannes *Wernicke*, Kapitalismus und Mittelstandspolitik, 2. Aufl. Jena 1922, S. 186 f.

1. Die „Antitrustbewegung" in den Jahren 1901 - 1905   61

neu gegründeten DMV einen erfolgreichen und günstigen Verlauf nehmen möchten[76]. Daher richtete die DMV am 10. 5. 1905 eine Petition an das Reichsamt des Innern, betreffend: „Die Bekämpfung der Bestrebungen des amerikanischen Tabaktrustes in Deutschland[77]." Wie zuvor schon der Trustabwehrausschuß benutzte auch die DMV insbesondere das Kuponsystem als Rechtfertigung für die Kampfmaßnahmen gegen die Firma Jasmatzi. Allerdings rückte sie die Auswirkungen des Zugabewesens nun in einen breiteren Rahmen, indem sie behauptete, der Trust würde früher oder später dazu übergehen, seine Zugabeartikel in eigener Regie herzustellen, zum Nachteil vieler einheimischer Gewerbetreibender. Ihre wirtschaftspolitischen Forderungen entsprachen denen des Ausschusses: Verhinderung des Absatzes von Trustwaren in allen Verkaufsstätten, die öffentlichem Einfluß unterliegen, ferner Verbot des Kuponsystems durch eine Ergänzung des Gesetzes zur Bekämpfung des unlauteren Wettbewerbs[78].

Das Reichsamt des Innern stellte daraufhin in Zusammenarbeit mit dem preußischen Ministerium für Handel und Gewerbe umfangreiche Ermittlungen an, die sich wegen der Einschaltung mehrerer Behörden und wegen der Einhaltung des Instanzenweges als langwierig erwiesen[79]. Entscheidend für das Schicksal der Eingabe der DMV wurden indessen nicht Dauer und Umfang der amtlichen Nachforschungen, sondern die Überzeugung der Ministerialbürokratie, das Gespenst der „amerikanischen Trustgefahr" für die deutsche Tabakindustrie habe sich inzwischen verflüchtigt. Bereits im Mai 1904 hatte der deutsche Generalkonsul in Yokohama dem Auswärtigen Amt berichtet, die japanische Regierung habe durch die Errichtung eines staatlichen Tabakmonopols den Expansionsbestrebungen der BATC auf den japanischen Märkten einen Riegel vorgeschoben. Jetzt, im Mai 1905, meldete der Ministerresident in Havanna, die ATC verliere gegenüber den unabhängig gebliebenen Zigarrenfabriken Kubas ständig an Boden. Ein Referent des Auswärtigen Amtes versah diesen Bericht mit den bezeichnenden Worten: „Na also! Und da faselt man noch von der Gefahr der Eroberung[80]!" Für die Reichsbehörden war mithin der Vorwurf, die ATC beabsichtige die Eroberung der Weltmärkte, entkräftet. Würde aber nun die Reichsregierung ohne triftigen Grund, nur nach Maßgabe der Interessen einiger Unternehmer, die des Preis- und Qualitätswettbewerbs mit der Jasmatzi AG überdrüssig waren, diese vorwiegend mit amerika-

---

[76] W. *Stieda*, a. a. O., S. 10/11.
[77] DZA Potsdam, RAI 7203, Bl. 86 f.
[78] Ebenda, Bl. 87.
[79] So wurde z. B. die Berliner Handelskammer über das Polizeipräsidium Berlin um eine Auskunft gebeten, die sie am 24. 10. 1905 erstattete. Vgl. A. *Vagts*, a. a. O., S. 410, Anm. 3.
[80] Siehe hierzu A. *Vagts*, a. a. O., S. 409/410.

III. Der Trustkampf als Problem der deutschen Ministerialbürokratie

nischem Kapital arbeitende Firma in ihrer Geschäftstätigkeit behindern, so würde sie eine Verschlechterung der ohnehin nicht zum Besten stehenden deutsch-amerikanischen Wirtschaftsbeziehungen in Kauf nehmen. Amerikanische Retorsionsmaßnahmen hätten indessen weniger den Mittelstand als vielmehr die Großindustrie getroffen. Mit dieser Abwägung war das Schicksal der Denkschrift der DMV bereits entschieden, denn überall dort, wo protektionistische Forderungen des gewerblichen Mittelstandes mit großindustriellen Interessen kollidierten, stießen sie bei der Exekutive „auf prinzipiellen Widerstand[81]".

Die offizielle Antwort auf die Eingabe der DMV erteilte am 1. 2. 1906 der preußische Minister für Handel und Gewerbe, Klemens von Delbrück. Die Ermittlungen, die angestellt worden seien, hätten ergeben, erklärte der Minister, „daß die Befürchtung einer Erdrückung der deutschen Zigarettenindustrie durch den Trust wenigstens zur Zeit der Begründung entbehrt". Daß die Firma Jasmatzi dazu übergehen würde, ihre Zugabeartikel selbst zu produzieren, halte er angesichts der Vielseitigkeit des Geschenkkataloges und der geringen Mengen, die von den einzelnen Gegenständen benötigt würden, für völlig ausgeschlossen[82]. Im übrigen sei das Gutscheinsystem „seinem Wesen nach nicht verschieden von anderen Reklamemitteln, die in allen Zweigen des Detailhandels verbreitet sind und niemals Beanstandung gefunden haben[83]". Klar und deutlich schloß Delbrück: „Ich halte hiernach ein weiteres Eingehen auf die Anregung der Mittelstandsvereinigung für entbehrlich[84]." Dieser Ansicht schloß sich Staatssekretär Posadowsky im Reichsamt des Innern an, nachdem sich die bayerische Regierung ebenso geäußert hatte. Am 26. 2. 1906 stellte er fest, „daß gegenwärtig kein ausreichender Anlaß besteht, die Angelegenheit weiter zu verfolgen[85]", obwohl ihn noch am 12. 2. der preußische Justizminister von Beseler darauf aufmerksam gemacht hatte, daß das Reichsgericht soeben ein Revisionsverfahren zugunsten des Vorsitzenden des Trustabwehrausschusses entschieden hatte[86]. Schloßmacher durfte nun wieder, gewissermaßen mit „höchstrichterlicher" Billigung behaupten, die Firma Jasmatzi AG sei völlig von der ATC abhängig und beabsichtige, die deutsche Zigarettenindustrie zu unterjochen.

Auch der Versuch, den Verkauf der Jasmatzi-Erzeugnisse im Bereich der Eisenbahnen durch eine Intervention über die Eisenbahnverwaltungen zu verhindern, scheiterte. Die Eisenbahndirektion Köln wandte sich

---

[81] H. A. *Winkler*, a. a. O., S. 175.
[82] DZA Potsdam, RAI 7203, Bl. 96. Dieses Argument hatte das Gutachten der Berliner Handelskammer geliefert. A. *Vagts*, a. a. O., S. 410, Anm. 3.
[83] DZA Potsdam, RAI 7203, Bl. 97.
[84] Ebenda, Bl. 98.
[85] Ebenda, Bl. 99.
[86] Ebenda, Bl. 93.

in dieser Angelegenheit erneut an die Deutsche Automatengesellschaft, die ihr wiederum die hervorragende Qualität und die angemessenen Preise der Konzernmarken bestätigte. Außerdem aber wies die Automatengesellschaft darauf hin, daß auch deutsche Firmen wie Felten & Guilleaume in Köln, Siemens & Halske in Berlin „und viele andere Firmen" Kapital in ausländische Unternehmungen angelegt hätten. So betreibe die mit ihr eng verbundene Firma Gebr. Stollwerck AG, die Schokolade herstelle, nicht allein Zweigunternehmen in Preßburg, London und New York, sie habe vielmehr auch „ähnliche Lieferungskontrakte" mit amerikanischen Eisenbahngesellschaften abgeschlossen, wie sie selbst mit der Firma Jasmatzi[87]. Dieser Hinweis auf die deutschen Wirtschaftsinteressen in den Vereinigten Staaten kam einem Wink mit dem Zaunpfahl gleich. Die folgende Beteuerung, man sei selbstverständlich bereit, den Vertrag mit der Jasmatzi AG zum nächstmöglichen Termin zu kündigen, wenn dies die Eisenbahnverwaltung wünsche, war im Grunde überflüssig. Als die Generaldirektion der Eisenbahnen in Elsaß-Lothringen, welche die Anfrage veranlaßt hatte, diese Antwort erhielt, urteilte sie: „Nach Lage der Sache werden wir von einer Weiterverfolgung der Angelegenheit absehen[88]."

Damit — so schien es — hatte die Exekutive deutlich zum Ausdruck gebracht, daß sie nicht beabsichtigte, unmittelbar in den Wirtschaftsprozeß einzugreifen, um nach Maßgabe von Interessentenforderungen die Ergebnisse des Wettbewerbs zu „berichtigen". Insbesondere die Reichsbehörden hatten bewiesen, daß sie sehr wohl zwischen volks- und einzelwirtschaftlichen Interessen zu unterscheiden wußten und daß das Auftreten „nationaler" Verbände nicht ausreiche, um ihnen Konzessionen abzuverlangen. Ohne Unterstützung der Ministerialbürokratie war die Antitrustbewegung indessen nicht mehr lebensfähig. Sie zerbröckelte, als im Frühjahr 1906 das Bündnis zwischen Zigarrenfabrikanten und Zigarettenindustrie über der Frage der Sonderbelastung der Zigarette brach und außerhalb des DTV der VDZI entstand, dessen Kampf ab 1907 zunächst einmal vorwiegend der Preisschleuderei und den überhöhten Handelsspannen galt[89].

2. Das Werben der Verbände um die Unterstützung der Kriegsministerien im Trustkampf in den Jahren 1909 und 1910

Das allmähliche Erlahmen der Antitrustagitation begünstigte die wirtschaftliche Entwicklung der beiden Trustfirmen Jasmatzi und Josetti. Im Jahre 1906 erzielte die Jasmatzi AG einen Reingewinn von 502 443,28 M bei einer Dividende von 7 %, 1908 betrug der Gewinn be-

---
[87] Ebenda, Bl. 122.
[88] Ebenda, Bl. 120.
[89] Vgl. H. *König*, a. a. O., S. 224.

reits 1 287 571,37 M, die Dividende wurde auf 22 % festgesetzt[1]. Dieses Wachstum allein hätte sicher nicht ausgereicht, um in den Jahren 1909 und 1910 eine neue Kampagne gegen den Trust zu entfachen, denn an der ständig steigenden Nachfrage nach Zigaretten nahm auch die „deutsche" Konkurrenz teil, auch sie konnte ihre Kapazität auslasten, auch sie erzielte Gewinne.

Die Jasmatzi AG bemühte sich indessen mit großem Erfolg um einen besonderen Teil des Marktes für Tabakwaren, der für den Absatz der Zigaretten außerordentlich ergiebig war, nämlich um die Verkaufsstätten im Bereich der Armee. Hierzu zählten einmal die Offiziersspeiseanstalten — im Landheer Kasino, bei der Marine Messe genannt —, die ursprünglich geschaffen worden waren, um die Lebenshaltung der jungen, unverheirateten Offiziere zu verbilligen und zu vereinfachen. Bereits um die Jahrhundertwende galten diese Einrichtungen als „starkes kameradschaftliches Bindemittel" und als der „vornehmste und passendste Vereinigungspunkt" für das Offizierskorps; „hier vor allem und nicht in den öffentlichen Lokalen den geselligen Verkehr zu suchen, sollten die Offiziere eindringlichst belehrt und ermahnt werden; das machte der Kaiser ausdrücklich durch Ordre vom 1. 1. 1897 den Regimentskommandeuren zur Pflicht[2]". Vom Umsatz her gesehen noch wichtiger waren die Kantinen, in denen die Mannschaften Lebens- und Genußmittel einkauften. In den Kasinos, Messen und Kantinen trafen alle Bedingungen zusammen, die den Absatz von Zigaretten förderten. Die Zigarette galt immer mehr als das bevorzugte Rauchobjekt der jüngeren Generation, sie erlaubte den Rauchgenuß auch in kurzen Dienstpausen, sie war das billigste Tabakprodukt, insbesondere die Marken der „niederen Preisklasse" — eine Spezialität der Jasmatzi AG — waren auch für den Sold des Rekruten erschwinglich, der nicht selten erst während der Ableistung seines Militärdienstes mit dem Zigarettenrauchen begann. Gelang es nun, einen Soldaten während dieser Zeit an eine bestimmte Zigarettenmarke zu gewöhnen, so war die Wahrscheinlichkeit groß, daß er auch nach seiner Rückkehr in das Zivilleben nicht nur dem Konsum der Zigaretten, sondern auch dieser bestimmten Marke treu blieb. Die Geschäftsleitung der Jasmatzi AG erkannte die Absatzchancen, die ihr die „militärische" Nachfrage bot, und nutzte sie. Sie warb nicht allein mit Geschenken und Zugaben um die Gunst der Raucher, sondern bedachte auch die Kantinenwirte mit hohen Rabatten und einer preisgünstigen Belieferung unter Ausschaltung des Zwischenhandels[3].

---
[1] Vgl. A. *Geck*, a. a. O., S. 52.
[2] Karl *Demeter*, Das deutsche Offizierskorps in Gesellschaft und Staat 1650 - 1945, 4. Aufl. Frankfurt/M. 1965, S. 227/228.
[3] Siehe hierzu die Bittschrift des VDZL, HSTA Stuttgart, M 1/6, 393, fol. 143, und die Denkschrift des VDZI, ebenda, fol. 152.

2. Das Werben der Verbände um Unterstützung der Kriegsministerien

Leidtragende der erfolgreichen Kundenwerbung der „Trustfirmen" im Bereich der Militärverwaltungen waren in erster Linie die Fachhändler in den zahlreichen Garnisonstädten, die Schwerpunkte des Absatzes der Tabakwaren bildeten[4], dann erst die übrigen Zigarettenfabrikanten, deren Marken in zunehmendem Maße aus dem Sortiment der Kantinenwirte verschwanden. Daher erstaunt es nicht, daß zuerst die Organisation des Fachhandels, der VDZL, Maßnahmen gegen die Absatzpolitik der Trustfirmen ergriff. Ein Boykott gegen die Marken der Firmen Jasmatzi und Josetti durch den Fachhandel verbot sich von selbst. Da nämlich weder am Preis noch an der Qualität der Trustware etwas auszusetzen war, hätte eine solche Aktion nur die ohnehin schon starke Stellung der beiden Firmen beim fachfremden Handel und damit auch bei den Kantinenwirten gefestigt. Die Hilfe der Militärbehörden war also unerläßlich, sollte der Einfluß des Trustes auf dem wichtigen Teilmarkt der Kantinen, Messen und Kasinos eingedämmt werden. Überdies gab es bereits einen Präzedenzfall, auf den sich die Tabakinteressenten berufen konnten: In den Offizierskasinos Preußens war der Genuß französischen Schaumweins untersagt[5]. Deshalb richtete der VDZL am 6. 2. 1909 eine Bittschrift an die vier deutschen Kriegsministerien in Berlin, Dresden, Stuttgart und München und an das Reichsmarineamt, in dem er zunächst ausführlich den Markterfolg der Trustfirmen schilderte und auf dessen Folgen aufmerksam machte: „Ein Mächtigwerden des Trusts in Deutschland bedeutet eine Ausbeutung des deutschen Nationalvermögens durch eine mit einem Aktienkapital von 800 Millionen Mark arbeitende amerikanische Gruppe amerikanischer Großkapitalisten[6]." Unter dem Schutzmantel dieser dubiosen Behauptung brachte der Verband noch ein zweites Anliegen vor. In den Offizierskasinos, so erklärte er, würden immer mehr kubanische Zigarren geraucht, die aus Trustfabriken stammten, sicher nur deshalb, weil die Herren Offiziere nicht wüßten, daß es sich hierbei um Trustware handle. Deshalb erlaube er sich, die 24 Handelsmarken, unter denen der Trust Importzigarren anbiete, namentlich aufzuführen[7]. Angesichts des Mißerfolges der ATC bei der Beteiligung an der amerikanischen Zigarrenindustrie und in Anbetracht der Ermittlungen des Auswärtigen Amtes über den schwindenden Einfluß des Trustes auf die kubanische Zigarrenproduktion erscheinen die Angaben des VDZL zweifelhaft, und die Vermutung verdichtet sich, nicht die Bekämpfung des Trustes, sondern die

---

[4] Der Staatspräsident Badens bemerkte in einer Rede über die badische Grenzlandnot zu Anfang des Jahres 1929, daß vor dem Kriege 30 % der Produktion der badischen Zigarettenfabriken ihren Absatz in den elsaß-lothringischen Garnisonen gefunden hätten. A. *Zimmermann*, a. a. O., S. 46.
[5] Vgl. Friedrich *Sternthal*, Die Heimarbeit in der Dresdener Zigarettenindustrie, München usw. 1912, S. 7, Anm. 5.
[6] HSTA Stuttgart, M 1/6, 393, fol. 144.
[7] Ebenda

Behinderung der Zigarreneinfuhr aus Kuba zugunsten des deutschen Zigarrengewerbes sei das wahre Ziel dieser Aktion gewesen. Die vorangegangenen Schilderungen veranlaßten den VDZL jedoch zu der Bitte, „durch eine Verfügung dem Absatz der Zigarettenmarken der Fabriken Georg A. Jasmatzi AG und Josetti GmbH in den Kantinen sowie dem Führen der Importmarken des Trusts entgegenzuwirken". Um Mißverständnisse innerhalb der Ministerialbürokratie auszuschließen, erläuterte der Verband abschließend: „Wir bemerken dabei, daß es sich bei dieser Eingabe nicht etwa um egoistische Interessen des unterzeichneten Verbandes und seiner Mitglieder handelt, sondern um ein Eintreten für die gesunde Entwicklung der gesamten deutschen Tabakbranche, welche in ihrer schwierigen Situation gegenüber der amerikanischen Invasion des Schutzes der Behörden bedarf und ihn auch aus sozialen und volkswirtschaftlichen Gründen unbedingt verdient[8]."

Im Gegensatz zum Verband der Zigarettenfabriken, der 1903 eine ähnliche Petition zuerst an die einzelnen Truppenteile und dann erst an die Militärbehörden gesandt hatte, in der — vergeblichen — Hoffnung, nicht nur deren nachdrückliche Billigung seiner Aktion, sondern auch eine aktive Unterstützung zu erhalten, hatte also der VDZL den „Dienstweg" eingehalten. Diese Verfahrensweise lohnte sich, denn er erhielt von allen fünf Stellen, die er angeschrieben hatte, eine Antwort[9], und zwar aus

1. Preußen: „Auf die Eingabe vom 6. Februar wird ergebenst erwidert, daß die Beschaffung von Zigaretten und Zigarren für die Militärkantinen und Offizierskasinos lediglich Sache der Truppenkommandeure und Offizierkorps ist, auf die vom Kriegsministerium nicht eingewirkt werden kann."

2. Bayern: „Beim Einkauf von Zigarren für Offiziersspeiseanstalten handelt es sich um eine Privatangelegenheit der Offiziere, beim Einkauf von Zigaretten für Kantinen um eine Privatsache des Truppenteils, auf die das Kriegsministerium keine dienstliche Einwirkung ausüben kann.

Es muß Ihnen daher anheimgestellt werden, sich mit ihren Ausführungen an die einzelnen Truppenteile zu wenden."

3. Sachsen: „Auf das Schreiben vom 6. dieses Monats wird Ihnen mitgeteilt, daß den Generalkommandos der beiden sächsischen Armeekorps von Ihrem Schreiben Kenntnis gegeben worden ist."

4. Württemberg: „Die Kantinen und Offizierskasinos sind Privateinrichtungen der Truppen. Das Kriegsministerium ist daher nicht in der Lage, im Sinne Ihrer Eingabe Verfügung zu treffen."

---

[8] Ebenda. Unterschrieben ist diese Bittschrift vom Präsidenten des VDZL, Ehlefeldt, und vom Sekretär des Verbandes, Hesselbarth.
[9] Vgl. BHSTA IV, 17. 3. 1909; HSTA Stuttgart, M 1/6, 393, fol. 145 u. 148.

2. Das Werben der Verbände um Unterstützung der Kriegsministerien 67

5. Dem Reichsmarineamt: „Da die Beschaffung von Zigarren, Zigaretten pp. eine private Angelegenheit der Kasinos, Messen und Kantinen pp. ist, so steht mir eine dienstliche Einwirkung auf dem Wege der Verfügung in dem von Ihnen gewünschten Sinne nicht zu, ich habe aber Veranlassung genommen, die in Frage kommenden Behörden der Marine unter Übersendung einer Abschrift Ihres Schreibens auf die Verhältnisse aufmerksam zu machen."

Das Ergebnis der Petition war mithin, gemessen an den bisherigen Erfahrungen, für die Trustgegner erfreulich. Lediglich das preußische und das württembergische Kriegsministerium hatten es abgelehnt, sich in den Trustkampf einzuschalten. Bayerns Kriegsminister empfahl immerhin den unmittelbaren Kontakt zu den einzelnen Truppenteilen und verschaffte damit einem solchen Vorgehen den Anschein amtlicher Billigung. Sein sächsischer Amtskollege übernahm die Aufgabe, die Generalkommandos vom Inhalt der Petition zu informieren, gleich selbst. Am weitesten ging der Sachbearbeiter im Reichsmarineamt, Abteilungschef Konteradmiral Meier[10], der die Bitte des VDZL erfüllte. Meiers „Empfehlung" an das Kommando der Hochseeflotte in Kiel setzte der dortige Oberbefehlshaber, Prinz Heinrich von Preußen, in einen Befehl um: „Ich ersuche die Herren Befehlshaber der Verbände, die Kommandanten anzuweisen, die Zigaretten der Fabriken Georg A. Jasmatzi AG und Josetti GmbH von den Kantinen nicht mehr beschaffen zu lassen. Auch den Messevorständen empfehle ich, bei der Beschaffung von Zigarren die von dem Verband Deutscher Zigarren-Ladeninhaber bezeichneten Importmarken nach Möglichkeit nicht weiter zu bevorzugen[11]."

Diese Antworten und Reaktionen auf seine Bittschrift wartete der VDZL in aller Ruhe ab. Erst am 20.1.1910 wandte er sich mit einer Denkschrift an die Kommandos der selbständigen Truppenteile, in der er nicht allein seine Argumente für die Verbannung der Trustware aus dem Bereich der Armee ausbreitete, sondern zur Stützung seines Anliegens die Auffassung der Kriegsministerien, des Reichsmarineamtes und des Kommandos der Hochseeflotte in dieser Angelegenheit vortrug[12]. Er schloß mit einem Aufruf an das nationale Empfinden der Herren Kommandeure und mit einem Seitenhieb auf die „vaterlandslosen Gesellen": „Wir hoffen um so mehr um Ihre gütige Unterstützung in unserem nationalen Bestreben, als wir bei der organisierten Arbeiterschaft, bei welcher sich die Fabrikate der dem Trust angehörigen Zigarettenfabriken sehr stark eingeführt haben, wegen des internationalen Charak-

---

[10] Vgl. Handbuch für das Deutsche Reich auf das Jahr 1911, 36. Jg. Berlin 1911, S. 286.
[11] Vgl. HSTA Stuttgart, M 1/6, 393, fol. 148.
[12] Siehe ebenda, fol. 147 u. 148 und BHSTA IV, 20.1.1910.

ters der sozialistischen Gewerkschaften kein Entgegenkommen gefunden haben. Die Kantinen sind aber gerade der Weg, auf welchem die Fabrikate der Trustzigarettenfabriken bei der Arbeiterbevölkerung Eingang gefunden haben[13]." Dieser Zusatz war abgesehen davon, daß die Arbeiterschaft sicher nicht aus mangelnder Vaterlandsliebe die Marken der Trustfirmen bevorzugte, ausgesprochen infam, hatten doch in den Verhandlungen des Reichstags über die Zigarettensteuer im Mai 1906 zwei sozialdemokratische Abgeordnete, von Elm und Molkenbuhr, beide ehemalige Zigarrenmacher und beide mit der Gewerkschaftsbewegung verbunden[14], die Geschäftspraktiken der Jasmatzi AG heftig angeprangert und die Interessen der Klein- und Mittelbetriebe in der Zigaretten- wie in der Zigarrenbranche verfochten[15].

Der offensichtliche Erfolg des VDZL ließ den VDZI nicht ruhen. Der Verband der Zigarettenproduzenten wandte sich daher am 1. 3. 1910 mit einer eigenen Denkschrift an die Truppenkommandos und an die Kriegsministerien, die aber im Grunde nur die Argumente des VDZL wiederholte[16] und die in der als Bitte verkleideten Aufforderung gipfelte, „durch geeignete Maßnahmen dahin zu wirken, daß in den Kantinen der Truppenteile der deutschen Armee Fabrikate der Firmen Georg A. Jasmatzi AG und Zigarettenfabrik Josetti GmbH nicht mehr geführt werden[17]—". Freilich gelang es den Zigarettenproduzenten nicht, weitere Zugeständnisse der Kriegsminister zu erhalten[18].

Immerhin hatten die Verbände der deutschen Tabakwirtschaft das Ziel erreicht, die Ministerialbürokratie aus der reservierten Haltung, die diese bisher gegenüber dem Trustkampf eingenommen hatte, herauszulocken. Das Gebot der Neutralität war zumindest von einigen Behörden gebrochen worden, auf deren Hilfe die Trustgegner in künftigen Auseinandersetzungen hoffen durften.

3. Die Expansion der „British American Tobacco Company" auf den deutschen Märkten in den Jahren 1910 bis 1912

a) Der Ausbau der Marktstellung der BATC und die Reaktion der Trustgegner

Gelegentliche Behinderungen des Absatzes seiner Zigaretten im militärischen Bereich vermochten das rasche Anwachsen der Umsätze und

---

[13] Ebenda, fol. 148.
[14] Vgl. die Berufsangaben in: Max *Schwarz*, MdR. Biographisches Handbuch der Reichstage, Hannover 1965.
[15] Stenograph. Berichte über die Verhandlungen des Reichstags. 11. Leg.-Per. II. Session 1905/06, Bd. 4, S. 2902 f., 2924 f.
[16] Die Frage der Einfuhr von Zigarren wird vom VDZI selbstverständlich nicht angeschnitten.
[17] HSTA Stuttgart, M 1/6, 393, fol. 151 u. 152.

3. Die Expansion der „British American Tobacco Company"

der Gewinne des Jasmatzi-Konzerns nicht zu beeinträchtigen. Insbesondere die guten Geschäftsergebnisse der Jasmatzi AG bewogen die BATC, ihre Produktionskapazität in Deutschland auszubauen[18]. Einer Vergrößerung der Betriebsanlagen dieser Firma waren jedoch aus zweierlei Gründen enge Grenzen gezogen. Zum einen hätten die Einführung neuer Zigarettenmarken und der Aufbau neuer Betriebe hohe Anlaufkosten erfordert. Wollte man also das Risiko einer Neuinvestition mindern, dann empfahl sich der Erwerb eines bereits bestehenden Unternehmens, dessen Marken man übernehmen konnte[20]. Zum anderen aber mußte die BATC bei einer Vergrößerung der Jasmatzi AG, deren Zugehörigkeit zum „Trust" offenkundig war, mit dem Widerstand des „deutschen" Tabakgewerbes rechnen, das nun vielleicht mit größerem Erfolg als zuvor die Staatsgewalt als Bundesgenossen mobilisieren konnte. Auch unter diesem Gesichtspunkt war es für die BATC vorteilhaft, ihr Ziel, sich einen größeren Anteil am deutschen Markt zu sichern, über eine neutrale „deutsche" Firma zu verfolgen[21].

Daher vollzog die BATC den Ausbau ihrer Marktposition zwischen 1910 und 1912 auf dem Wege der Kapitalbeteiligung, wobei sie sich bemühte, die einzelnen Etappen ihrer Expansion vor den Zeitgenossen zu verbergen[22]:

1. Am 1. 10. 1910 wurde die Tabak- und Zigarettenfabrik Sulima F. L. Wolf, Dresden, in eine GmbH umgewandelt, deren Stammkapital laut Eintragung im Handelsregister die früheren Eigentümer übernahmen, die aber nach einiger Zeit den größten Teil der Stammeinlagen an die Jasmatzi AG verkauften.

2. Am 20. 3. 1912 wurde die Zigarettenfabrik Delta in Dresden in eine GmbH umgewandelt. Die bisherigen Inhaber verteilten das 1,5 Mio. M betragende Stammkapital zu gleichen Teilen unter sich. Kurze Zeit darauf traten sie 1 050 000 M Stammeinlagen an die neu gegründete Tabakhandelsgesellschaft GmbH in Dresden ab. Teilhaber dieser Gesellschaft, die eine reine „Holding Company[23]" darstellte, waren die Generaldirek-

---

[18] Vgl. etwa die nach wie vor ablehnende Haltung des württembergischen Kriegsministeriums. HSTA Stuttgart, M 1/6, 393, fol. 151.
[19] Vgl. hierzu A. *Geck,* a. a. O., S. 52. Seit 1909 betrug die Dividende, welche die Jasmatzi AG ausschüttete, unverändert 25 %.
[20] Vgl. H. *König,* a. a. O., S. 227.
[21] Daß dieser Gesichtspunkt bei der Entscheidung der BATC tatsächlich eine große Rolle spielte, verbürgen die am Widerstand der Antitrustbewegung gescheiterten Versuche der Jasmatzi AG, mit Hilfe von „Firmenmänteln", nämlich der „N. Johannes Jasmatzi GmbH" und der „Sarasvati GmbH" wenigstens einen Teil ihrer Produktion vom Odium der Trustzugehörigkeit zu befreien. Vgl. J. *Gerstner,* a. a. O., S. 16/17.
[22] Die folgende Aufstellung beruht auf J. *Gerstner,* a. a. O., S. 15 ff. und auf A. *Geck,* a. a. O., S. 112 f.
[23] Siehe hierzu R. *Liefmann,* Art. „Finanzierungsgesellschaften", in: HdStw 4, 3. Aufl. 1909, S. 262.

toren der Jasmatzi AG, Gütschow, und zwei „Treuhänder" der BATC, Neale und Godsey. Die Firma Delta, an der die BATC nunmehr mit 70 % beteiligt war, stellte Zigaretten der niederen Preisklassen her und besaß einen bedeutenden Marktanteil im Ruhrgebiet.

3. Am 24. 5. 1912 wurde die Zigarettenfabrik Adler Compagnie in Dresden in eine AG umgewandelt. Das Aktienkapital in Höhe von 700 000 M übernahmen die bisherigen Firmeninhaber, die aber nach einiger Zeit 520 000 M, also 74,3 % des Nominalkapitals an die Tabakhandelsgesellschaft GmbH verkauften.

4. Am 29. 8. 1912 wurde die Zigarettenfabrik A. Batschari in Baden-Baden in eine GmbH umgewandelt. Als Gründer traten die bisherigen Inhaber auf, die das Grundkapital von 3 000 000 M sich aufteilten. Nach einiger Zeit erwarben die beiden „Treuhänder" der BATC, Godsey und Neale, 40 % des Stammkapitals, nämlich 1 200 000 M. In einer am 18. 3. 1913 einberufenen Generalversammlung wurde unter anderem beschlossen, daß zu allen wesentlichen Beschlüssen der Gesellschaft eine Mehrheit von 7/10 erforderlich sei. Der Einfluß der BATC auf die Geschäftsführung der Firma Batschari war damit gesichert, denn ihre beiden Vertreter verfügten über 4/10 der Stimmen. Diese Firma galt innerhalb der deutschen Zigarettenindustrie nicht allein als ein Pionierunternehmen, sie war um 1912 auch führend in der Produktion von Zigaretten der gehobenen Preisklasse. Mit der finanziellen Beteiligung an der Batschari GmbH drang die BATC auf einen Teilmarkt vor, der ihr bisher verschlossen gewesen war, da ihre Dresdener Unternehmen vorwiegend Zigaretten der niederen und der mittleren Preislagen herstellten.

Die finanziellen Beteiligungen der BATC an der deutschen Zigarettenindustrie lassen sich mithin ab 1912 folgendermaßen skizzieren:

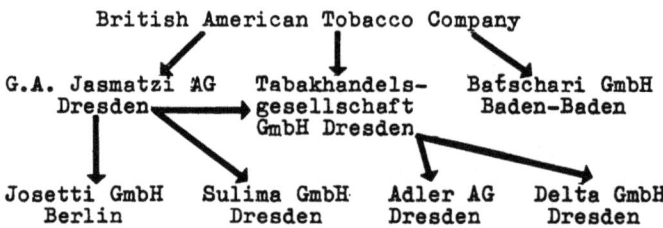

Dieser Konzern, im alltäglichen Sprachgebrauch nach wie vor als „Trust" bezeichnet, umfaßte Ende 1912 ungefähr 23 % der Stückzahl der deutschen Zigarettenproduktion und etwa 27 % des Produktionswertes[24]. Im Juni 1913 schätzte die Handelskammer Mannheim, daß etwa 22 %

---

[24] Schätzung nach A. Geck, a. a. O., S. 113.

3. Die Expansion der „British American Tobacco Company" 71

der gesamten deutschen Zigarettenfabrikation auf die Trustfirmen entfalle. Gegenüber dem badischen Innenministerium räumte die Kammer ein, „zum jetzigen Zeitpunkt" könne noch nicht von einer „Beherrschung des Marktes" durch den Jasmatzi-Konzern die Rede sein[25]. Überdies darf man die Expansion der BATC nicht nur unter dem Blickwinkel ihres Interesses — Erweiterung des Marktanteils in Deutschland — werten, sie brachte auch den deutschen Firmen Vorteile, die mit ihr diese finanziellen Bindungen eingegangen waren. Zwar nahm der Zigarettenkonsum immer noch stürmisch zu, doch beschränkte sich diese Zunahme „fast ausschließlich auf den Verbrauch von Marken der großen und viel Reklame machenden Firmen, der sogenannten Markenfabriken[26]". Die Mechanisierung der Herstellung von Zigaretten und die Ausgestaltung der Zigarette zu einem Markenartikel erforderten jedoch einen hohen Kapitaleinsatz für die Beschaffung von Maschinen und für Werbezwecke, den eine finanzielle Verbindung mit der BATC sicherstellte.

Indessen war die Ausdehnung des „Trustes" auf den deutschen Märkten den Konkurrenten und dem Handel nicht verborgen geblieben. Hatte die Geschäftsführung der BATC ursprünglich gehofft, durch eine weitgehende Geheimhaltung ihrer finanziellen Transaktionen die Antitrustagitation zu beschwichtigen, so erreichte sie nun das genaue Gegenteil. Eben weil sie ihre finanziellen Beteiligungen zunächst weitgehend tarnte, verwies sie ihre Gegner auf Vermutungen, die in der Branche bald zu einer Art „Hexenjagd" ausarteten. Große und kleine Unternehmungen litten gleichermaßen „unter dem Fluche des Trustverdachts, der auf leichtfertigen oder absichtlichen Ausstreuungen, die sich zu immer bestimmteren Gerüchten auswuchsen, beruhte und bald diese, bald jene renommierte Fabrik traf, deren Ansehen bei einem Teil der Händlerschaft schädigte, deren Reisenden und Vertretern den Absatz erschwerte und den Betrieb des Unternehmens in jeder Weise störte[27]". So mußten im Juni 1912 die Firmen Manoli in Berlin und Yenidze in Dresden, die der Trustzugehörigkeit beschuldigt worden waren, ihre in Zweifel gezogene Selbständigkeit in öffentlichen Erklärungen versichern[28].

Vor allem aber verschreckte die Expansion der BATC den Einzelhandel, fiel sie doch zeitlich mit der Gründung einer Einzelhandelskette zusammen, die für geeignete Läden außerordentlich hohe Mieten bot, die versuchte, im Zigarrenhandel das Markenwesen einzuführen, und deren Geschäftstätigkeit sich vorwiegend gegen „trustfeindliche" Einzelhändler zu richten schien. Zwar erwies sich die Vermutung, die Einzelhandelsorganisation sei ein absatzpolitisches Instrument des Trustes, später

---

[25] GLA Karlsruhe 237, Nr. 25 779, 28. 6. 1913.
[26] Jahresbericht der Handelskammer Mannheim, Mannheim 1913, S. 88.
[27] A. *Geck*, a. a. O., S. 110.
[28] Ebenda.

III. Der Trustkampf als Problem der deutschen Ministerialbürokratie

als haltlos[29], zumal „trusteigene" Kettenläden sich in Deutschland erheblich schwerer hätten durchsetzen können als in den Vereinigten Staaten[30]. Da den deutschen Detaillisten jedoch bekannt war, daß die ATC sich seinerzeit den amerikanischen Tabakeinzelhandel mit Hilfe der „United Cigar Stores Co." unterworfen hatte, konnte es ihnen niemand verargen, wenn sie nun, hellhörig geworden, einen neuen Feldzug gegen die Expansionsbestrebungen des Trustes einleiteten.

Am Widerstand des Handels scheiterte dann auch der „Burgfrieden", der Anfang 1912 in Gestalt des „Vereins zum Schutze der Zigarettenmarken" in der deutschen Zigarettenbranche verwirklicht worden war. Zum Vorsitzenden dieses Verbandes, der die Preisschleuderei im Detailhandel bekämpfen sollte, war Generaldirektor Gütschow von der Jasmatzi AG gewählt worden, der einen Vertrag zwischen dem VDZI und den Verbänden der Einzelhändler mit der Klausel zustandegebracht hatte, „daß die Mitglieder sämtlicher angeschlossener Verbände verpflichtet sind, die Marken der dem Verein beigetretenen Fabrikanten zu empfehlen[31]". Gegen diese Bedingung verstieß nun der VDZL, indem er in seiner Verbandszeitung fortlaufend zum offenen Boykott der „Trustwaren" aufrief. Der Trust antwortete auf dieses Vorgehen, indem er den Vertrag für den Markt Groß-Berlin kündigte[32]. Da Berlin ein Zentrum des Zigarettenkonsums und obendrein noch die Hochburg des Preisschleuderns bildete, beendete dieser Schritt den gemeinsamen Kampf gegen die Umgehung der gebundenen Preise und kehrte statt dessen den Trustkampf hervor.

Inzwischen war freilich auch unter den Industriellen die Agitation wieder aufgeflammt. Ausschlaggebend war hier die Nachricht von der Umwandlung der Gesellschaftsform der Firma Batschari. Nach der vorausgegangenen Geheimniskrämerei des Trustes mit seinen finanziellen Transaktionen mußte die unabhängige deutsche Industrie zu Recht den völligen Übergang dieser Firma in die Hände der BATC fürchten. Diesen Vorgang konnte sie jedoch nicht unwidersprochen hinnehmen, bedeutete er doch den Vorstoß des Trustes in ein Gebiet des Zigarettenmarktes, in dem sich bisher noch zahlreiche kleine und mittlere Unternehmen behauptet hatten und das bisher der Industrie und dem Handel im Gegensatz zur Produktion der „Massenware" eine relativ hohe Verdienstspanne gewährt hatte. Dieser Sachverhalt erklärt die außerordentliche Schnelligkeit, mit der der VDZI auf die Firmenumwandlung in Baden-Baden reagierte. Bereits am 6. 9. 1912 verpflichteten sich in Dres-

---
[29] Ebenda, S. 136.
[30] Vgl. M. *Umbach*, a. a. O., S. 126/127, der vor allem von der „europäischen Konsumvereinsbewegung" Widerstand gegen den Aufbau einer Handelskette nach Art der „United Cigar Stores Co." erwartet hätte.
[31] Vgl. DZA Potsdam, RAI 7205, Bl. 10.
[32] Ebenda, Bl. 10/11. Vgl. ferner A. *Geck*, a. a. O., S. 87/88.

3. Die Expansion der „British American Tobacco Company"

den in einer gemeinsamen Resolution die deutschen Zigarettenfirmen, darunter überwiegend kleine und mittlere Industrielle[33], gegenseitig, „so daß eine jede jeder anderen verpflichtet ist, auf die Zeit bis zum 1. 11. 1917 ... alles zu vermeiden, was uns in Abhängigkeit von einer Trustgesellschaft bringen könnte oder was einer Trustgesellschaft einen Einfluß auf unser Unternehmen gewähren könnte..."[34]. Diese Erklärung setzte wiederum den VDZL in die Lage, seinen Mitgliedern genau empfehlen zu können, welche Fabrikate sie in Zukunft in ihrem Sortiment führen sollten und welche sie als „Trustware" zurückzuweisen hätten. Zu diesem Zweck organisierte der Verband in vielen Städten Veranstaltungen, in denen er durch Vorträge seine Mitglieder und alle sonstigen Interessenten über die „Trustgefahr" aufzuklären suchte[35]. Einige „Ortsgruppen[36]" des VDZL bauten sogar eigene Organisationen für die Auseinandersetzung mit dem Tabaktrust auf. So entstand in Breslau die „Trustabwehr-Kommission" des Vereins Breslauer Zigarrenhändler, der lokalen Vertretung des VDZL[37]. Regionale Bedeutung für Süddeutschland erlangte der „Verband zum Schutze der deutschen Tabakindustrie", den die Ortsgruppe Frankfurt gründete und dem sich nicht allein andere Händlerorganisationen, sondern auch Zigarettenproduzenten anschlossen[38]. Selbst einen Verband, der außerhalb der Tabakbranche stand, konnte der „Schutzverband" zu seinen Mitgliedern zählen. Es handelte sich dabei um den „Verein Frankfurter Handelsagenten", dessen Verbandsblatt „Warenagent" sich als wertvolle Stütze der Trustabwehrbewegung erwies[39]. Besonderes Gewicht erlangte die Ortsgruppe München des „Schutzverbandes", die eine Zeitlang ausschließlich die Aufgabe wahrnahm, die Ministerialbürokratie des Königreichs Bayern für die Anliegen der Trustabwehr zu gewinnen[40].

Nach den bisherigen Erfahrungen im Trustkampf vertraute indessen weder der VDZI noch der VDZL allein auf „ehrenvolle Verpflichtungen", Trustmarken abzuweisen und den Verbraucher über die Trustabwehr aufzuklären[41]. Beide Verbände suchten einen zuverlässigeren Bundesgenossen und fanden ihn in der Obrigkeit, die ja schon einmal in die Auseinandersetzungen auf deutschen Zigarettenmärkten eingegriffen hatte.

---
[33] Bis zum 4. 2. 1913 hatten „annähernd" 70 deutsche Zigarettenfabrikanten diesen Vertrag unterschrieben. DZA Potsdam, RAI 7205, Bl. 30.
[34] Ebenda, Bl. 46 - 48; RAI 7209, Bl. 66 - 68.
[35] Vgl. die zahlreichen Zeitungsausschnitte über den Verlauf solcher Veranstaltungen in süddeutschen Großstädten in: GLA Karlsruhe 237, Nr. 25 779.
[36] Zur Untergliederung des VDZL vgl. Verzeichnis der im Deutschen Reiche bestehenden Vereine gewerblicher Unternehmer, a. a. O., S. 441 - 444.
[37] DZA Potsdam, RAI 7205, Bl. 141.
[38] H. *König*, a. a. O., S. 227.
[39] A. *Geck*, a. a. O., S. 170.
[40] Vgl. z. B. BHSTA IV, 1. 12. 1913.
[41] A. *Geck*, a. a. O., S. 138.

74   III. Der Trustkampf als Problem der deutschen Ministerialbürokratie

Für die Bekämpfung des Trustes im allgemeinen, also auf dem gesamten deutschen Markt, bot sich die Ministerialbürokratie des Reiches an. Die Aufhellung des Batschari-Falles, an der Handel und Industrie gleichermaßen interessiert waren, fiel hingegen in die Zuständigkeit der Behörden des Großherzogtums Baden.

b) Das Reichsamt des Innern und die Expansionsbestrebungen der BATC

Den Anlaß für das erneute Eingreifen des Reichsamtes des Innern in den Trustkampf bildete ein anonymer Brief. Mit Datum vom 1. 5. 1912 erhielt das Reichsamt ein Schreiben aus Stuttgart, in dem unter der Überschrift: „Ein ernstgemeinter Wink" und mit der Unterschrift: „Ein Sachkundiger" ausführlich über die Expansionsbestrebungen des Tabaktrustes in der deutschen Zigarettenindustrie berichtet wurde[42].

Mehrere Gründe veranlaßten die Beamten des Reichsamtes, diesen Brief ernst zu nehmen und die in ihm angesprochene Angelegenheit weiter zu verfolgen. Im Frühjahr 1912 nämlich begann die Reichsregierung in Ausführung eines Auftrags des Reichstags mit den Vorarbeiten zur Anlage eines „Kartellregisters", das als Grundlage für eine spätere staatliche Kartellüberwachung dienen sollte. Diese Arbeiten wurden im Reichsamt des Innern durchgeführt, dessen Beamte die Anweisung erhielten, unverzüglich alle nur erreichbaren Informationen über Kartelle, Syndikate und Trusts zu sammeln[43]. Ein erneutes Aufflammen des Trustkampfes konnte außerdem dazu führen, daß die Wettbewerbsverhältnisse auf den deutschen Zigarettenmärkten im Reichstag zur Sprache gebracht werden würden. Gerade die vergangenen Jahre hatten aber gezeigt, wie nachteilig es für den Staatssekretär im Reichsamt des Innern gewesen war, bei Anfragen aus dem Plenum des Reichstags über Mißstände auf deutschen Märkten nicht voll informiert zu sein[44]. Unter diesem Gesichtspunkt empfahl es sich, auch anonymen Hinweisen nachzugehen. Schließlich bestand ein großes fiskalisches Interesse der Reichsregierung am Wohlergehen der deutschen Zigarettenindustrie, denn je schwieriger die finanzielle Lage des Reiches wurde, desto bedeutender wurde die Zigarettensteuer als Einnahmequelle[45]. Überdies bot die Ge-

---

[42] DZA Potsdam, RAI 7204, Bl. 209 - 212.
[43] Vgl. F. *Blaich,* Kartell- und Monopolpolitik im kaiserlichen Deutschland. Das Problem der Marktmacht im deutschen Reichstag zwischen 1879 und 1914, Düsseldorf 1973, S. 241 ff.
[44] Vgl. ebenda, passim.
[45] Vgl. A. *Flügler,* Tabak- und Zigarettensteuer, Berlin 1925, S. 50 f. Die Besteuerung des Tabaks und der Tabakwaren deckte 1901 nur 0,9 % der Reichseinnahmen, 1912 waren es bereits 2,2 %, 1913 2,5 %. Vgl. Peter-Christian *Witt,* Die Finanzpolitik des Deutschen Reiches von 1903 bis 1913. Eine Studie zur Innenpolitik des Wilhelminischen Deutschland, Lübeck usw. 1970, S. 378/379.

3. Die Expansion der „British American Tobacco Company"

fahr einer Vertrustung dieser Industrie durch einen ausländischen Konzern die Möglichkeit, die „deutschen" Produzenten, aber auch die gesamte Öffentlichkeit für die Einrichtung eines staatlichen Zigarettenmonopols zu gewinnen. Ähnliche Ziele verfolgten die Reichsbehörden bereits auf zwei anderen Märkten, die von einer Monopolisierung auf der Seite des Angebots bedroht waren. Am 31. 8. 1912 überreichte Reichskanzler Theobald von Bethmann Hollweg eine im Reichsschatzamt verfaßte Studie „Aufzeichnung über Einführung und Ausgestaltung eines Starkstrommonopols" an das Reichsamt des Innern und an die preußischen Ressorts mit der dringenden Bitte um baldige Stellungnahmen[46]. Das Projekt eines Reichspetroleummonopols wurde um diese Zeit sogar schon in der Öffentlichkeit diskutiert[47].

Daher wandte sich das Reichsamt des Innern am 6. 7. 1912 „vertraulich" an den DTV und bat um Auskunft, ob der in dem anonymen Brief geschilderte Sachverhalt zutreffe[48]. Syndikus Schloßmacher antwortete umgehend, er besitze darüber noch keine Informationen, hoffe diese aber bald zu erhalten, „indem ich mich der Vermittlung eines früheren Angestellten der Firma Jasmatzi bediene[49]". Im übrigen verwies er die Beamten an Syndikus Greiert vom VDZI, der auf eine entsprechende Anfrage hin mitteilte, die Firmen Jasmatzi AG, Josetti, Sulima, Delta und „mit größter Wahrscheinlichkeit" auch Batschari befänden sich bereits im Besitz des Trustes[50]. Diese Auskunft bewog die Beamten des Reichsamtes, Greiert zu einer Aussprache über die Trustgefahr in der Zigarettenindustrie nach Berlin zu bitten[51], zumal inzwischen die Agitation des VDZL angelaufen war, die in der Öffentlichkeit beachtet wurde[52]. Die persönliche Unterredung mit Greiert führten am 15. 11. 1912 im Reichsamt des Innern die Regierungsräte Abel und Frisch. Frisch, der zur gleichen Zeit maßgeblich am Aufbau des Kartellregisters beteiligt war und der im Auftrag der Reichsregierung Material über Kartelle und Trusts zusammenzutragen hatte, hielt in einer Aufzeichnung über dieses Gespräch die folgenden Punkte fest[53]:

1. Greiert vertraute auf den „Selbstschutz" der deutschen Zigarettenindustrie. Die vertragliche Verpflichtung der Unternehmer, sich nicht dem Trust anzuschließen, hielt er für ein ausreichendes Mittel, um der Trustgefahr zu begegnen.

---

[46] Vgl. Helga *Nussbaum*, Versuche zur reichsgesetzlichen Regelung der deutschen Elektrizitätswirtschaft und zu ihrer Überführung in Reichseigentum 1908 bis 1914, in: Jb. f. Wg. 1968, Teil II, S. 166.
[47] Vgl. F. *Blaich*, Kartell- und Monopolpolitik, a. a. O., S. 185 f.
[48] DZA Potsdam, RAI 7204, Bl. 213.
[49] Ebenda, Bl. 215.
[50] Ebenda, Bl. 224, 227.
[51] Ebenda, Bl. 228.
[52] Vgl. A. *Geck*, a. a. O., S. 137/138.
[53] DZA Potsdam, RAI 7204, Bl. 229.

2. Er verurteilte scharf das Verhalten des Facheinzelhandels gegenüber den Trustfirmen und beschuldigte insbesondere den VDZL, er habe seine Veranstaltungen und Versammlungen „nur angestellt, um für die Werbung von neuen Mitgliedern Agitationsstoff zu haben".

3. Er versicherte, die deutschen Zigarettenproduzenten würden auf keinen Fall ein staatliches Zigarettenmonopol der Konkurrenz mit dem Trust vorziehen.

Den Abschluß der Unterredung bildete die Vereinbarung, Greiert werde „von Zeit zu Zeit über den Stand der Bewegung (gemeint ist die Antitrustbewegung — F. B.) und über die gegen den Trust erreichten Erfolge berichten[54]".

Das Auftreten seines Syndikus im Reichsamt des Innern brachte dem VDZI zunächst Vorteile im Trustkampf. Am 5. 12. 1912 richteten nämlich im Reichstag die Abgeordneten Behrens und Vietmeyer an den Reichskanzler die Anfrage, welche Maßnahmen er gegen das Vordringen des amerikanischen Tabaktrustes in Deutschland treffen werde, „um den deutschen Tabakbau, Tabakindustrie und -handel sowie die darin Beschäftigten gegen Schädigungen zu schützen[55]"? Die beiden Abgeordneten gehörten der „Wirtschaftlichen Vereinigung" an, einem zeitweiligen Zusammenschluß zwischen den antisemitischen Parteien — der Deutsch-Sozialen Reformpartei, der Christlich-Sozialen Partei, der Deutschen Reformpartei —, dem Bayerischen Bauernbund und den Welfen[56]. Der Arbeitersekretär Franz Behrens war einer der führenden Politiker der Christlich-Sozialen Partei, die ihre Wählerschaft fast ausschließlich im Siegerland hatte[57]. Aus dem christlich-sozialen Parteiprogramm des Jahres 1910 sind im Zusammenhang mit der Anfrage der beiden Abgeordneten im Reichstag die folgenden Forderungen bemerkenswert:

„II.1. Schutz der deutschen Arbeit in Stadt und Land. Schutz der einheimischen gegen die ausländischen Arbeiter. ... II.4. Erhaltung und Erhöhung der Konkurrenzfähigkeit der Industrie durch eine nationale Wirtschaftspolitik. ... III.10. Wirksame Beaufsichtigung aller Syndikate und Trusts und Maßnahmen gegen ausbeuterische Privatmonopole[58]."

Die Reichsregierung griff sofort auf das Informationsmaterial zurück, das ihr Greiert geliefert hatte, und antwortete den Abgeordneten: „Die

---

[54] Ebenda.
[55] Stenograph. Berichte über die Verhandlungen des Reichstages. 13. Leg.-Per. I. Session, Bd. 300, Nr. 588 (Anfrage Nr. 21).
[56] Vgl. Walter *Tormin,* Geschichte der deutschen Parteien seit 1848, 2. Aufl. Stuttgart usw. 1967, S. 104.
[57] Vgl. Helmut *Busch,* Die Stoeckerbewegung im Siegerland. Ein Beitrag zur Siegerländer Geschichte in der zweiten Hälfte des 19. Jahrhunderts, Siegen 1968.
[58] Ebenda, S. 120/121.

3. Die Expansion der „British American Tobacco Company" 77

Bestrebungen des amerikanischen Tabaktrusts, in die deutsche Zigarettenindustrie einzudringen, sind der Reichsleitung bekannt. Die Vorgänge werden im Einvernehmen mit den Vertretungen des Tabakgewerbes aufmerksam verfolgt. Zu der Frage, ob Abwehrmaßnahmen möglich und erfolgversprechend erscheinen, ist bisher keine Stellung genommen worden[59]." Mit dieser Antwort hatte die Reichsregierung ihre abwartende und neutrale Haltung im Konkurrenzkampf der deutschen Zigarettenindustrie aufgegeben und Stellung zugunsten einer der beiden Parteien bezogen. Die Auswirkungen dieser Einmischung in den Trustkampf spürte sie recht bald. Anfang des Jahres 1913 erhielt Staatssekretär Delbrück von der Firma Jasmatzi AG eine Richtigstellung. Er mußte sich belehren lassen, daß der amerikanische Tabaktrust gar nicht mehr bestehe, sondern vielmehr von der Rechtsprechung in den Vereinigten Staaten aufgelöst worden sei, daß der VDZI fast ein Jahr lang mit den „Trustfabriken" einträchtig im „Verein zum Schutze der Zigarettenmarken" zusammengearbeitet habe und daß die Behauptung, die Firma Jasmatzi baue eine eigene Handelskette auf, einem bewußt ausgestreuten Gerücht der „Trustgegner" entstamme[60]. Diese Richtigstellung beendete die Angelegenheit aber noch keineswegs, denn am 4. 2. 1913 sandte der VDZI dem Reichsamt ein Schreiben, das mit den bezeichnenden Worten begann: „Wie wir hören, hat die Trustfirma Georg A. Jasmatzi AG in Dresden eine Eingabe an den Herrn Reichskanzler gerichtet, in der sie behauptet, daß sie nicht dem englisch-amerikanischen Tabaktrust angehöre", und das mit der Bitte schloß, dem VDZI eine Abschrift der Rechtfertigung der Jasmatzi AG zu übersenden[61]. Nun konnte kein Zweifel mehr bestehen: Das Reichsamt des Innern war in das Kreuzfeuer der beiden streitenden Parteien geraten!

c) Die Behörden des Großherzogtums Baden und die Expansionsbestrebungen der BATC

Weit weniger Erfolg erzielte der VDZL bei seinen Versuchen, die Behörden des Großherzogtums Baden zu Sanktionen gegen die Firma Batschari zu veranlassen, die sowohl für die Stadt Baden-Baden wie auch für das Großherzogtum als Steuerzahler und als Arbeitsstätte einige Bedeutung hatte[62]. Maßnahmen gegen diese Firma hoffte der Verband auf zwei Wegen zu erreichen. Einmal sollten die Behörden in Karlsruhe offiziell bestätigen, daß die Firma vom Tabaktrust aufgekauft worden sei, zum anderen sollten sie der neu entstandenen Firma,

---

[59] Stenograph. Berichte über die Verhandlungen des Reichstages. 11. Leg.-Per. I. Session, Bd. 300, Nr. 598.
[60] DZA Potsdam, RAI 7205, Bl. 6 - 12.
[61] Ebenda, Bl. 30.
[62] GLA Karlsruhe 237, Nr. 25 779, 9. 12. 1912.

der Batschari GmbH, den Titel eines Hoflieferanten verweigern, den ihr Rechtsvorgänger, die Personengesellschaft, benutzen durfte.

Daher bat der VDZL am 22. 10. 1912 das badische Innenministerium um eine Klärung der finanziellen Verbindungen, welche die Firma Batschari eingegangen sei. Daraufhin beauftragte das Ministerium den Amtsvorstand in Baden-Baden, entsprechende Erkundigungen einzuziehen[63]. „Trotz vielfacher vertraulicher Umfragen" vermochte sich dieser keine Klarheit über die Fragen zu verschaffen, da die Eintragung im Handelsregister darüber nichts aussagte[64]. Was er nach Karlsruhe berichten konnte, waren lediglich Gerüchte, finanzielle Zuwendungen des Trustes hätten den beiden Geschäftsführern der Batschari GmbH den Ankauf teurer Villen in Baden-Baden ermöglicht[65]. Ein „Vertrauensmann" der Handelskammer Karlsruhe wußte noch einen weiteren Hinweis auf die Trustzugehörigkeit der Firma anzuführen: „Auch läßt wohl die vor kurzem seitens der neugebildeten Gesellschaft erfolgte Stellung eines ‚Batscharipreises' von jährlich 50 000 M für die nächsten fünf Jahre für die Rennen in Iffezheim den Einfluß amerikanischer Reklame erkennen[66]." Beweise für eine finanzielle Abhängigkeit barg dieser Bericht freilich nicht. Daher wandte sich das Ministerium an die Finanzbehörden, die daraufhin „streng vertraulich" die Vermögensverhältnisse der Firma überprüften. Allerdings brachten auch die Akten der Finanz- und Steuerdirektion keine endgültige Gewißheit über die Konzernabhängigkeit der Gesellschaft, wenngleich sich im Zuge der Nachforschungen die Indizien für eine solche Verbindung verdichteten: „Die Trustgesellschaft braucht nicht an dem jetzigen Stammkapital beteiligt zu sein, da neben dem Vertrag, der den Handelsregisterauszug zur Folge hatte, noch ein anderer erst später wirksam werdender mit einer Trustgesellschaft bestehen kann. Auffallend muß es jedenfalls erscheinen, daß die Gesellschaft auch den Ministerien gegenüber jede Auskunft über das beteiligte Kapital verweigert, wenn die Sachlage wirklich einwandfrei ist[67]." Diese Auskunft erteilte die Finanz- und Steuerdirektion jedoch erst am 6. 12. 1913, zu einem Zeitpunkt, als der Trustkampf in eine neue Phase eingetreten war[68] und demnach diese Information dem VDZL nichts mehr nützte.

Ebenfalls am 22. 10. 1912 bat der Verband das Hofmarschallamt zu Karlsruhe, der neu entstandenen Batschari GmbH den Titel eines Hoflieferanten zu verweigern, denn es könne nicht „im Interesse der

---

[63] Ebenda, 6. 11. 1912.
[64] Vgl. ebenda: Amtliches Verkündigungsblatt für den Amtsbezirk Baden Nr. 40 vom 4. 10. 1912.
[65] Ebenda, 13. 11. 1912.
[66] Ebenda, 9. 12. 1912.
[67] Ebenda, 6. 12. 1913.
[68] Vgl. Kapitel III (4)!

3. Die Expansion der „British American Tobacco Company"

nationalen Volkswirtschaft liegen, wenn derartige Unternehmungen noch in ihrem Gedeihen durch einen Hoflieferantentitel gefördert werden[69]". Die Inhaber der früheren Personengesellschaft Batschari besaßen mehrfache „Hofprädikate", die jedoch nicht der Firma als solcher, sondern der Person des jeweiligen Inhabers verliehen worden waren und folglich nicht mit der Firma auf etwaige Geschäftsteilhaber oder Nachfolger übergingen[70]. Offenbar in Unkenntnis dieses Sachverhaltes bat die Firma Batschari GmbH um die Verleihung des Hoflieferantentitels, den die Personengesellschaft, ihre Rechtsvorgängerin, stets auf ihren Zigarettenpackungen angegeben habe. Die Bezeichnung „Hoflieferant", die ganz allgemein in der wilhelminischen Ära ein willkommenes Hilfsmittel der Absatzpolitik bildete, hatte für die Firma Batschari, die gehobene Qualitätsware produzierte, besondere Bedeutung.

Zunächst schien der Plan des VDZL, die Firma und damit auch den Trust um eines ihrer wirksamsten absatzpolitischen Instrumente zu berauben, zu gelingen, fand er doch Unterstützung im badischen Innenministerium. Die Denkschrift, die das Ministerium am 9. 12. 1912 an das Geheime Kabinett des Großherzogs sandte, war deutlich von den „Aufklärungsveranstaltungen" geprägt, die der VDZL im November in verschiedenen süddeutschen Städten, darunter in Karlsruhe und in Mannheim, durchgeführt hatte und in denen seine Redner „auf das bestimmteste" behauptet hatten, die Firma Batschari habe sich „vertrusten" lassen[71]. Diese Vermutung bestätigte überdies die Handelskammer Karlsruhe[72]. Daher empfahl das Ministerium „in Würdigung der schweren Schädigungen, welche der allmähliche Aufkauf einzelner deutscher Industriezweige durch die amerikanischen Trusts für unser nationales Wirtschaftsleben zur Folge hat", „von der gnädigsten Verleihung" des Prädikats Hoflieferant an die Firma Batschari abzusehen, „trotz ihrer großen Bedeutung für die Stadt Baden-Baden und deren Umgebung und des erheblichen Betrags der von ihr entrichteten Steuern und Umlagen[73]".

Dieser ausführlich begründeten Empfehlung des Innenministeriums mochte sich das Geheime Kabinett nicht entziehen. Es erklärte deshalb, „nach Kenntnis der Unterlagen" werde eine Verleihung des Hofprädi-

---

[69] GLA Karlsruhe 237, Nr. 25 779.
[70] Siehe hierzu Günter *Hecht*, Max Kümpfel (Hrsg.), Der Wettbewerb. Wettbewerbsrechtliche Gesetze und Anordnungen, erläutert durch Beispiele aus Schrifttum und Rechtsprechung, insbesondere aus der gutachtlichen Tätigkeit des Berliner Einigungsamtes für Wettbewerbsstreitigkeiten, Berlin 1936, S. 158/159.
[71] GLA Karlsruhe 237, Nr. 25 779, 9. 12. 1912.
[72] Ebenda. Gegen diese einseitige Stellungnahme der HK Karlsruhe zugunsten der Trustgegner beschwerte sich später die Firma Batschari beim Innenministerium. Ebenda. 6. 10. 1913.
[73] Ebenda, 9. 12. 1912.

kats an die genannte Firma nicht erfolgen[74]. Diese Erklärung hinderte freilich den Großherzog nicht, am 21. 5. 1913 den beiden Geschäftsführern der Batschari GmbH, G. A. Redwitz und R. Batschari, zu erlauben, das ihnen bereits früher persönlich verliehene Hofprädikat „als Leiter der Zigarettenfabrik GmbH einstweilen" weiterzuführen[75]. Auf diesen Vorgang wurde das Innenministerium erst Anfang Juli aufmerksam, nachdem die Firma Batschari in großen Anzeigen in der Tagespresse ihre wirtschaftliche und finanzielle Unabhängigkeit beteuert hatte und sich dabei den Lesern als Hoflieferant des Großherzogs von Baden vorgestellt hatte[76]. Eine Anfrage des Ministeriums beantwortete das Geheime Kabinett diplomatisch, der Großherzog wolle die Angelegenheit nach Ablauf eines Jahres erneut prüfen lassen[77].

4. Die Ministerialbürokratie und der Verband zur Abwehr des Tabaktrustes

a) Der Aufbau und die Tätigkeit des Verbandes zur Abwehr des Tabaktrustes

Die verschiedenen Versuche, den Expansionsbestrebungen der BATC wirksam entgegenzutreten, hatten den Verbänden der deutschen Tabakwirtschaft gezeigt, in welchem Maße ein getrenntes Vorgehen ihre Abwehrkräfte zersplitterte. Sie beschlossen deshalb, ihre internen Meinungsverschiedenheiten, die vor allem zwischen Industrie und Handel bestanden, zurückzudrängen und dem Trust eine einheitliche Abwehrorganisation entgegenzustellen. Am 23. 1. 1913 gründeten die Vorstände des DTV, des VDZI, des VDZL und des Frankfurter „Schutzverbandes" den „Verband zur Abwehr des Tabaktrustes" (VAT), der seinen Sitz in Dresden hatte. Die Aufgabe dieses Verbandes bestand darin, die weitere Ausbreitung des Trustes zu verhindern, die Freigabe der vom Trust kontrollierten Fabriken zu erwirken und auf die Entflechtung des Jasmatzi-Konzerns zu dringen. Dem VAT konnten nur Körperschaften, nicht aber einzelne Personen angehören. Zum Vorsitzenden der neuen Organisation wählten die Gründer eine — nach ihrer Ansicht — „neutrale Persönlichkeit", den Justizrat Dr. Eibes aus Dresden; ferner bestellten sie Dr. Greiert, den Syndikus des VDZI, zum geschäftsführenden Vorstandsmitglied, und Dr. Rudolf Goerrig, der bisher den Frankfurter „Schutzverband" geleitet hatte, zum Syndikus[1].

---

[74] Ebenda, 14. 12. 1912.
[75] Ebenda, 28. 7. 1913.
[76] Vgl. ebenda, 2. 7. 1913 und Badener Tagblatt, Nr. 150, I. Blatt, 1. 7. 1913, ferner DZA Potsdam, RAI 7204, Bl. 219.
[77] Ebenda, 19. 7. u. 28. 7. 1913.
[1] Vgl. hierzu DZA Potsdam, RAI 7205, Bl. 131 f. und A. *Geck*, a. a. O., S. 141 f.

4. Ministerialbürokratie und Verband zur Abwehr des Tabaktrustes 81

Rasch vermochte der VAT den Kreis seiner Mitglieder zu erweitern, und zwar auch über die Grenzen der eigentlichen Tabakwirtschaft hinaus. Zu Beginn des Ersten Weltkrieges wies seine Mitgliederschaft die folgende Struktur auf[2]:

1. Verbände der Tabakwirtschaft: DTV, VDZI, VDZL, Verband Pfälzischer Tabakbau-Vereine, Verein der am Tabakhandel beteiligten Firmen in Hamburg und Altona, Tabak-Händler-Verein Bremen, Verband zum Schutz der deutschen Tabakindustrie, Deutscher Zigarrenhändler-Bund, Verband westdeutscher Großhändler von Tabakfabrikaten.

2. Organisationen, zu deren Mitgliedern unter anderem auch Verbände der Tabakwirtschaft oder einzelne Produzenten und Händler aus der Branche gehörten: Bund der Industriellen, Verband Sächsischer Industrieller, Verband Ostdeutscher Industrieller, Landesverband Sachsen des Hansabundes[3], Verband westpreußischer Vereine für Handel und Gewerbe.

3. Verbände, deren Mitglieder „nebenbei" mit Tabakwaren handelten: Deutscher Gastwirte-Verband E. V., Sächsischer Gastwirtsverband, Rheinisch-Westfälischer Wirteverband, Verband der Gasthofbesitzer und Kolonialwarenhändler auf dem Lande, Bund deutscher Perückenmacher-, Damen- und Theaterfriseur-Innungen.

4. Interessenvertretungen der Arbeitnehmer in der deutschen Tabakwirtschaft: Verband reisender Kaufleute Deutschlands, Verein Hamburger Zigarren- und Zigarettenvertreter, Zentralverband christlicher Tabakarbeiter Deutschlands, Gewerkverein der deutschen Zigarren- und Tabakarbeiter.

5. Die Handelskammern in Altena, Bielefeld, Bingen, Breslau, Bromberg, Elbing, Frankfurt/Oder, Geestemünde, Graudenz, Halberstadt, Halle a. S., Hanau, Heidenheim, Lahr i. B., Lauban, Nordhausen, Oldenburg, Sagan, Stralsund, Verden.

Wichtiger allerdings für die Bestrebungen des VAT erwiesen sich Handelskammern, die, wie insbesondere die Kammern zu Dresden, München, Karlsruhe und Mannheim zwar niemals formell Mitglied des Verbandes wurden, aber dennoch dessen Ziele wirksam gegenüber der Ministerialbürokratie vertraten[4]. Als am 13. 6. 1913 der Deutsche Handelstag, die Dachorganisation der Kammern, beschloß, die Abwehr des

---

[2] Nach der Aufstellung im Verbandsorgan „Antitrustwehr", Nr. 46 vom 12. 11. 1914. BHSTA Abt. I, MWi 8146.
[3] Bei diesem Landesverband war die Jasmatzi AG ursprünglich Mitglied, ehe sie aus Protest gegen dessen Haltung im Trustkampf am 8. 7. 1914 austrat. STA Dresden, FM 8255, Bl. 1.
[4] Vgl. z. B. die Abschnitte III (3) c und III (4) f der vorliegenden Untersuchung!

III. Der Trustkampf als Problem der deutschen Ministerialbürokratie

Tabaktrustes zu fördern, unterstützten fast alle deutschen Handelskammern offen die Antitrustbewegung[5]. Wiederholt protestierte die Geschäftsleitung der Jasmatzi AG beim preußischen Handelsminister gegen die einseitige, mitunter sogar gehässige Propaganda der Kammern, die immerhin Körperschaften des öffentlichen Rechtes darstellten[6]. Sydow lehnte jedoch ein Einschreiten im Aufsichtsweg ab, denn nach seiner Ansicht handelten die Kammern im Rahmen ihrer gesetzlichen Befugnisse, wenn sie die Interessen der Handels- und Gewerbetreibenden ihres Bezirkes gegenüber monopolistischen Bestrebungen wahrnähmen[7]. Allerdings reichte die Solidarität der Handelskammern in der Trustfrage nicht aus, um, einer Entschließung des Handelstages folgend, gemeinsam die Ergänzung des Gesetzes gegen den unlauteren Wettbewerb durch ein Verbot des Zugabewesens zu fordern[8]. Eine ganze Reihe von Kammern hielt die Gewährung von Zugaben nämlich nicht für schlechthin verwerflich[9], die Handelskammer Augsburg gar bezeichnete das Zugabewesen als „eine legitime neuere Form des Wettbewerbes[10]".

Außerdem beschlossen der „Württembergische Bund für Handel und Gewerbe", der „Christliche Metallarbeiterverband", der „Verband württembergischer Industrieller", der „Schutzverein für Handel und Gewerbe" und die „Nationalliberale Partei" in Versammlungen und Resolutionen, Trustfabrikate in Zukunft zu meiden[11]. Neben den Organisationen der Handelsreisenden, die sich dem VAT angeschlossen hatten, kämpften auch der „Deutschnationale Handlungsgehilfen-Verband" der „Leipziger Verband" und der „Verein der Handlungskommis von 1858" gegen die Trustfirmen, weil die zunehmende Konzentration der Zigarettenindustrie und die Einführung amerikanischer Absatzmethoden die

---

[5] Vgl. DZA Potsdam, RAI 7209, fol. 47 - 62 und GLA Karlsruhe 237, Nr. 25 779, 29. 7. 1913.

[6] Vgl. STA Dresden, AM 7054, Meldung der „Leipziger Neuesten Nachrichten" Nr. 99, 9. 4. 1914; ebenda, AM 2478, Bl. 76; GLA Karlsruhe 237, Nr. 25 779, 6. 10. 1913. Siehe ferner Wolfram *Fischer*, Unternehmerschaft, Selbstverwaltung und Staat. Die Handelskammern in der deutschen Wirtschafts- und Staatsverfassung des 19. Jahrhunderts, Berlin 1964.

[7] STA Dresden, AM 2478, Bl. 76: Trust-Abwehr-Flugschrift Nr. 8, S. 27, ferner A. *Geck*, a. a. O., S. 175.

[8] Vgl. Wolfgang R. *Kind*, Die volkswirtschaftliche Bedeutung des Zugabewesens, Diss. Heidelberg 1932, S. 12.

[9] Siehe z. B. W. *Mosthaf*, a. a. O., S. 165; Industrie- und Handelskammer Wuppertal 1831 - 1956. Wuppertal 1956, S. 68; Einhundertundfünfzig Jahre Niederrheinische Industrie- und Handelskammer Duisburg-Wesel, Duisburg 1956, S. 89. Außerdem gab es Handelskammern, in deren Bezirk Betriebe ausschließlich oder vorwiegend Artikel für die Wertreklame produzierten. W. R. *Kind*, a. a. O., S. 37 f.

[10] Wolfgang *Zorn;* Leonhard Hillenbrand, Sechs Jahrhunderte Schwäbische Wirtschaft. Beiträge zur Geschichte der Wirtschaft im bayerischen Regierungsbezirk Schwaben, Augsburg 1969, S. 204.

[11] Vgl. A. *Geck*, a. a. O., S. 186.

4. Ministerialbürokratie und Verband zur Abwehr des Tabaktrustes 83

Aussicht ihrer Mitglieder auf eine spätere selbständige wirtschaftliche Existenz schmälerten[12]. Für den „Deutschnationalen Handlungsgehilfen-Verband" spielten überdies seine antisozialistische Einstellung, seine enge Verbindung zu den christlichen Gewerkschaften und der zunehmende Nationalismus in seiner Verbandspolitik für die Beteiligung am Trustkampf eine Rolle[13].

Zwar gelang es dem VAT nach und nach, im Bereich der Produktion fast alle trustfreien Fabriken dazu zu bewegen, den „Antitrustvertrag" zu unterzeichnen[14], doch vermochte er unter den Händlern und unter den in der Zigarettenherstellung beschäftigten Arbeitskräften keine einheitliche Front gegen die Trustfirmen aufzubauen. Eine wichtige Händlerorganisation blieb dem VAT von Anfang an fern, nämlich der „Verein aller Tabakinteressenten für Berlin und Umgegend", dessen Vorstand sein Verhalten mit der Preisschleuderei auf den Berliner Märkten begründete. Würde nämlich dort der Facheinzelhandel auf das Angebot der Trustfabrikate verzichten, so würden diese Marken verstärkt von den Schleuderern und vom fachfremden Einzelhandel umgesetzt werden[15]. Dieses Problem stellte sich aber auch denjenigen Fachhändlern, deren Verband dem VAT beigetreten war. Zwar konnten die Trustgegner anfangs auf Beispiele einer geschlossenen Abwehrhaltung der Detaillisten gegen den Jasmatzi-Konzern verweisen[16]. Je länger aber der Trustkampf dauerte, desto mehr schmolz die Opferbereitschaft des Facheinzelhandels. Niemand bestritt nämlich die Qualität der Trustfabrikate[17], und viele Raucher verlangten ausdrücklich Trustmarken[18]. Ein Detaillist, der in dieser Situation die Trustzigaretten aus seinem Sortiment verbannte, führte unweigerlich einen Teil seiner Stammkunden dem fachfremden Zigarettenhandel zu, den der VAT kaum kontrollieren konnte[19]. Auch als der Verband im Juli 1914 „das Gespenst der Ladenorganisation des Trustes" wieder heraufbeschwor, vermochte er die Kampfmoral eines Teiles der Händler nicht mehr zu beleben[20].

---

[12] Ebenda, S. 170.
[13] Siehe Iris *Hamel*, Völkischer Verband und nationale Gewerkschaft. Der Deutschnationale Handlungsgehilfen-Verband 1893 - 1933, Frankfurt/M. 1967, S. 67/68.
[14] Vgl. A. *Geck*, a. a. O., S. 143 f.
[15] Ebenda, S. 179/180.
[16] So verpflichteten sich 1913 die Tabakkleinhändler in Plauen „in corpore", keine Trustfabrikate mehr anzubieten, obgleich die Trustfirmen ihnen einen Sonderrabatt von 10 % gewährten. M. *Dietze*, a. a. O., S. 40/41.
[17] Vgl. W. *Knoll*, a. a. O., S. 57.
[18] Vgl. A. *Geck*, a. a. O., S. 179.
[19] „Wie so ein Teil des Zigarettenhandels als Folge des Trustkampfes auf die Wirte überging, verlor der Spezialhändler einen anderen Teil seines Umsatzes an die Schleuderer, denn nichts blühte üppiger als die Schleuderei." A. *Geck*, a. a. O., S. 180.
[20] Ebenda, S. 187.

Wenig Erfolg hatte der VAT bei seinen Versuchen, die gewerkschaftlich organisierte Arbeiterschaft in der Tabakindustrie für seine Zielsetzung zu gewinnen. Zwar war der Grad der gewerkschaftlichen Organisation unter den Tabakarbeitern gering[21], doch konnte ein Eintreten der Gewerkschaften dieses Wirtschaftszweiges gegen die Trustfirmen ähnliche Stellungnahmen der übrigen Fachgewerkschaften, des jeweiligen Dachverbandes und der jeweils mit der Gewerkschaft verbündeten Partei auslösen. Entschließungen der Gewerkschaften und der Arbeiterparteien, die sich gegen den Konsum der Trustfabrikate richteten, mußten dem VAT jedoch schon deswegen willkommen sein, weil der Jasmatzi-Konzern die in Arbeiterkreisen begehrten Zigaretten der niedrigen Preisklassen in großem Umfang herstellte. Dem Verband gelang es indessen nur, zwei insgesamt wenig bedeutende Arbeitnehmerorganisationen, den Hirsch-Dunckerschen Gewerkverein der deutschen Zigarren- und Tabakarbeiter und den Verband christlicher Tabak- und Zigarrenarbeiter Deutschlands als Mitglieder zu gewinnen[22]. Der erheblich einflußreichere sozialistische „Tabakarbeiterverband", dem überdies als Pionier der deutschen Gewerkschaftsbewegung[23] innerhalb der „Freien Gewerkschaften" und der Sozialdemokratischen Partei einige Bedeutung zukam, verhielt sich im Trustkampf völlig neutral. Zunächst hatte der „Tabakarbeiterverband" keinen Grund, gegen die Trustfirmen vorzugehen. Seine Mitglieder hatten kaum Aussicht auf eine spätere selbständige Existenz im Tabakgewerbe und außerdem zeichnete sich der Jasmatzi-Konzern gegenüber seinen „deutschen" Konkurrenten durch relativ hohe Löhne und gute betriebliche Sozialleistungen aus, während andere Großfirmen der Branche oft arbeitsintensive Teile ihrer Produktion in industriearme Gegenden auslagerten, um Lohnkosten zu sparen[24].

Abgesehen davon sahen sozialistische Gewerkschaftsfunktionäre und Politiker keinen Anlaß, in die fortschreitende Betriebs- und Unternehmenskonzentration hemmend einzugreifen und die Vernichtung kleiner und mittlerer Unternehmen durch den Trust aufzuhalten, hatte Karl Marx doch genau diesen Vorgang als eine notwendige Stufe auf dem Wege von der kapitalistischen zur sozialistischen Wirtschaftsweise beschrieben. Die Entstehung eines Trustes galt obendrein der deutschen

---

[21] Als Gründe für den geringen Organisationsgrad gibt Frisch an: „Dezentralisierung der gesamten Zigarrenindustrie, Frauenarbeit, Hausindustrie und die Einflüsse der Politik." Walther *Frisch*, Die Organisationsbestrebungen der Arbeiter in der deutschen Tabakindustrie, Leipzig 1905, S. 246.
[22] Vgl. A. *Geck*, a. a. O., S. 212.
[23] Siehe Franz *Klüss*, Die älteste deutsche Gewerkschaft: Die Organisation der Tabak- und Zigarrenarbeiter bis zum Erlasse des Sozialistengesetzes, Diss. Heidelberg 1905.
[24] Vgl. A. *Geck*, a. a. O., S. 171 und K. *Bormann*, Zigarettenindustrie, a. a. O., S. 16.

4. Ministerialbürokratie und Verband zur Abwehr des Tabaktrustes 85

Sozialdemokratie bis 1914 als ein sicheres Anzeichen für die Weiterentwicklung des Wirtschaftssystems vom Kapitalismus zum Sozialismus. Der Führer der Sozialdemokratischen Partei, August Bebel, hatte 1902 dem Reichstag versichert, seine Partei erhoffe eine rasche Konzentration wirtschaftlicher Macht, „indem wir aus den Kartellen zu den Trusts und von den Trusts zur Verstaatlichung der gesamten Industrie und damit zum Sozialismus kommen[25]".

Obwohl es dem VAT mithin nicht gelang, alle Teile der deutschen Tabakwirtschaft für den Kampf gegen den Trust zu mobilisieren, sicherten ihm seine korporativen Mitglieder doch einen großen Teil der Verbandspresse für seine Veröffentlichungen. Daneben versuchte die Verbandsleitung aber auch, die Tagespresse und damit auch die breite Öffentlichkeit für ihre Zielsetzungen zu gewinnen. Am 30. 7. 1913 schrieb sie unter der Anrede „Sehr geehrte Redaktion" an alle bedeutenden Tageszeitungen. Sie wies darauf hin, daß der VAT „die deutsche Raucherwelt" nicht „erziehen" könne, wenn ihm dabei die Hilfe der deutschen Presse versagt bleibe. Sodann fuhr sie fort: „Wir haben leider den Riesenkapitalien des Trusts nichts Gleichwertiges auf unserer Seite entgegenzustellen", und schloß mit der Bitte: „Und so bleibt uns einzig die Hoffnung darauf, daß Sie, geschätzte Redaktion, uns ihre Mitwirkung nicht versagen und dem deutschen Tabakgewerbe helfen werden...[26]." Dieser Schritt schien der Verbandsleitung noch nicht weit genug. Daher richtete sie einen Tag später ein Schreiben an die „Verehrlichen Staatsbehörden, Stadtverwaltungen, Handels-, Gewerbe- und Handwerkskammern im Deutschen Reich!", in dem sie darum bat, „nach Möglichkeit auch die Tagespresse — soweit sie solcher Einwirkung zugänglich sein dürfte — über die schweren Bedenken aufzuklären, die einer redaktionellen Förderung der Trustinteressen entgegenstehen[27]". Auch seinen politischen Standort verdeutlichte der VAT bei dieser Gelegenheit: „Triumphiert doch auch schon die Sozialdemokratie hohnlachend über das Umsichgreifen der Trustgefahr, von dem sie eine Förderung ihrer Ziele auf Umgestaltung unserer Wirtschaftsordnung erhofft[28]." Schließlich lieferte der Verband den Zeitungsredaktionen auch druckfertige Artikel als Vorlagen wie „Beteiligungskapital und Trustkapital! (Veröffentlichung am 2. 8. erbeten.) Was geht im deutschen Tabakgewerbe vor? (Veröffentlichung am 7. 8. erbeten)[29]". Mit diesen Mitteln gelang es dem VAT, die gesamte „bürgerliche" Presse in die

---
[25] Vgl. F. *Blaich*, Die Rolle der amerikanischen Antitrustgesetzgebung in der wirtschaftspolitischen Diskussion Deutschlands zwischen 1890 und 1914, in: Ordo 21, 1971, S. 251.
[26] DZA Potsdam, RAI 7205, Bl. 235.
[27] Ebenda, Bl. 234 und STA Dresden, AM 7054, Bl. 154.
[28] DZA Potsdam, RAI 7205, Bl. 234.
[29] STA Dresden, AM 7054, Bl. 155.

86 III. Der Trustkampf als Problem der deutschen Ministerialbürokratie

Antitrustagitation einzuspannen[30]; auch ein liberales Blatt wie die „Frankfurter Zeitung", deren Herausgeber dem Verband wohl kaum dessen nationales Gebahren und die Betonung der Selbstlosigkeit abnahmen, sah sich doch aufgrund seiner Auseinandersetzung mit der zunehmenden Kartellierung und Konzentration der deutschen Wirtschaft verpflichtet, gegen eine drohende Vertrustung der deutschen Zigarettenindustrie Stellung zu beziehen[31]. Daneben besaß der VAT eigene Publikationsorgane, die „Antitrustwehr" und die „Trustabwehrkorrespondenz"[32]. Hinzu traten selbständige Veröffentlichungen des Verbandes, so z. B. die wissenschaftlich aufgeputzte Streitschrift seines Syndikus Rudolf Goerrig über das Thema „Der Tabaktrust und seine Gefahren für Deutschland", die in einer Auflage von 5000 Stück vor allem an Bibliotheken, Behörden und Ministerien verteilt wurde[33]. Ein weiteres Betätigungsfeld des VAT bildete die gezielte „Bearbeitung" der Raucher in seinem Sinne. Zu diesem Zweck ließ er sich ein eigenes Verbandszeichen als Warenzeichen in das Handelsregister eintragen, das fortan auf Reklametafeln, auf Einlagezetteln in den Zigarettenpackungen, als Aufdruck auf den Schachteln und auf den Briefköpfen des VAT erschien. Das kreisförmige Zeichen zeigte einen martialisch dreinblickenden Mann, der seinen Körper hinter einem riesigen Schild verbarg und dessen rechte Hand einen Speer umklammerte. In Halbkreisen prangten um diese Marke herum die Worte „Antitrust-Wehr", daneben fanden sich meist Aufforderungen der folgenden Art: „Die Zigarettenfabriken, die nebenstehendes Zeichen führen, gehören dem Verband zur Abwehr des Tabaktrusts an und haben Garantien gegeben, daß sie trustfrei sind und bleiben wollen", oder: „Raucht nur trustfreie Zigaretten mit diesem Verbandszeichen!", oder: „Das deutsche patriotisch gesinnte Publikum raucht nur Zigaretten von Firmen, die das Trustabwehrzeichen führen[34]." Schließlich umschloß die Tätigkeit des VAT auch direkte Angriffe in Form von geschickt ausgestreuten Gerüchten und von langwierigen Prozessen gegen die Trustfirmen. So erklärte der Verband, die Zugaben des Jasmatzi-Konzerns seien in betrügerischer Absicht aus minderwertigem Material hergestellt worden[35]. Oder er behauptete, der Trust beabsichtige, die durch Patente geschützte Fabrikation von Goldbobinen aufzukaufen, die als Hilfsmittel für die Herstellung von Zigaretten mit Goldmundstück unentbehrlich waren[36]. Obwohl diese Behauptung sich

---

[30] Siehe hierzu die Zeitungsausschnitte, die im DZA Potsdam, RAI 7170, Bd. 1 und 2, gesammelt sind.
[31] Vgl. Geschichte der Frankfurter Zeitung, Frankfurt am Main 1911, Kap. 67 „Kartellierung der deutschen Industrie", S. 999 f.
[32] A. *Geck*, a. a. O., S. 145 und 183.
[33] In jedem Archiv, in dem Akten über den Trustkampf aufbewahrt werden, ist in den Unterlagen diese Schrift vorhanden.
[34] Vgl. DZA Potsdam, RAI 7205, Bl. 138, STA Dresden, FM 8254, Bl. 67.
[35] Vgl. STA Dresden, AM 2478, Bl. 70 und A. *Geck*, a. a. O., S. 154/155.

4. Ministerialbürokratie und Verband zur Abwehr des Tabaktrustes

später als völlig haltlos erwies[37], schreckte sie doch anfangs die trustfreien Produzenten auf, stärkte deren Zusammenschluß im Antitrustkampf und hinterließ auch in der Öffentlichkeit einen nachhaltigen Eindruck[38]. Das Ziel, die finanzielle Abhängigkeit der „trustverdächtigen" Firmen offenzulegen, erreichte der VAT durch zwei langwierige und für die beiden Verlierer kostspielige Prozesse gegen die Firmen Batschari und Adler, die er schließlich gewann[39]. Ein gewichtiger Teil der Aktivität des Verbandes vollzog sich indessen unbemerkt von der Öffentlichkeit gleichsam im Dunkeln[39a]. Von Anfang an nämlich bemühte sich die Verbandsleitung, den Staat für ihre Zwecke einzusetzen. Ihre Ziele, ihre Mittel und ihre Erfolge bei diesen Bemühungen bilden den Gegenstand der folgenden Ausführungen.

b) Das Projekt der amtlichen Enquete in Form kontradiktorischer Verhandlungen über die deutsche Zigarettenindustrie

Wenngleich der VAT mit seinen Aufrufen und Eingaben alle Behörden bedachte, die wirtschaftspolitische Aufgaben wahrnahmen, so konzentrierte er doch von vornherein sein Werben um staatliche Bundesgenossen auf zwei Bereiche der Ministerialbürokratie. Wichtig war für ihn zunächst das Reichsamt des Innern, denn es war für wirtschaftliche Angelegenheiten zuständig, die den gesamten deutschen Binnenmarkt betrafen. Hier gelang es Geschäftsführer Greiert im April 1913, in einer persönlichen Unterredung dem Regierungsrat Frisch die Ziele und die Tätigkeit seines Verbandes zu erläutern[40]. Auf dieses Gespräch berief sich Greiert, als er kurz darauf dem Reichsamt eine „Dokumentation" über die Monopolbestrebungen des Tabaktrustes und die finanzielle Abhängigkeit der Jasmatzi AG zusandte[41]. Freilich war Frisch, ein aufrechter Beamter aus der Schule Posadowskys[42], auf so plumpe Weise

---

[36] A. *Geck,* a. a. O., S. 155.
[37] Ebenda, S. 156.
[38] Ein Maßstab hierfür ist, daß dieses Gerücht ohne jede Kritik in die wissenschaftliche Literatur übernommen wurde. Vgl. M. *Teichgräber,* a. a. O., S. 80; F. *Leistner,* a. a. O., S. 18.
[39] Vgl. A. *Geck,* a. a. O., S. 156 - 163 und S. *Tschierschky,* Ein Sieg im Kampf gegen die amerikanische Trustgefahr, a. a. O.
[39a] Vgl. W. *Fischer,* Staatsverwaltung und Interessenverbände im Deutschen Reich 1871 - 1914, in: Böhret, Carl und Grosser, Dieter (Hrsg.), Interdependenzen von Politik und Wirtschaft. Beiträge zur Politischen Wirtschaftslehre, Berlin 1967, S. 438: „Den Zeitgenossen war die Tätigkeit der Verbände in der Öffentlichkeit bekannt; über sie berichten Versammlungsprotokolle, Broschüren und Pressemitteilungen. Was die Verbände außerdem taten, wann und wie sie vor allem an die Verwaltungsbeamten herantraten, blieb großenteils unbekannt und kann nur durch Archivarbeit einigermaßen rekonstruiert werden." DZA Potsdam, RAI 7205, Bl. 94.
[40] DZA Potsdam, RAI 7205, Bl. 94.
[41] Ebenda, Bl. 131 f. und STA Dresden, AM 7054, Bl. 146 - 150.
[42] So urteilte Brentano über die Leistungen Posadowskys bei der Vorbereitung der Kartellenquete: „Schon bei der ersten Vorbereitung der Enquete

nicht zu einem einseitigen Vorgehen gegen die Trustfirmen zu bewegen, zumal er als Mitarbeiter im „Kartellreferat" des Reichsamtes einige Erfahrung im Umgang mit wirtschaftlichen Interessengruppen gesammelt hatte[43]. Andererseits hatten die Vorarbeiten zum Aufbau eines amtlichen Kartellregisters Frisch gelehrt, daß die Regierung als Schaltstelle der staatlichen Wirtschaftspolitik einem Machtkampf, wie er sich im Augenblick auf dem Zigarettenmarkt anbahnte, nicht tatenlos zusehen durfte. So wie aber das Reichsamt zunächst einmal mühselig Informationen über Struktur und Funktionen der Kartelle zusammengetragen hatte, ehe es mit einer eigentlichen Kartellpolitik begonnen hatte, so schien es notwendig, sich zuerst Klarheit über die Ursachen des Konkurrenzkampfes zu verschaffen. Als daher im Juni 1913 der preußische Handelsminister von Sydow anfragte, ob die Reichsregierung in irgendeiner Weise in den Trustkampf eingreifen werde, antwortete ihm Staatssekretär Delbrück, er wolle zuvor eine Enquete in Form von kontradiktorischen Verhandlungen unter den Beteiligten durchführen[44].

Angesichts dieses Projektes mag man den Beamten des Reichsamtes vorwerfen, sie hätten dabei leichtfertig die bitteren Erfahrungen der amtlichen Kartellenquete übersehen, die sie zwischen 1903 und 1905 veranstaltet hatten und die wegen des ständigen Wechsels der Vorsitzenden, wegen des Fehlens eines Aussagezwanges und insbesondere wegen der augenfällig demonstrierten wirtschaftlichen Macht der Kartelle zu keinem wirtschaftspolitisch brauchbaren Ergebnis geführt hatte[45]. Diesem Einwand ist entgegenzuhalten, daß sich das Reichsamt zweifellos auch damals bemüht hatte, mit der Auswahl der Teilnehmer, der zu untersuchenden Kartelle und der zu behandelnden Fragen die Grundlagen für eine objektive Information zu schaffen. Außerdem aber darf man den Wert der Enquete als Instrument der Wirtschaftspolitik schlechthin nicht am Mißerfolg der Kartellenquete messen. Enqueten bildeten vielmehr zu dieser Zeit das klassische Instrument der Sozialstatistik, sie waren bestimmt „zur sachlichen und engagierten Unterrichtung der Öffentlichkeit und der politischen Instanzen[46]".

---

hatte ich Gelegenheit, sowohl das auf seiten der Kartellierten bestehende Streben, die Untersuchung zu nichts kommen zu lassen, als auch das entgegengesetzte ehrliche Streben Posadowskys, die Dinge, wie sie wirklich lagen, festzustellen, kennenzulernen." Lujo *Brentano*, Mein Leben im Kampf um die soziale Entwicklung Deutschlands, Jena 1931, S. 232.

[43] Vgl. F. *Blaich*, Kartell- und Monopolpolitik, a. a. O., S. 269 f.
[44] DZA Potsdam, RAI 7205, Bl. 153 - 155.
[45] Vgl. F. *Blaich*, Kartell- und Monopolpolitik, a. a. O., S. 253 f.
[46] Siehe Ulla G. *Schäfer*, Historische Nationalökonomie und Sozialstatistik als Gesellschaftswissenschaften. Forschungen zur Vorgeschichte der theoretischen Soziologie und der empirischen Sozialforschung in Deutschland in der zweiten Hälfte des 19. Jahrhunderts, Köln usw. 1971, S. 193/194.

4. Ministerialbürokratie und Verband zur Abwehr des Tabaktrustes 89

Außer dem Reichsamt versuchte der VAT, die sächsische Ministerialbürokratie für seine Ziele zu gewinnen. Der Grund dieser Bemühungen war offenbar: Dresden war nicht allein das Zentrum der deutschen Zigarettenindustrie, es war auch der Sitz wichtiger Trustfirmen. Gelang es nicht, mit Reichsgesetzen gegen die amerikanische Konkurrenz vorzugehen, so ließ sich dieses Ziel vielleicht auf dem Wege bundesstaatlicher Verordnungen erreichen. Freilich war das Problem, die sächsischen Behörden zu einer einseitigen Stellungnahme im Trustkampf zu bewegen, nicht ganz einfach zu lösen, denn immerhin beschäftigte der Jasmatzi-Konzern im Königreich Sachsen Arbeiter und Angestellte, erteilte Aufträge an Zulieferer und zahlte Steuern. Dennoch zeigten sich die Beamten im sächsischen Innenministerium beeindruckt, als sie Ende 1912 zwei Druckschriften des VDZL erhielten, in denen das „gefahrdrohende Vordringen" des amerikanischen Tabaktrustes auf den deutschen Märkten geschildert wurde. Sie teilten daraufhin dem Finanzministerium mit, sie hielten die Befürchtungen des Verbandes „nicht für grundlos" und bäten daher um weitere Informationen, insbesondere „über die Stellung der Reichsverwaltung zu dieser Frage", weil deren Antwort auf die Anfrage der Abgeordneten Vietmeyer und Behrens „sehr allgemein" gehalten sei[47]. Bevor das Innenministerium eine Antwort erhielt[48], mußte es sich selbst schon wieder mit dieser Angelegenheit befassen. Am 31. 1. 1913 bat der Oberbürgermeister der Stadt Dresden, Dr. Beutler, um Auskunft über die Trustzugehörigkeit der Jasmatzi AG. Diese Firma betreibe in Dresden „ein sehr umfangreiches Geschäft", erläuterte er seine Anfrage, sie trete öfters mit Eingaben, meist Bauvorhaben betreffend, an den Stadtrat heran und überdies wolle im nächsten Jahr sogar König Friedrich August III. ihre Fabrikanlagen besichtigen[49].

Daraufhin beschloß das Innenministerium, die Handelskammer Dresden um ein Gutachten über die Trustgefahr in der Zigarettenindustrie zu bitten. Angesichts der engen personellen Verzahnung zwischen dieser Kammer und den Trustgegnern bot dieser Auftrag dem inzwischen gegründeten VAT eine willkommene Gelegenheit, über die halbamtliche Institution das Ministerium in seinem Sinne zu beeinflussen. Das Gutachten wurde am 11. 3. 1913 erstattet. Bezeichnenderweise wurde es nicht vom Syndikus der Kammer, Greiert, unterschrieben, sondern „in Vertretung des Syndikus" von einem Dr. Dermietzel[50]. Seine inhaltliche Gestaltung enthüllte sich als ein Meisterwerk der Antitrustpropaganda.

---
[47] STA Dresden, FM 8254, Bl. 3.
[48] Erst am 10. 2. 1913 antwortete das Finanzministerium, wobei es lediglich mitteilen konnte, „daß das Reichsschatzamt neuerdings dem Vorgehen des Tabaktrustes besondere Aufmerksamkeit zuzuwenden scheint...". Ebenda, Bl. 4.
[49] Ebenda, Bl. 9.
[50] Ebenda, AM 7054, Bl. 138.

Geschickt verknüpften seine Verfasser das Marktverhalten der Jasmatzi AG mit der Monopolisierung deutscher Petroleummärkte durch die Standard Oil Company[51]. Ein solcher Vergleich war unzulässig, denn der „Öltrust" besaß zumindest auf Teilmärkten tatsächlich die Stellung eines unvollkommenen Monopols und kontrollierte obendrein die amerikanischen Rohstoffquellen, von denen Deutschlands Versorgung mit Petroleum abhing[52]. Die Jasmatzi AG hingegen stand im Wettbewerb mit den „deutschen" Zigarettenproduzenten, außerdem fehlte ihr das Rohstoffmonopol. Die Gleichsetzung zwischen Tabaktrust und Öltrust erwies sich jedoch als propagandistisch wirksam, denn das Marktverhalten der Standard Oil Company stand um diese Zeit im Kreuzfeuer der öffentlichen Kritik und im Mittelpunkt wirtschaftspolitischer Überlegungen. Als Entgegnung auf die Vertrustung deutscher Märkte hatte am 15. 11. 1912 die Reichsregierung dem Reichstag den „Entwurf eines Gesetzes über den Verkehr mit Leuchtöl" vorgelegt, über den noch im Januar 1913 im Plenum diskutiert worden war[53]. Im übrigen stützte die Handelskammer Dresden ihre Beweisführung für die Monopolisierungstendenzen des Jasmatzi-Konzerns auf Gerüchte, die sie allerdings wohlweislich als solche kennzeichnete. Sie führte die Behauptung an, der Trust baue eine eigene Handelskette auf, zitierte das Gerücht, der Trust besitze Patente für den Bau einer Maschine, die keine Zigarettenfabrik mit „Maschinenarbeit" entbehren könne, und äußerte die Befürchtung, der Trust verschaffe sich ein Rohstoffmonopol und schneide der deutschen Konkurrenz dann die Zufuhr des Rohtabaks ab[54]. Die beiden ersten Mutmaßungen entbehrten, wie bereits erwähnt, jeglicher Grundlage, die letzte war, wie noch gezeigt werden wird, maßlos übertrieben. Diesen Sachverhalt freilich vermochten die Beamten des sächsischen Innenministeriums nicht zu durchschauen, sie mußten derartige Befürchtungen, die von einer Handelskammer in einer offiziellen Auskunft geäußert wurden, ernst nehmen. Das Gutachten schloß mit der Bitte, die Staatsregierung möge im Interesse der deutschen Zigarettenindustrie, die in Dresden ihren Hauptsitz habe, „gesetzliche Schutzmaßregeln" gegen die Trustgefahr verfügen. Konkrete Vorschläge unterbreiteten die Verfasser des Gutachtens jedoch nicht, statt dessen gestanden sie ein, es sei zweifellos „sehr schwer", „Auswüchsen des Wettbewerbs", wie sie das Vordringen amerikanischer Trusts auf deutschen Märkten hervorgerufen habe, „auf gesetzgeberischem Wege zu begegnen[55]".

---

[51] Ebenda, Bl. 135 u. 136.
[52] Siehe hierzu F. *Blaich*, Kartell- und Monopolpolitik, a. a. O., S. 185 f.
[53] Ebenda, S. 196 f. Am 30. 1. 1913 lehnten die SPD, das Zentrum und die DFVP das Projekt eines „Staatsmonopols" ab.
[54] STA Dresden, AM 7054, Bl. 137.
[55] Ebenda, Bl. 137/138.

4. Ministerialbürokratie und Verband zur Abwehr des Tabaktrustes 91

Diese Ausführungen verfehlten ihre Wirkung auf die Ministerialbeamten nicht. Innenminister von Vizthum-Eckstädt antwortete daher dem Dresdener Oberbürgermeister auf dessen Anfrage, „daß hiernach gegenüber der genannten Firma Zurückhaltung angezeigt erscheint[56]". Gleichzeitig begannen Beratungen zwischen dem Innenministerium und dem Finanzministerium über das weitere Vorgehen der Staatsregierung in der Trustfrage. Auch im Finanzministerium war man inzwischen davon überzeugt, daß die Trustgefahr gebannt werden müsse, wenn nicht „die große Zahl der gegenwärtig im heimischen Tabakgewerbe vorhandenen selbständigen Existenzen nach und nach der Übermacht *ausländischer*, in ihren Mitteln wenig wählerischen Kapitalisten" zum Opfer fallen sollten[57]. Beide Ministerien stimmten darin überein, daß es dem deutschen Tabakgewerbe kaum gelingen werde, *„lediglich aufgrund der bestehenden Gesetzgebung"* einen erfolgreichen Abwehrkampf gegen die Vertrustung zu führen. Unbedingt notwendig sei es daher, „von reichswegen recht bald und, ehe es zu spät ist, in ernstliche Erwägungen darüber einzutreten, ob und wie zunächst dem Tabakgewerbe auf gesetzgeberischem Wege zu Hilfe gekommen werden kann[58]". Über das sächsische Außenministerium richteten sie deshalb eine entsprechende, auf den Argumenten der Handelskammer Dresden beruhende Anfrage an das Reichsamt des Innern[59].

Dort hatte inzwischen Delbrück begonnen, das Projekt der amtlichen Enquete über die Konkurrenzverhältnisse in der deutschen Zigarettenindustrie mit den zuständigen preußischen Ressorts und den übrigen Reichsämtern abzusprechen[60]. Unterstützung für seine Pläne erhielt er vor allem vom Staatssekretär des Reichsschatzamtes, Kühn, der erhebliche Bedenken gegen eine „behördliche Unterstützung" der Antitrustbewegung äußerte. Einer „einseitigen Stellungnahme der Behörde" fehle es an einer „sicheren Unterlage", solange noch nicht feststehe, ob die Befürchtungen der deutschen Zigarettenindustrie überhaupt berechtigt seien. Zur Klärung dieser Frage schlage auch er die Abhaltung kontradiktorischer Verhandlungen vor. Sollte der Verdacht der Monopolisierung deutscher Märkte begründet sein, so würde sich die Auswahl geeigneter wirtschaftspolitischer Gegenmaßnahmen als schwierig erweisen. Da die Einführung eines staatlichen Zigarettenmonopols zweifellos im politischen Raum scheitern würde, bliebe „nur eine Antitrust-Gesetzgebung nach amerikanischem Muster[61]". An die Öffentlichkeit gelangte der Plan der kontradiktorischen Verhandlungen erst durch eine Anfrage

---

[56] Ebenda, FM 8254, Bl. 20/21.
[57] Ebenda, Bl. 57. Hervorhebung im Original.
[58] Ebenda, AM 7054, Bl. 131-133.
[59] Ebenda und DZA Potsdam, RAI 7205, Bl. 173 f.
[60] Vgl. DZA Potsdam, RAI 7205, Bl. 171, 271 u. 272.
[61] Ebenda, Bl. 213/214.

92   III. Der Trustkampf als Problem der deutschen Ministerialbürokratie

des Hansabundes. Der Sprecher dieses Verbandes in wirtschaftspolitischen Fragen, Dr. Gustav Stresemann[62], bat am 13. 9. 1913 Delbrück um „eine einwandfreie Feststellung der gegenwärtigen Verhältnisse innerhalb der deutschen Cigarettenindustrie" als Voraussetzung für ein staatliches Eingreifen in den Trustkampf und empfahl zu diesem Zweck eine amtliche Enquete[63]. Der Staatssekretär erwiderte am 29. 9., das Reichsamt des Innern werde eine solche Untersuchung durchführen, der Zeitpunkt stehe freilich noch nicht fest[64]. Wer wollte es Stresemann verdenken, daß er nach dieser Antwort Delbrücks für sich und den Hansabund das Verdienst beanspruchte, die Enquete über die Zigarettenindustrie eingeleitet zu haben[65]? Jedenfalls sorgte der Hansabund für eine entsprechende Würdigung des Planes einer Enquete in der Presse[66].

Das Bekanntwerden des Projektes löste parlamentarische Anfragen im Reichstag und in den Landtagen von Sachsen und Bayern aus, die ihrerseits wieder die Verwirklichung des Planes beschleunigten. Am 13. 11. 1913 brachte im sächsischen Landtag eine Gruppe nationalliberaler Abgeordneter um den Textilfabrikanten Günther[67] eine Anfrage ein, welche Maßnahmen die Staatsregierung ergreifen wolle, um den Auswüchsen der Trustbildung entgegenzuwirken[68]. Diese Interpellation veranlaßte das Innenministerium, „bei der großen Bedeutung der sächsischen Zigaretten-Industrie", sich bei der Reichsregierung nach der geplanten Enquete zu erkundigen[69]. Delbrück versicherte daraufhin, der Termin der Untersuchung stehe zwar noch nicht fest, doch würden selbstverständlich Vertreter der sächsischen Regierung zu dieser „mündlichen, unparteiischen Anhörung der Interessenten, die sich in Rede und Gegenrede äußern", hinzugezogen[70]. Am 25. 11. 1913 fragte der sozialdemokratische Abgeordnete Dr. Herzfeld im Reichstag an, ob die Nachricht von einer bevorstehenden amtlichen Enquete über die Zigaretten-

---

[62] STA Dresden, AM 7044, Bl. 5: Im Mai 1912 teilte der Präsident des Hansa-Bundes mit, das Mitglied des Direktoriums, Dr. Stresemann, werde „als wirtschaftlicher Beirat die Bearbeitung wichtiger Fragen übernehmen, welche Handel und Industrie angehen...".
[63] DZA Potsdam, RAI 7205, Bl. 259/260.
[64] Ebenda, Bl. 261.
[65] G. *Stresemann*, Handel und Industrie, a. a. O., S. 204.
[66] Vgl. A. *Geck*, a. a. O., S. 172/173. Auch die Zeitschrift der Jasmatzi AG verbreitete die Ansicht, die kontradiktorischen Verhandlungen seien „auf Anregung des Hansa-Bundes" eingeleitet worden. Vgl. GLA Karlsruhe 237, Nr. 25 779, Korrespondenz-Mitteilungen Nr. 1, 5. 3. 1914.
[67] Neben dem Textilfabrikanten Oscar Günther aus Plauen i. V. unterstützte diese Interpellation auch der Abg. Merkel, ein Webereibesitzer aus Mylau i. V., der Vorsitzender des Verbandes der sächsisch-thüringischen Textilfabrikanten war. Vgl. Hans *Jaeger*, Unternehmer in der deutschen Politik (1890 - 1918), Bonn 1967, S. 42/43 u. 295.
[68] Landtags-Akten von den Jahren 1913/14. Berichte usw. der zweiten Kammer. Nr. 1 bis 306. Dresden o. J., Nr. 32.
[69] STA Dresden, AM 7054, Bl. 160.
[70] Ebenda, Bl. 161.

4. Ministerialbürokratie und Verband zur Abwehr des Tabaktrustes 93

industrie zutreffe und ob der Reichskanzler zu dieser Untersuchung auch Vertreter des Reichstags hinzuziehen werde[71]. Diese Interpellation trug Herzfeld in den Reihen der Trustgegner später den Ruf ein, einer der wenigen Sozialdemokraten zu sein, die im Trustkampf die Interessen der „deutschen" Industrie verträten[72]. Wahrscheinlich aber stand hinter dieser Anfrage die Sorge um eine angemessene Beteiligung der sozialdemokratischen Reichstagsfraktion, die seit den Wahlen von 1912 mit 110 Abgeordneten die stärkste Fraktion im Plenum stellte[73], an dieser wirtschaftspolitisch so bedeutsamen Enquete[74]. Unterstaatssekretär Richter vom Reichsamt des Innern bejahte die Frage des Abgeordneten und fügte hinzu: „In gleicher Weise wie bei den Kartellverhandlungen in den Jahren 1903 bis 1905, bei der Bankenquete und bei der Fleischenquete wird Mitgliedern des Reichstags Gelegenheit geboten werden, den Erörterungen beizuwohnen[75]." Am 27.11.1913 wünschte der Zentrumsabgeordnete Pichler im bayerischen Landtag eine Auskunft über die Maßnahmen der Staatsregierung gegen die Monopolisierungsbestrebungen des Tabaktrustes[76]. Ministerpräsident Freiherr von Hertling antwortete, die Gefahr einer Vertrustung der deutschen Zigarettenindustrie sei der bayerischen Regierung „durchaus nicht entgangen". Er verspreche sich aber einerseits viel von der „Selbsthilfe" der Betroffenen, insbesondere der VAT sei ja den Trustbestrebungen ein „rühriger Gegner". Überdies beschäftige sich die „Reichsleitung" mit der Trustfrage, die sie in „nächster Zeit" durch kontradiktorische Verhandlungen erkunden wolle[77].

Tatsächlich entstand um diese Zeit im Reichsamt des Innern der Entwurf eines Fragenkataloges, der als Grundlage der geplanten Enquete dienen sollte. Die Auswahl und die Formulierung dieser Fragen, die sich mit der augenblicklichen Wettbewerbssituation, den finanziellen

---

[71] Stenograph. Berichte über die Verhandlungen des Reichstags, Bd. 291, S. 6042 und Bd. 300, S. 761.
[72] So auch A. *Geck*, a. a. O., S. 171/172.
[73] Vgl. Peter *Molt*, Der Reichstag vor der improvisierten Revolution, Köln usw. 1964, S. 33: „Die Reichstagswahlen 1912 brachten eine vollständige Umkehrung der bisherigen Fronten."
[74] Der Anfrage Herzfelds hatte die gesamte Fraktion zugestimmt. Vgl. Erich *Matthias*, Eberhard Pikart (Bearbeiter), Die Reichstagsfraktion der deutschen Sozialdemokratie 1898 bis 1918, Düsseldorf 1966, S. 304.
[75] Stenograph. Berichte über die Verhandlungen des Reichstags, Bd. 291, S. 6042.
[76] Verhandlungen der Abgeordneten des bayerischen Landtags, XXXVI. Landtagsversammlung, II. Session, Stenograph. Berichte Nr. 187 - 214, München 1914, S. 4 f.
[77] Verhandlungen der Abgeordneten das bayerischen Landtags, a. a. O., S. 73. Hertling hatte einige Erfahrung mit der wirtschaftspolitischen Problematik der Marktmacht. Als Abgeordneter des Reichstags hatte er Anteil an den Bemühungen der Zentrumspartei um die Errichtung eines „Reichskartellamtes". F. *Blaich*, Kartell- und Monopolpolitik, a. a. O., S. 275.

Verbindungen und der künftigen Gestaltung der Märkte innerhalb der deutschen Zigarettenindustrie beschäftigten[78], betonten und verbürgten den Willen des Reichsamtes, eine objektive und neutrale Untersuchung durchzuführen[79]. Den Entwurf versandte Staatssekretär Delbrück am 15. 1. 1914 an alle beteiligten Ressorts zur Begutachtung. In einem Begleitschreiben vermerkte er: „Was die äußere Form anlangt, so möchte ich es für zweckmäßig halten, zwar die kontradiktorischen Kartellverhandlungen nachzuahmen, dabei aber auf eine straffere Handhabung des Fragerechts von vornherein Bedacht zu nehmen[80]." Dieser Hinweis offenbarte, daß die Reichsleitung aus dem Fehlschlag der Kartellenquete gelernt hatte und daß sie nicht bereit war, den Ablauf einer solchen Untersuchung ein zweites Mal durch die betroffenen Verbände selbst gestalten zu lassen[81]. Mitten hinein in diese bereits weitgediehenen Vorbereitungen platzte die Nachricht, die sächsischen Justizorgane hätten bei der Firma Jasmatzi in Dresden Haussuchungen und vorläufige Beschlagnahmungen vorgenommen. Damit war die Durchführung der Enquete zunächst blockiert.

c) Das Eingreifen der sächsischen Justizbehörden in den Trustkampf

Fast einen Monat lang dauerte es, bis sich alle Nebel, die über den geheimnisvollen „Haussuchungen" bei den Trustfirmen gelastet hatten, lichteten. Erst dann wurden die Ursachen und die Hintergründe des Eingreifens der sächsischen Justizbehörden in den Trustkampf sichtbar.

Die Nachricht, das Reichsamt des Innern beabsichtige vor dem Erlaß wirtschaftspolitischer Maßnahmen gegen den Tabaktrust zuerst eine amtliche Enquete durchzuführen, mißfiel dem VAT[82]. Abgesehen vom Zeitaufwand war auch das Ergebnis einer solchen Untersuchung völlig offen. Hatte nicht Gütschow in seinem Schreiben an Staatssekretär Delbrück angeboten, die beiden Direktoren der Jasmatzi AG und der Vorsitzende des Aufsichtsrates der Firma, Justizrat Kempner, würden „jede Auskunft... erteilen, und bitten ergebenst darum, daß uns hierzu Gelegenheit gegeben wird[83]"? Überdies würde eine amtliche Enquete, an der beide Parteien und obendrein noch Sachverständige teilnähmen, die Haltlosigkeit der Gerüchte von der trusteigenen Ladenkette, vom Auf-

---

[78] DZA Potsdam, RAI 7205, Bl. 258.
[79] In diesem Zusammenhang sei insbesondere auf die Frage 4 verwiesen, in der das Reichsamt sehr im Gegensatz zur Polemik der Trustgegner die Auflösung des amerikanischen Tabaktrusts im Jahre 1911 berücksichtigte. Über das Vorgehen der amerikanischen Justiz gegen den Trust hatten sich die Beamten vorher informiert. DZA Potsdam, RAI 7204, Bl. 149.
[80] Ebenda, RAI 7205, Bl. 256.
[81] Vgl. F. *Blaich*, Kartell- und Monopolpolitik, a. a. O., S. 258 f.
[82] Vgl. A. *Geck*, a. a. O., S. 173.
[83] STA Dresden, AM 7054, Bl. 166.

kauf der Patente für die Herstellung der Goldmundstücke und von der Errichtung eines Rohtabakmonopols erweisen, die sich bisher als schlagende Argumente bewährt hatten, um die Vertreter des Handels und die kleinen Produzenten weiterhin an den Kampfverband zu fesseln. Was der VAT benötigte, waren also keine kontradiktorischen Verhandlungen, sondern sofortige staatliche Sanktionen gegen den Jasmatzi-Konzern. Der Verband bedurfte eines sichtbaren Erfolges um so mehr, als sich soeben die ersten Risse in der Front der Trustabwehr zeigten, die durch den „Manoli-Zwischenfall" hervorgerufen worden waren[84]. Im Sommer 1913 stellte sich nämlich heraus, daß Kommerzienrat Mandelbaum, der Inhaber der Zigarettenfabrik Manoli GmbH in Berlin und zudem ein Vorkämpfer der Trustabwehrbewegung[85], bereits am 24.1. 1912 51 % des Geschäftskapitals seiner Firma an die beiden angesehenen Rohtabakimporteure N. Mayer & Co. in London und M. L. Herzog in Budapest übertragen hatte. Obwohl Mandelbaum beteuerte, die beiden Handelsfirmen stünden weder in geschäftlichen noch in finanziellen Beziehungen zum Tabaktrust, war die Furcht des VAT verständlich, Manoli werde in gleicher Weise wie die Firma Batschari in den Einflußbereich des Trusts gezogen[86]. Die entgegengesetzten Standpunkte mündeten in eine Reihe von Prozessen, in denen Mandelbaum schließlich unterlag. Am 28.1.1914 entschied das OLG Dresden im Revisionsverfahren, die Firma Manoli habe die Verpflichtungen des Antitrustvertrages verletzt, die Konventionalstrafe gelte mithin als verwirkt[87]. Der Streit um die Firma Manoli bewog ferner den Syndikus des VAT, Goerrig, sein Amt niederzulegen und künftig für eine friedliche Beilegung des Trustkampfes durch eine gegenseitige Verständigung zu werben. In einem „Offenen Brief", der am 22.8.1913 als Anzeige in einigen Zeitungen erschien, rechtfertigte Goerrig sein Verhalten. Er könne nicht länger die Geschäfte eines Verbandes führen, so erklärte er, den zwei Zigarettenfirmen dazu mißbrauchten, um ihre eigene Marktstellung zu festigen und zu erweitern. Unter dem Deckmantel der Antitrustbewegung führten diese Firmen „wilde Konkurrenzmanöver" durch; so verbreiteten sie z. B. ohne Wissen der anderen Mitglieder und des Syndikus des VAT „planmäßig" Inserate, die Angriffe gegen „eine bekannte Berliner Zigarettenfabrik" enthielten[88]. Tatsächlich be-

---

[84] Zum „Manoli-Zwischenfall" siehe A. *Geck*, a. a. O., S. 163 - 169.
[85] *Mandelbaum* gehörte 1903 zu den Gründern des Trustabwehrausschusses. DZA Potsdam, RAI 7203, Bl. 35 - 37.
[86] Vgl. STA Dresden, FM 8254, Bl. 70 ff. *Eibes* schilderte hier dem Finanzministerium die Ansichten des VAT über den Fall Manoli.
[87] Vgl. STA Dresden, FM 8254, Bl. 151 ff. Urteil des 3. Zivilsenats des Kgl. Sächs. OLGs. v. 28. 1. 1914.
[88] Siehe hierzu GLA Karlsruhe, 237, Nr. 25 779. Schreiben der HK Mannheim an das Innenministerium vom 29. 8. 1913. Es lag auf der Hand, daß Goerrigs Anzeigenaktion von der Firma Manoli unterstützt wurde.

herrschten den VDZI inzwischen die beiden großen Dresdener Zigarettenfirmen Yenidse und Eckstein, die beide Mandelbaum ablehnend gegenüberstanden[89], nicht zuletzt deshalb, weil dessen Firma durch die Anwendung „amerikanischer Methoden" — eine weitgehende Mechanisierung der Produktion und eine geschickte Werbung — bedeutende Marktanteile erobert hatte[90]. Deshalb gründete Goerrig in Frankfurt/Main einen neuen Verband, die „Deutsche Cigaretten-Konvention", welche die Möglichkeiten eines Friedensvertrages mit dem Tabaktrust erkundete und deren Tätigkeit vom VAT, insbesondere von Eibes und Greiert, erbittert bekämpft wurde[91]. Am 21. 10. 1913 unterrichtete er das Reichsamt des Innern von der Zielsetzung seines Verbandes, „das befürchtete Privatmonopol einer anglo-amerikanischen Gesellschaft in der deutschen Zigarettenindustrie *durch vertragliche Bindung* zu beseitigen". Er bat um Unterstützung gegen den VAT, dessen Bestrebungen er als den „übereilten Schritt einiger Herren" darstellte, die im Grunde nur ihre eigenen Marktanteile verbessern wollten[92]. Der Sachbearbeiter im Reichsamt, Frisch, versagte der „Cigaretten-Konvention" die erbetene Hilfe, nachdem er die Wirksamkeit des neuen Verbandes und die Persönlichkeit des Vorsitzenden gegeneinander abgewogen hatte: „Goerrig ist erst vom Trustabwehrverband zu dem trustverdächtigen Manoli-Mandelbaum übergegangen, um nun eine neue Cigarettenkonvention gegen den Trust *und* den Abwehrverband ins Leben zu rufen. Alles in allem eine höchst fragwürdige Gründung[93]!"

Der VAT jedoch verstärkte nun seine Bemühungen, die Reichsregierung zu einer spektakulären Aktion gegen den Trust zu veranlassen. Sein Vorsitzender, Eibes, überreichte am 18. 11. 1913 dem Reichsamt des Innern eine Dokumentation über die Frage, welche Erfolge die BATC „nachweisbar in ihren Monopolbestrebungen" in Deutschland gehabt habe[94]. Obwohl er betonte, er habe „nur das wesentliche Material" zusammengestellt, lieferte er eine umfangreiche Anklageschrift gegen den Jasmatzi-Konzern, der vor Einseitigkeit triefte[95]. Als auch diese Intervention Delbrück nicht mehr umstimmte, beschloß der VAT, ohne Hilfe der Reichsregierung den entscheidenden Stoß gegen die Trustfirmen zu führen und dabei gleichzeitig die drohenden kontradiktorischen Ver-

---

[89] Vgl. z. B. STA Dresden, FM 8254, Bl. 176.
[90] Manoli-Zigarettenfabrik, a. a. O., S. 14 f. und W. *Fahrenbruch*, a. a. O., S. 32.
[91] Vgl. GLA Karlsruhe, 237, Nr. 25 779, Schreiben des VAT vom 3. 10. 1913 und STA Dresden, FM 8254, Bl. 204 f. Inzwischen war Greiert „Geschäftsführendes Vorstandsmitglied" des VAT geworden, als „Generalsekretär" fungierte Paul Zimmermann.
[92] DZA Potsdam, RAI 7206, Bl. 128. Hervorhebung im Original.
[93] Ebenda.
[94] DZA Potsdam, RAI 7207, Bl. 2.
[95] Diese Anklageschrift füllt den ganzen Faszikel 7207 aus.

4. Ministerialbürokratie und Verband zur Abwehr des Tabaktrustes 97

handlungen zu unterlaufen. Mitte Januar 1913 zeigte Eibes „Generaldirektor Ernst F. Gütschow & Genossen" wegen eines Vergehens gegen den § 128 StGB (Geheimbündelei) beim Landgericht Dresden an[96]. Der entscheidende Absatz dieser Rechtsnorm lautete: „Die Teilnahme an einer Verbindung, deren Dasein, Verfassung oder Zweck vor der Staatsregierung geheimgehalten werden soll, oder in welcher gegen unbekannte Obere Gehorsam oder gegen bekannte Obere unbedingter Gehorsam versprochen wird, ist an den Mitgliedern mit Gefängnis bis zu sechs Monaten, an den Stiftern und Vorstehern der Verbindung mit Gefängnis von einem Monat bis zu einem Jahre zu bestrafen[97]." Dieser sogenannte „Geheimbundparagraph" hatte im deutschen Rechtsleben „im allgemeinen ein sehr beschauliches Dasein" geführt, lediglich während der Geltungsdauer der Sozialistengesetze wurde er einige Male gegen die „gemeingefährlichen Bestrebungen" der Sozialdemokratie angewandt[98]. Was mochte Eibes bewogen haben, diesen etwas dubiosen Paragraphen[99] mit den angeblichen Monopolbestrebungen des Trustes in Verbindung zu bringen? Wahrscheinlich hatte ihn das Studium der amerikanischen Antitrustpolitik auf diesen Gedanken gebracht[100]. In Sec. 1 des „Sherman-Act" vom 2. 7. 1890 hieß es nämlich: "Every contract, combination in the form of trust or otherwise, or conspiracy, in restraint of trade or commerce among the several States, or with foreign nations, is hereby declared to be illegal. Every person who shall make any such contract or engage in any such combination or conspiracy, shall be deemed guilty ...[101]." Zwar verstand der amerikanische Gesetzgeber unter „combination" und „conspiracy" offene oder versteckte Marktabsprachen, doch ließen sich beide Begriffe mit „Verbindung" und „Verschwörung" übersetzen, womit eine Brücke zwischen dem Antitrustgesetz und dem § 128 StGB hergestellt war.

Jedenfalls gelang es Eibes, das Landgericht Dresden davon zu überzeugen, daß der „Zigarettentrust" als eine Verbindung anzusehen sei, „deren Dasein, Verfassung oder Zweck vor der Staatsregierung geheim gehalten werden soll[102]". Um nun den Beweis zu erbringen, daß die Beschuldigten sowohl mit der BATC „als auch untereinander" in Verbindung stünden, ordnete der Untersuchungsrichter, Landgerichtsrat Dr. Küntzel, für den 19. 1. 1914 eine gleichzeitige „Haussuchung" an neunzehn verschiedenen Stellen an, die sich von den Geschäftskontoren

---
[96] STA Dresden, AM 7054, Bl. 170 u. 175.
[97] Vgl. StGB für das Deutsche Reich vom 26. 2. 1876, RGBl. 1876, S. 40 ff.
[98] Justizrat Dr. *Fuld*, Trusts und Geheimbund, in: KR 12, 1914, S. 74.
[99] Vgl. Georg *Bernstein*, Geheimbündelei und Teilnahme an staatsfeindlichen Verbindungen in ihrer strafrechtlichen Bedeutung, Diss. Jena 1914.
[100] Vgl. auch *Fuld*, a. a. O., S. 76.
[101] Vgl. Fredrik *Neumeyer*, Monopolkontrolle in USA, Berlin 1953, S. 243 (Anhang).
[102] STA Dresden, AM 7054, Bl. 175.

der Trustfirmen über deren Rohtabakspeicher im Dresdener Alberthafen bis hin zu den Privatwohnungen der Direktoren erstreckte. Unter der Leitung von Küntzel, Polizeirat Dr. Handl und Rechtsanwalt Dr. Kaufmann wurden diese Haussuchungen mit einem Aufgebot von 61 Kriminalbeamten durchgeführt[103]. Auf dem Wege der Amtshilfe fand eine ähnliche Durchsuchung in den Geschäftsräumen der Firma Batschari in Baden-Baden statt[104]. Gleichzeitig leitete das Landgericht Dresden gegen die beiden Direktoren der Jasmatzi AG ein Verfahren wegen eines Vergehens gegen § 128 StGB und § 314 HGB ein[105]. Diese Polizeiaktion erregte in der Öffentlichkeit beträchtliches Aufsehen. Die Tagespresse begnügte sich nicht mit der Darstellung der Vorfälle in Dresden und in Baden-Baden, sondern stellte Mutmaßungen über die Urheber des Polizeieinsatzes an. So meldeten die „Süddeutsche Zeitung" und „Der Tag" am 22. 1. 1914 übereinstimmend, die Haussuchungen seien auf Veranlassung der Reichsregierung erfolgt, die mit dieser Maßnahme die Einführung eines Reichszigarettenmonopols vorbereite. Den äußeren Anstoß zu der Polizeiaktion habe nicht der VAT gegeben, sondern der Abgesandte des amerikanischen Präsidenten Wilson, Ferguson, der sich in Berlin aufhalte, offiziell, um das deutsche Wirtschaftsleben zu studieren, in Wahrheit aber, um Wilson Material zur Bekämpfung der Trusts zu liefern[106]. Die Haltlosigkeit dieser Vermutung deckte das „Berliner Tageblatt" auf, das Ferguson für seine Abendausgabe interviewte. Das Blatt behauptete nun um so bestimmter, die Aktion gegen die Trustfirmen bedeute den Aufbau eines Reichsmonopols[107]. Einen Tag später berichtete die „Preussische Kreuz Zeitung", der VAT habe verschiedenen Redaktionen erklärt, er habe „keinerlei Antrag" gegen den Tabaktrust gestellt, auch das Reichsamt des Innern habe inzwischen die Presse informiert, die Reichsregierung stehe dem Vorgehen der sächsischen Behörden völlig fern[108]. Indessen fehlte es auch nicht an nachdenklichen Kommentaren. Schon am 22. 1. 1914 schrieb die „Frankfurter Zeitung", es wäre „ein völliges Novum", wollte man in Zukunft Trustbildungen und „ähnliche Finanzkonstruktionen" als Geheimbündelei ansehen und bestrafen —

---

[103] Ebenda, Bl. 170.
[104] GLA Karlsruhe, 237, Nr. 25 779, Protokolle der Durchsuchung in Baden-Baden, 19. 1. 1914.
[105] Vgl. STA Dresden, AM 7054, Bl. 113. § 314 HGB lautete: „Mitglieder des Vorstandes oder des Aufsichtsrats oder Liquidatoren werden mit Gefängnis bis zu einem Jahre und zugleich mit Geldstrafe bis zu zwanzigtausend Mark bestraft, wenn sie wissentlich
1. in ihren Darstellungen, in ihren Übersichten über den Vermögensstand der Gesellschaft oder in den in der Generalversammlung gehaltenen Vorträgen den Stand der Verhältnisse der Gesellschaft unwahr darstellen oder verschleiern, ..." HGB vom 21. 5. 1897, RGBl. 1897, Nr. 23, S. 219 ff.
[106] STA Dresden, AM 7054, Anhang.
[107] Ebenda.
[108] Ebenda.

4. Ministerialbürokratie und Verband zur Abwehr des Tabaktrustes 99

„ein an sich außerordentlich interessanter Versuch, von dem man aber zunächst nicht versteht, wie er mit Wortlaut und Sinn jenes Paragraphen in Einklang zu bringen ist[109]". Die Wochenschrift „Die Konjunktur" schließlich stellte die peinliche Frage, „ob man so scharf vorgegangen wäre, wenn es sich um ein deutsches Trustgebilde gehandelt hätte[110]".

Auch die vom Polizeieinsatz betroffenen Personen meldeten sich nun zu Wort. Am 25. 1. 1914 legten die Rechtsanwälte Dr. Baum, Dr. Schirmer und E. Zumpe II im Namen ihrer Mandanten Gütschow und Dietz gegen die Maßnahmen des Landgerichts Dresden Beschwerde ein. Sie begründeten eingehend, daß die beiden beschuldigten Direktoren niemals Dasein, Verfassung oder Zweck einer Verbindung vor der Staatsregierung hätten geheimhalten wollen. Gütschow nämlich habe bereits im Januar 1913 „aus eigener Entschließung und ohne hierzu verpflichtet zu sein", dem Reichsamt des Innern angeboten, „jede gewünschte Auskunft" über seine Firma zu erteilen. Den Plan einer amtlichen Enquete über die deutsche Zigarettenindustrie habe er nicht allein begrüßt, sondern er habe dessen Verwirklichung durch Verhandlungen mit den Sachbearbeitern Abel und Frisch im Reichsamt sogar gefördert. Die beiden Beamten hätten nun mitgeteilt, sie seien „im höchsten Maße überrascht" von der Einleitung eines Strafverfahrens, mit dem man nun völlig zu Unrecht das Reichsamt in Verbindung bringe[111]. Abschließend wiesen die Rechtsanwälte auf die „unberechenbaren Schäden" hin, die ihren Mandanten als Folge dieser Polizeiaktion bereits entstanden seien und auf das „ungeheure" Aufsehen, das diese Maßnahme im Reich und im Ausland erregt habe[112]. Bereits am 21. 1. 1914 protestierte die Geschäftsleitung der Firma Batschari gegen die bei ihr vorgenommenen Haussuchungen. Sie bat den badischen Justizminister, Freiherr von Dusch, um eine Intervention bei den sächsischen Justizbehörden, da inzwischen einige Lieferanten der Firma das Zahlungsziel verweigerten und da obendrein in einer Kleinstadt wie Baden-Baden die gesellschaftliche Stellung ihrer Direktoren bedroht sei[113]. Den Innenminister, Freiherr von und zu Bodman, erinnerte die Firma an die Beträge, „die wir an Arbeitslöhnen, Zöllen und Steuern jährlich an die öffentlichen Kassen abführen und auf die schwerwiegenden Folgen, die entstehen müßten, wenn wir durch das Vorgehen eines Dresdener Untersuchungsrichters

---

[109] Ebenda.
[110] Ohne Verf., Haussuchung, in: Die Konjunktur. Wochenschrift für Kapital und Arbeit mit Kurs-Kontrolle, 5, 18, 1914, S. 270. Herausgeber der Wochenschrift war der sozialdemokratische Wirtschaftstheoretiker Richard Calwer.
[111] Vgl. DZA Potsdam, RAI 7205, Bl. 276/277 u. 285.
[112] STA Dresden, AM 7054, Bl. 113.
[113] GLA Karlsruhe, 237, Nr. 25 779, 21. 1. 1914.

in unserem Bestande gefährdet würden[114]". Zwar antwortete Bodman, ein Eingreifen in ein schwebendes gerichtliches Verfahren zugunsten der Firma Batschari sei ihm verwehrt, doch beeindruckten ihn deren Argumente, so daß er sich unverzüglich in Berlin um Nachrichten über die Hintergründe der Polizeiaktion bemühte[115].

Das Reichsamt des Innern erfuhr von den Haussuchungen erst durch die Meldungen der Presse. In einem recht schroff gehaltenen Schreiben forderte Delbrück daher vom sächsischen Außenministerium „eine baldmögliche Mitteilung über die den Zeitungsmeldungen zu Grunde liegenden Tatsachen[116]". Die Dringlichkeit seiner Anfrage begründete er mit der in Vorbereitung befindlichen Enquete, der Möglichkeit, daß die Polizeiaktion während der laufenden Etatberatungen im Reichstag zur Sprache gebracht werden könnte und der Reaktion des Auslandes, insbesondere der Vereinigten Staaten. Er schloß mit der Bemerkung, daß „bereits vor Jahresfrist und neuerdings auch gelegentlich der von mir vorbereiteten Enquete" Gütschow sich bereit erklärt habe, der Reichsregierung alle Unterlagen über seine Firma vorzulegen. Zum Beweis fügte er seinem Schreiben die Eingabe Gütschows vom 16. 1. 1913 als Anlage bei, eine Geste, die zweifellos seine Verärgerung über den Vorstoß der sächsischen Justizbehörden unterstrich[117]. Delbrücks Sorgen über die möglichen Auswirkungen der Polizeiaktion waren berechtigt. Das Vertrauen weiter Kreise der deutschen Wirtschaft in die Objektivität und die Neutralität des Reichsamtes konnte durch eine solche Maßnahme, sofern sie nicht hinreichend abgesichert war, erschüttert werden, was wiederum die Bedeutung des Amtes als wirtschaftspolitische Leitstelle der Reichsregierung mindern würde. Überdies hatten schon seit einigen Jahren die Beratungen über den Voranschlag des Reichshaushaltes vor allem den Abgeordneten des Zentrums, der Sozialdemokraten und der linksliberalen Partei Gelegenheit geboten, die Reichsregierung wegen ihrer Unfähigkeit und Hilflosigkeit gegenüber dem Mißbrauch von Marktmacht heftig anzugreifen[118]. Besonders ernste Folgen konnten die Haussuchungen indessen für die ohnehin recht gespannten Handelsbeziehungen zu den Vereinigten Staaten zeitigen. Delbrück wußte aus Berichten des deutschen Generalkonsulates in New York, daß die amerikanische Presse den Trustkampf auf dem deutschen Zigarettenmarkt aufmerksam verfolgte[119], und befürchtete Sanktionen der ameri-

---

[114] Ebenda.
[115] Ebenda, 22. 1. 1914 und DZA Potsdam, RAI 7205, Bl. 295 f.
[116] STA Dresden, AM 7054, Bl. 162 und DZA Potsdam, RAI 7205, Bl. 259.
[117] STA Dresden, AM 7054, Bl. 163 - 166.
[118] Vgl. F. *Blaich*, Kartell- und Monopolpolitik, a. a. O., S. 92 f.
[119] DZA Potsdam, RAI 7205, Bl. 19, 20 und BHSTA Abt. I, MWi 8 146, 26. 11. 1912.

4. Ministerialbürokratie und Verband zur Abwehr des Tabaktrustes

kanischen Regierung gegen das „Amerikageschäft" deutscher chemischer Firmen[120].

Die Bedeutung und die Dringlichkeit der Anfrage Delbrücks unterstrich der Gesandte Sachsens in Berlin, von Sichart, durch Telegramme an den sächsischen Innenminister von Vizthum und an Finanzminister von Seydewitz[121]. Die betroffenen sächsischen Ministerien, die ebenfalls von der Polizeiaktion überrascht worden waren, mußten sich nun untereinander über die Beantwortung der Anfrage des Staatssekretärs verständigen[122]. Auf Vorschlag des Innenministers kamen sie überein, das Reichsamt des Innern nur kurz über den Tatbestand zu informieren und ihm die Zusendung eines ausführlichen „Polizeiberichtes" anzukündigen[123]. Diesen Bericht erstattete am 22. 1. 1914 der Erste Staatsanwalt beim Landgericht Dresden, Dr. Bahr. Die Äußerungen des Staatsanwalts lassen erhebliche Zweifel an der in dieser Angelegenheit gebotenen Sachlichkeit und Unvoreingenommenheit der sächsischen Justiz aufkommen. Bahr nämlich schrieb: „Seit Jahren leidet die deutsche Tabak-Industrie unter der Konkurrenz amerikanischer und später auch englischer Kapitalisten ... An der Spitze dieser Trustleute steht der Direktor der Jasmatzi AG, Gütschow, ein ebenso intelligenter, wie rücksichtsloser Geschäftsmann[124]." Die unabhängige Zigarettenindustrie habe nun „in ihrem schweren Kampf" durch ihren Bevollmächtigten, Justizrat Eibes, „in einer mit großem Scharfsinn aufgebauten Anzeige" das Strafrecht in Anspruch genommen, „um sich ihres Gegners zu erwehren". Aufgrund dieser Anzeige seien dann die Haussuchungen erfolgt, „die gegenwärtig von der hiesigen und auswärtigen Presse — anscheinend unter Einfluß Gütschows besprochen werden[125]". Fragwürdig war jedoch auch die juristische Argumentation des Staatsanwalts. Seine Angabe, das Landgericht habe den § 128 StGB für gegeben erachtet, weil der Trust „öffentliche Angelegenheiten" betreibe, insofern er die Monopolisierung des Tabakgewerbes und damit die Ausschaltung der in § 1 der Reichsgewerbeordnung garantierten Gewerbefreiheit bezwecke[126], bekräftigte er mit dem Beifall, den der berühmte Rechtsgelehrte Karl

---

[120] STA Dresden, AM 7054, Bl. 162.
[121] Ebenda, Bl. 168 und FM 8254, Bl. 106. Gleichzeitig teilte Sichart mit, daß auch der badische Gesandte in Berlin im Namen seiner Regierung die zuständigen sächsischen Ressorts um eine Aufklärung über die Haussuchungen bei der Firma Batschari gebeten habe.
[122] STA Dresden, AM 7054, Bl. 170, 173 und FM 8254, Bl. 106, 110.
[123] Ebenda, FM 8254, Bl. 106, 110. Den offiziellen Polizeibericht erhielt das Reichsamt des Innern am 24. 1. 1914. DZA Potsdam, RAI 7205, Bl. 288/289.
[124] STA Dresden, AM 7054, Bl. 175.
[125] Ebenda, Bl. 176.
[126] In § 1 der ReichsGO hieß es: „Der Betrieb eines Gewerbes ist jedermann gestattet, soweit nicht durch dieses Gesetz Ausnahmen oder Beschränkungen vorgeschrieben oder zugelassen sind." Gewerbeordnung für das Deutsche Reich vom 26. 7. 1900, RGBl. 1900, S. 871 ff.

Binding[127] der Dresdener Polizeiaktion gespendet habe. Exzellenz Binding nämlich habe Eibes seine Genugtuung darüber ausgesprochen, „daß eine deutsche Staatsanwaltschaft den Mut beweise, mit dem geltenden materiellen Strafrechte diesem internationalen Krebsschaden zu Leibe zu gehen[128]". Freilich hatte sich Binding nicht mit der entscheidenden Frage beschäftigt, ob der § 128 StGB im vorliegenden Falle überhaupt angewendet werden durfte. Diese Frage griff der ehemalige Oberlandesgerichtspräsident Hamm, Mitglied des preußischen Staatsrates und des Herrenhauses, in einem Kommentar zur Aktion der sächsischen Justiz auf, der in dem Urteil gipfelte: „Den Trusts und gar den embryonenartigen Vorformen des Trusts durch Anwendung von Strafgesetzen entgegenzutreten, welche für Verbindungen bestimmt sind, die in staatsgefährlicher Weise eine Einwirkung auf öffentliche Angelegenheiten bezwecken, beweist ohne Frage eine schneidige Hand, aber die Hand führt — ein hölzernes Schwert[129]." Wohl aus diesem Grund unterließ es daher auch die Staatsanwaltschaft zu Dresden, gegen die beschuldigten Direktoren Anklage wegen eines Vergehens gegen den § 128 StGB zu erheben[130].

Hatte der VAT damit gerechnet, wenigstens die sächsische Regierung werde sich durch das Vorgehen der Justiz bemüßigt fühlen, Sanktionen gegen den Jasmatzi-Konzern zu erlassen, so sah er sich auch in dieser Erwartung getäuscht. Im sächsischen Landtag stand immer noch die Antwort der Regierung auf die Interpellation der Nationalliberalen vom November 1913 aus, die vom Innenministerium in Absprache mit dem Außenministerium bisher aufgeschoben worden war, nicht zuletzt deshalb, um zunächst das Ergebnis des eingeleiteten Gerichtsverfahrens abzuwarten[131]. Am 12. 3. 1914 erklärte sich der Innenminister endlich zur Beantwortung der Anfrage bereit. Der Abgeordnete Günther begründete die Interpellation im Plenum des Landtags. Gestützt auf Argumente, die aus der „Antitrustwehr" stammten, setzte er sich mit dem Marktverhalten des Jasmatzi-Konzerns auseinander. Er schloß mit der Bemerkung, er erwarte von der Regierung gegenüber derartigen Monopolbestrebungen „energische Abwehrmaßregeln" und „ein rücksichtsloses Vorgehen gegen derartige Blutsauger am Wirtschaftskörper der

---

[127] Karl *Binding* (1841 - 1920), berühmt als Strafrechtslehrer, zählte zu den führenden Vertretern des wissenschaftlichen Rechtspositivismus der Jahrhundertwende. Vgl. Arthur *Kaufmann*, Art. „Binding", in: Staatslexikon 6. Aufl. 2, 1958, Sp. 33.
[128] STA Dresden, AM 7054, Bl. 175/176.
[129] O. *Hamm*, Ist eine Beteiligung an einem geheim gehaltenen Trust als Geheimbündelei aus § 128 StrGB strafbar?, in: Deutsche Juristen-Zeitung 5, 1914, Sp. 362.
[130] Vgl. A. *Geck*, a. a. O., S. 195/196.
[131] STA Dresden, FM 8254, Bl. 119.

4. Ministerialbürokratie und Verband zur Abwehr des Tabaktrustes 103

deutschen Nation[132]". Gelassen antwortete Graf Vitzthum, die sächsische Regierung verfolge die Entwicklung der aus den USA nach Deutschland gekommenen Trusts „mit besonderer Aufmerksamkeit[133]". Entsprechend der Auffassung der zeitgenössischen Nationalökonomie[134] stellte er den amerikanischen Trusts „die auf deutschem Boden erwachsenen Kartelle" gegenüber, die „in ihrer großen Mehrzahl aus dem gesunden Streben" entstanden seien, „eine gewisse Stetigkeit in unsere wirtschaftliche Entwicklung zu bringen, einer ungesunden Überproduktion zu steuern, den Auswüchsen eines zügellosen Wettbewerbs, insbesondere der Preisschleuderei, entgegenzutreten...[135]". Nach diesen programmatischen Äußerungen, welche die Regierung zu keinem Handeln verpflichteten, erklärte sich der Staatsminister außerstande, auf die Trustfrage in der deutschen Zigarettenindustrie näher einzugehen, einmal wegen des noch schwebenden Gerichtsverfahrens gegen einige Zigarettenfabrikanten, zum anderen aber wegen der vom Reichsamt des Innern geplanten kontradiktorischen Verhandlungen, denn: „... erst nach deren Beendigung wird sich beurteilen lassen, ob behördliche oder gesetzgeberische Maßregeln auf diesem Gebiete zu ergreifen sind[136]."

Das Reichsamt des Innern beteuerte inzwischen der Öffentlichkeit gegenüber unablässig, die Reichsregierung habe mit den Haussuchungen und Beschlagnahmungen nichts zu tun, sie stehe dem Vorgehen der sächsischen Justiz gegenüber den Trustfirmen völlig fern, das strafrechtliche Verfahren sei nicht von ihr eingeleitet worden[137]. Seine Beamten setzten auch die Vorarbeiten für die Durchführung einer amtlichen Enquete über die deutsche Zigarettenindustrie zunächst fort[138]. Fachleuten jedoch war bereits klar geworden, daß die Dresdener Polizeiaktion das Projekt der kontradiktorischen Verhandlungen für lange Zeit aufgeschoben, wenn nicht gar ganz aufgehoben hatte[139].

**d) Die Versuche der Reichsregierung, den Konflikt
in der Zigarettenindustrie durch Verhandlungen beizulegen**

Bald darauf drängte ein neuer Plan zur Beilegung des Konfliktes in der deutschen Zigarettenindustrie das Projekt der amtlichen Enquete in den Hintergrund. Urheber dieses Plans war der Vorsitzende des DTV,

---

[132] Vgl. Landtags-Akten, a. a. O., Protokolle der 2. Kammer, S. 1935. Siehe ferner STA Dresden, WM 102, Bl. 209 f.
[133] Ebenda, S. 1937.
[134] Siehe hierzu F. *Blaich*, Kartell- und Monopolpolitik, a. a. O., S. 25 f.
[135] Landtags-Akten, a. a. O., Protokolle der 2. Kammer, S. 1937/38.
[136] Ebenda, S. 1938.
[137] Vgl. DZA Potsdam, RAI 7205, Bl. 285; 7208, Bl. 39, 47; ferner *Fuld*, a. a. O., S. 73.
[138] Vgl. ebenda, 7208, Bl. 34, 35, 36, 40.
[139] Vgl. ebenda, Bl. 3 und BHSTA Abt. I, MWi 8146, 30. 3. 1914; Abt. II, 1216, 24. 2. 1914 und Abt. IV, MKr 6134, 25. 2. 1914.

Schloßmacher; den unmittelbaren Anlaß seiner Friedensbemühungen bildete die Auseinandersetzung zwischen dem VAT und der Firma Manoli.

Nach dem Urteil im Revisionsverfahren[140] forderte der VAT vom Inhaber der Firma Manoli, Jakob Mandelbaum, die Zahlung der verwirkten Konventionalstrafe in Höhe von 2,5 Mio. M[141]. Angesichts eines Gesellschaftskapitals von 3 Mio. M und der Aufwendungen, die Mandelbaum bisher in der Auseinandersetzung mit dem VAT gemacht hatte, bedeutete für die Firma Manoli diese Konventionalstrafe den sicheren Ruin und danach vielleicht die Übertragung ihrer Betriebe an den Tabaktrust. Schloßmacher erkannte diese Gefahr und wollte ihr durch Vergleichsverhandlungen vorbeugen. Doch hatte er nicht allein das Wohl dieser Firma im Auge, von Anfang an beabsichtigte er, einen Vergleich im Konflikt um die Manoli GmbH als Modell für die Beendigung des Trustkampfes zu benutzen. Welche Gründe bewogen Schloßmacher zu seiner Friedensinitiative? Dem Reichsamt des Innern und der sächsischen Regierung gestand er seine Motive freimütig ein. Der Kampf gegen den Trust und die Abwehrmaßnahmen der Trustfirmen versetzten die Zigarettenmärkte ständig in den Zustand der ruinösen Konkurrenz. Die großzügige Gewährung von Rabatten an die Einzelhändler, ständige Preisunterbietungen, die Ausweitung des Zugabewesens und die fortwährende Ausdehnung des Absatzes durch den fachfremden Einzelhandel führten dazu, daß die Marken der großen Zigarettenproduzenten immer billiger wurden. Die Leidtragenden des Trustkampfes waren daher in erster Linie die kleinen Produzenten, der Fachhandel und vor allem die Hersteller und Anbieter von Zigarren, die feststellten, daß die ständigen offenen und versteckten Preisunterbietungen auf den Zigarrenmärkten die Abwanderung ihrer Kunden von der Zigarre zur Zigarette beschleunigten[142]. Sie alle suchten Rückhalt bei ihrer Dachorganisation, dem DTV.

Da Schloßmacher eine Einigung unter Mitwirkung des Staates für dauerhafter hielt als private Abmachungen[143], bat er Anfang März 1914 Delbrück, im Reichsamt des Innern Verhandlungen über die von der

---

[140] STA Dresden, FM 8254, Bl. 155 ff.
[141] Diese Konventionalstrafe entsprach dem Fünffachen des letzten „Jahresverdienstes" der Firma, ebenda, Bl. 176.
[142] Vgl. DZA Potsdam, RAI 7208, Bl. 42 u. 101 f.; Erich *Bertram*, Volkswirtschaftliche Probleme der Zigarrenindustrie unter besonderer Berücksichtigung der Verbreitung und Wanderungen der Zigarrenindustrie, Greifswald 1931, S. 79. 1914 berichteten die Ältesten der Kaufmannschaft von Berlin, „... daß heute von den in Groß-Berlin bestehenden ca. 6 000 Zigarren-Einzelgeschäften (Filialen nicht mitgerechnet) nachweislich mehr als 5 000 schleudern", und „daß ca. 75 % der kleineren und mittleren Händler nicht mehr in der Lage sind, sich durch den Verdienst im Geschäft zu ernähren" und daher auf einen Nebenverdienst angewiesen seien. STA Dresden, AM 2478, Bl. 78.
[143] Vgl. STA Dresden, FM 8254, Bl. 125/126.

4. Ministerialbürokratie und Verband zur Abwehr des Tabaktrustes 105

Firma Manoli unterbreiteten Vergleichsvorschläge durchzuführen. Mandelbaum nämlich hatte inzwischen angeboten, von seinen beiden ausländischen Gesellschaftern so viele Kapitalanteile zurückzukaufen, bis er wieder über die Mehrheit des Kapitals „seiner" Firma verfügen würde[144]. Gleichzeitig schlug Schloßmacher vor, den Syndikus des VDZI und derzeitigen Geschäftsführer des VAT, Greiert, zu dieser Verhandlung nach Berlin zu bitten. Greiert nämlich habe sich bereits so in den Kampf verbissen, daß er zu einer ruhigen und nüchternen Abwägung der Situation kaum mehr fähig sei. „Auf neutralem Boden und in Gegenwart von Regierungsvertretern" aber wäre er wohl eher dazu zu bewegen, seinen Widerstand aufzugeben[145]. Schloßmacher war für das Reichsamt natürlich ein anderer Gesprächspartner als Goerrig mit seiner „Cigaretten-Konvention". Er galt bei den Beamten als persönlich zuverlässig[146], war Vorsitzender des DTV und des VAT und legte überdies einen konkreten Plan über sein Vorgehen bei den Friedensverhandlungen vor, der einige Aussicht auf Erfolg versprach. Zunächst wolle er versuchen, erklärte er den Beamten, den Streit um die Firma Manoli zu schlichten, sodann werde er sich bemühen, die Firma Batschari aus dem finanziellen Einflußbereich des Trusts auszulösen; erst wenn diese Versuche geglückt seien, strebe er Verhandlungen mit dem Trust an[147].

Gleichzeitig bemühte sich Schloßmacher um die Hilfe der sächsischen Regierung. Er überzeugte den Gesandten von Sichart, daß die sächsische Zigarettenindustrie „verbluten" werde, wenn der Kampf gegen den Trust so wie bisher weitergeführt werde[148]. Da aber die sächsische Regierung „das allergrößte Interesse" an der Zigarettenindustrie habe, sei sie wohl auch bereit, „regierungsseitig" auf die beiden wichtigsten Funktionäre des VAT, Eibes und Greiert, einzuwirken, um sie zu einem Vergleich im Fall Manoli zu bewegen[149]. Diese Aufgabe übernahm das Finanzministerium in Dresden, dem beide Funktionäre schließlich versicherten, sie seien zu einem Vergleich bereit[150]. Freilich bestand Eibes auf der Zahlung einer Geldbuße, da sonst der Antitrustvertrag zur „Farce" werde, und Greiert nannte für die Konventionalstrafe die

---

[144] Ebenda, Bl. 135/36.
[145] Ebenda, Bl. 125/26.
[146] Ebenda, Bl. 126.
[147] Ebenda.
[148] In der Sitzung vom 25.12.1913 bewilligte der VAT für das laufende Jahr: „Für Bearbeitung der Presse 6 000 M, für Plakate und Zettel 10 000 M, für Broschüren 10 000 M, für Rundschreiben 22 000 M, für Versammlungen im 1. Halbjahr 40 000 M, für Bureaus 4 000 M, für Entschädigung d. Vors., Sekr. u. Syndizi 20 000 M, Summe 112 000 M." A. *Geck*, a. a. O., S. 177. Angesichts dieser Auslagen klingt Schloßmachers Prognose glaubhaft: „Die kleineren sächsischen Firmen erlöschen eine nach der anderen, da sie dem Konkurrenzkampfe mit dem Trust nicht gewachsen sind." STA Dresden, FM 8254, Bl. 126.
[149] Ebenda.
[150] Ebenda und Bl. 129/130.

„ermäßigte" Summe von 600 000 M[151], die aber von Mandelbaum und Schloßmacher als untragbar für die Firma Manoli abgelehnt wurde. Mandelbaum, der inzwischen die Mehrheit des Gesellschaftskapitals der Firma zurückgekauft hatte, konnte nun die Reichsbehörden davon überzeugen, daß sich hinter der Haltung des VAT kaum vaterländische Motive verbergen könnten, sondern daß er „das Opfer der sächsischen Konkurrenz" werden solle[152].

Sofort bat Schloßmacher das Reichsamt des Innern und den sächsischen Gesandten in Berlin, „daß auf die hinter Greiert stehenden Zigarettenfirmen Eckstein und Yenidze (Inhaber Hugo Zietz) möglichst noch bis zum Dienstag nächster Woche eingewirkt werde, um Greiert zur Nachgiebigkeit zu bewegen[153]". Frisch und von Sichart gaben diese Bitte an das Finanzministerium in Dresden weiter, das den Oberfinanzrat Hoch beauftragte, die Direktoren der beiden Firmen für einen Vergleich zu gewinnen. Der Beamte erhielt schon durch ein Telefongespräch die Zusage des Direktors der Firma Eckstein & Söhne, man werde sich mit einer „Entschädigungssumme" von 300 000 M zufriedengeben. Schwieriger gestaltete sich die persönliche Verhandlung mit Kommerzienrat Zietz, der dann aber schließlich doch dem Vergleich zustimmte, „obwohl das gewissenlose und jeder nationalen Gesinnung bare Verhalten Mandelbaums eigentlich jedem anständigen Kaufmanne auch nur die geringste Rücksichtnahme verbiete[154]". Das Verhandlungsgeschick des sächsischen Ministerialbeamten Hoch legte somit die Grundlage für die Beendigung des Streites um die Firma Manoli. Zwar waren noch einige weitere Verhandlungen über die Zahlungsmodalitäten fällig, bei denen Hoch vermitteln mußte, doch konnte am 15. 4. 1914 der Vergleich zwischen dem VAT und Mandelbaum vertraglich geschlossen werden[155].

Dieser Erfolg ermutigte Schloßmacher, nun sofort auf sein Fernziel, die Beilegung des Trustkampfes, loszusteuern. Immerhin hatte er der Ministerialbürokratie eindrucksvoll nachgewiesen, daß unter Einsatz der staatlichen Autorität auch erbitterte Gegner auszusöhnen waren. Dem Generaldirektor Gütschow hatte er andererseits mit der Bereinigung des Manoli-Streites gezeigt, daß deutsche Ministerialbeamte ungeachtet der nationalen Propaganda des VAT sich in wirtschaftlichen Streitfragen um strikte Neutralität bemühten. Deshalb knüpfte Schloßmacher bereits Mitte März ohne vorherige Absprache mit den übrigen Mitgliedern des

---

[151] Ebenda, Bl. 162 - 167.
[152] DZA Potsdam, RAI 7208, Bl. 136.
[153] STA Dresden, FM 8254, Bl. 167/168.
[154] Ebenda, Bl. 176. Allerdings verlangte Zietz Barzahlung der Konventionalstrafe, da Mandelbaum „den fadenscheinigsten Vorwand" benützen werde, um sich seinen Verpflichtungen zu entziehen.
[155] Vgl. ebenda, Bl. 177, 179 - 84, 192/93 und DZA Potsdam, RAI 7208, Bl. 216 bis 231 (Vergleichsvertrag).

4. Ministerialbürokratie und Verband zur Abwehr des Tabaktrustes 107

VAT Verbindungen zu Gütschow an. Eine Aussprache über die Herbeiführung von Friedensverhandlungen vermittelte Regierungsrat Frisch im Reichsamt des Innern[156]. An dieser Unterredung nahmen die Tabakfabrikanten Biermann und von Döring aus Bremen als mögliche Käufer der Kapitalanteile der BATC an der Batschari GmbH teil. Schloßmacher nämlich ließ keinen Zweifel daran, daß „auf die Zurückgewinnung der Firma Batschari für die trustfreie Zigarettenindustrie wegen der wirtschaftlichen Bedeutung und des Ansehens dieses Unternehmens in Raucherkreisen" nicht verzichtet werden könne[157]. Auch auf der Seite der Trustfirmen bestand der Wunsch nach einer Beendigung der ruinösen Konkurrenz. Zwar war der Umsatz der Jasmatzi AG auch während des verschärften Trustkampfes weiter gestiegen, doch schlugen die Aufwendungen für zusätzliche Rabattgewährung, Werbung und Zugaben als Kosten zu Buch und verminderten damit den Reingewinn[158]. Die Firma Batschari hingegen meldete bereits im Oktober 1913 auf eine amtliche Anfrage hin einen Rückgang des Umsatzes und ein Stagnieren der Zahl der Beschäftigten, was sie wenigstens zum Teil ursächlich auf den Trustkampf zurückführte[159]. Daher verliefen die Vorgespräche über einen Friedensschluß erfolgversprechend, beide Parteien einigten sich darauf, das Reichsamt des Innern offiziell als Vermittler anzurufen[160].

Am 26. 3. 1914 unterbreiteten Schloßmacher, im Namen des DTV, und Gütschow, im Namen der Trustfirmen, dem Reichsamt des Innern ihre Bedingungen für die Beendigung des Trustkampfes. Der DTV forderte[161], die BATC, vertreten durch den Jasmatzi-Konzern, müsse sich „für eine Reihe von Jahren" verpflichten,

1. sich in Deutschland weder direkt noch indirekt an einem weiteren Produktionsunternehmen in der Zigarettenbranche zu beteiligen,

2. sich an keinem Einzelhandelsunternehmen im Tabakgewerbe zu beteiligen,

3. ihre Geschäftstätigkeit auf die Zigarettenproduktion zu beschränken,

4. das Zugabewesen nach und nach einzuschränken,

5. „bei einem auf dem Boden der Selbsthilfe zu machenden Versuch gemeinsamer Bekämpfung der Preisschleuderei ehrlich und nach Kräften mitzuwirken".

---
[156] Vgl. DZA Potsdam, RAI 7208, Bl. 106.
[157] STA Dresden, FM 7054, Bl. 180/81.
[158] Der Reingewinn verringerte sich von 2 757 075,50 M im Jahre 1912 auf 1 694 344,31 M im Jahre 1913. 1912 wurde eine Dividende von 25 % ausgeschüttet. 1913 betrug sie nur noch 16 %. A. Geck, a. a. O., S. 52 u. S. 178/79.
[159] GLA Karlsruhe, 237, Nr. 25 779, 18. 10. 1913.
[160] DZA Potsdam, RAI 7208, Bl. 103.
[161] STA Dresden, FM 7054, Bl. 179 - 183; DZA Potsdam, RAI 7208, Bl. 101 bis 104.

108   III. Der Trustkampf als Problem der deutschen Ministerialbürokratie

Gütschow erklärte sich in seinem Schreiben „nach Rücksprache mit seinen englischen Freunden" mit diesen Auflagen einverstanden, „um auch den Wünschen der deutschen Regierung zur Herstellung des Friedens in der deutschen Zigarettenindustrie entgegenzukommen[162]". Im Namen seiner Firma stellte er nun aber eine Reihe von Gegenbedingungen: Die Boykottbewegung gegen die Produkte der Trustfirmen müsse sofort aufhören, der VAT müsse aufgelöst werden, die Antitrustmarke müsse gelöscht werden und das gesamte gegen den Trust gerichtete Propagandamaterial vernichtet werden. Nach den Erfahrungen, welche die Trustfirmen mit dem Verhalten vieler Handelskammern gesammelt hatten[163], war die zusätzliche Bedingung verständlich, im Falle eines Vergleiches müsse das Reichsamt des Innern die einzelnen Handelsminister der Bundesstaaten von den getroffenen Abmachungen verständigen, „mit dem Ansuchen, auch die ihnen unterstellten Korporationen, wie Handelskammern pp. entsprechend zu benachrichtigen[164]". Daraufhin schlug Schloßmacher Delbrück vor, „mit thunlichster Beschleunigung" die Vorstände des VAT, des VDZI, des DTV, des VDZL, den deutschen Zigarrenhändler-Bund in Berlin und Vertreter der Trustfirmen zu Vergleichsverhandlungen „zusammenzurufen"[165]. Nach Rücksprache mit dem preußischen Handelsminister Sydow berief Delbrück am 11. 4. 1914 eine Sitzung für den 20. 4. 1914 um 10¹/₂ Uhr vormittags im Reichsamt des Innern ein, um „in objektivster Weise den Parteien die Möglichkeit zu bieten, sich über die Aussichten eines Vergleichs zu verständigen[166]". Außer den Verbänden lud er den preußischen Handelsminister und Vertreter der badischen und der sächsischen Regierung zu dieser Aussprache ein[167].

Schloßmacher hatte sich indessen verrechnet, als er meinte, der VDZI würde seinen Widerstand gegen eine Verständigung mit den Trustfirmen aufgeben, sobald erst einmal auf amtlichem Wege Friedensverhandlungen eingeleitet worden seien. Schon am 9. 4. 1914 hatte der Staatssekretär im Reichsschatzamt, Kühn, Delbrück gegenüber bezweifelt, daß bei den „geschäftsführenden Mitgliedern des Trustabwehrverbandes" überhaupt eine Bereitschaft zu Friedensgesprächen vorhanden sei[168]. Tatsächlich hatten die großen „trustfreien" Dresdener Zigaretten-

---

[162] DZA Potsdam, RAI 7208, Bl. 106 - 112 und GLA Karlsruhe, 237, Nr. 25 779, 11. 4. 1914.
[163] Vgl. Kapitel III (4) a!
[164] DZA Potsdam, RAI 7208, Bl. 112.
[165] Ebenda, Bl. 103.
[166] STA Dresden, AM 7054, Bl. 178. Vgl. ferner die Absprachen mit den beteiligten Ressorts in DZA Potsdam, RAI 7208, Bl. 116/17, 119, 120, 121 - 124 und GLA Karlsruhe, 237, Nr. 25 779, 11. 4. 1914.
[167] STA Dresden, AM 7054, Bl. 184. GLA Karlsruhe, 237, Nr. 25 779, 17. 4. 1914.
[168] DZA Potsdam, RAI 7208, Bl. 167.

4. Ministerialbürokratie und Verband zur Abwehr des Tabaktrustes 109

fabriken unter dem Trustkampf weniger zu leiden als die kleinen Unternehmen, der Fachhandel und vor allem die Zigarrenproduzenten. Andererseits fürchteten sie den Leistungswettbewerb mit den Trustfirmen, den sie im Augenblick unter dem Deckmantel des VAT eindämmen konnten[169]. Sie waren daher nicht bereit, diesen für sie nützlichen Verband dem Trust zu opfern. Die Geschäftsführer des VAT baten zunächst Delbrück um eine zeitliche Verschiebung der Sitzung, damit auch sie die Möglichkeit erhielten, sich untereinander über den Friedensplan zu verständigen[170]. Den Einwand gegen den von ihm anberaumten Termin mußte Delbrück gelten lassen, hatte es doch Schloßmacher — bewußt! — versäumt, seine Kollegen im VAT von seinem Vorhaben zu unterrichten[171]. Der Staatssekretär verlegte daraufhin die Sitzung kurzerhand auf den 24. 4. 1914[172]. Inzwischen berieten die korporativen Mitglieder des VAT: Der DTV als Repräsentant vor allem der kleinen Produzenten und des Zigarrengewerbes strebte die Verständigung an. Der VDZL, die Organisation der Händler, schloß zwar seine Teilnahme an den Friedensverhandlungen nicht völlig aus, erklärte aber unmißverständlich, Aktionen, die gegen die Existenz des VAT gerichtet seien, werde er sich nicht anschließen[173]. Der VDZI, die Vertretung der „großen" Zigarettenindustriellen, lehnte die Teilnahme an den Beratungen ab, mit der Begründung, bei Gütschows Friedensangebot handle es sich um ein Täuschungsmanöver[174]. Dieser Ansicht schloß sich der „Schutzverband" an, das Organ der süddeutschen Zigarettenproduzenten, der das „überstürzte Vorgehen" Schloßmachers als Begünstigung „gewisser Sonderbestrebungen von Cigarren-Industriellen" rügte[175]. Angesichts dieser Stellungnahme blieb Delbrück kein anderer Weg, als den Termin am 24. 4. „wegen Absage mehrerer Teilnehmer" telegraphisch abzusetzen[176]. Schloßmachers Friedensinitiative war mithin gescheitert. Zwar rechtfertigte der VDZI sein Verhalten Delbrück gegenüber, indem er betonte, auch er sei bereit, unter Beihilfe „autoritativer" Stellen Friedensver-

---

[169] Auffällig ist, daß der VDZI in einer Rechtfertigungsschrift am 25. 4. 1914 betonte: „Übereinstimmend hat deshalb noch vor wenigen Wochen eine auch von kleineren und mittleren Firmen stark besuchte Generalversammlung unseres Verbandes den Beschluß gefaßt, den Trustkampf mit aller Energie weiterzuführen." DZA Potsdam, RAI 7208, Bl. 184.
[170] Ebenda, Bl. 180/81.
[171] Geck vermutet sogar, daß „zum wesentlichen" die ablehnende Stellungnahme des VAT darauf zurückzuführen sei, „daß er bei den Verhandlungen nicht zugezogen war und sich demzufolge zurückgesetzt fühlte". A. Geck, a. a. O., S. 201.
[172] STA Dresden, AM 7054, Bl. 185.
[173] DZA Potsdam, RAI 7208, Bl. 182.
[174] Ebenda, Bl. 183/84.
[175] BHSTA Abt. I, MWi 8146, 30. 5. 1914 und DZA Potsdam, RAI 7208, Bl. 82 - 88.
[176] STA Dresden, AM 7054, Bl. 186 und GLA Karlsruhe, 237, Nr. 25 779, 21. 4. 1914.

handlungen anzuknüpfen, die jedoch die Wiederherstellung der Zigarettenindustrie als „nationalen Wirtschaftszweig" zum Ergebnis haben müßten, was durch Schloßmachers Friedensplan vereitelt werde[177]. Den Wert dieses Angebots, das auf eine Verdrängung des Trustes von deutschen Märkten, also auf einen „Siegfrieden" hinauslief, schätzte ein Beamter des Reichsamtes richtig ein, als er die Eingabe des VDZI handschriftlich ergänzte: „d. h. man predigt den Frieden und führt lustig verschärften Krieg[178]."

Schon bald aber zeigte sich, daß der VDZI und seine Vertreter im Vorstand des VAT bei der Ablehnung der Friedensbemühungen Schloßmachers keine glückliche Hand besessen hatten. In der Öffentlichkeit mehrten sich die Stimmen, die nicht allein dem VAT das Scheitern einer Übereinkunft anlasteten, sondern auch offen den Verdacht äußerten, der Verband strebe im Grunde nur die Vernichtung des Jasmatzi-Konzerns an, „daß also diejenigen, die den Trustkampf als einen Konkurrenzkampf bezeichneten, nicht weit von der Wahrheit entfernt wären[179]". Die Reichsregierung und das preußische Handelsministerium fühlten sich vom Verhalten des VAT brüskiert[180]. Auch dort hatte man wohl erkannt, daß es dem VDZI als der treibenden Kraft in diesem Verband im Hinblick auf die Antitrustagitation keineswegs um vaterländische Ziele und auch nicht um die Erhaltung des Mittelstandes ging, sondern um die Festigung und den Ausbau der Marktposition seiner „großen" Mitgliedsfirmen. In welchem Maße sich die Beziehungen des VAT zur Ministerialbürokratie des Reiches, um deren Gunst der Verband einmal heftig geworben hatte, abgekühlt hatten, bekannte Eibes unfreiwillig, als er sich im sächsischen Innenministerium beklagte, „gewisse Beamte" im Reichsamt des Innern stünden unter dem Einfluß Gütschows, „dies scheine namentlich beim Sachreferenten, dem Regierungsrat Dr. Frisch, der Fall zu sein, obwohl seines Wissens der Staatsminister Dr. Delbrück und der Ministerialdirektor Müller Trustgegner seien[181]". Überdies verdichteten sich die Gerüchte, die Reichsregierung beabsichtige, der ewigen Streitereien in der Zigarettenindustrie müde, ein staatliches Zigarettenmonopol einzuführen[182]. Im Vorstand des VAT rechnete man sich aus, daß sich die kleinen und mittleren Unternehmer der Branche von

---

[177] DZA Potsdam, RAI 7208, Bl. 183.
[178] Ebenda, Bl. 184. Da die Unterschrift „M." lautet, stammt dieses Urteil wahrscheinlich vom Direktor der handelspolitischen Abteilung des Reichsamtes, Müller.
[179] Vgl. A. *Geck*, a. a. O., S. 203.
[180] Siehe hierzu STA Dresden, FM 8254, Bl. 217.
[181] Ebenda, Bl. 220.
[182] Ebenda, Bl. 217. Eibes berichtete den Beamten im sächsischen Innenministerium, in letzter Zeit gehe der Syndikus des VDZI, Greiert, im Reichsschatzamt „aus und ein". Er habe dort offenbar einen detaillierten Vorschlag für den Aufbau eines Monopols gemacht, ebenda.

4. Ministerialbürokratie und Verband zur Abwehr des Tabaktrustes 111

einer Eingliederung ihrer Betriebe in die staatliche Monopolverwaltung mehr versprachen als von einer unsicheren Existenz in einem auf ungewisse Zeit fortgesetzten Kampf zwischen Trust und Antitrust.

Schon am 9. 4. 1914 hatte Kühn Delbrück mitgeteilt, ein Erfolg seiner Friedensbemühungen sei „zweifellos" erwünscht, doch dürfe man nicht verkennen, daß das Ende des Trustkampfes die Aussichten für den Aufbau eines staatlichen Zigarettenmonopols schmälere. „Diejenigen Fabrikanten, die jetzt aus Sorge über das Vordringen des Tabaktrustes zu Befürwortern des Monopolgedankens geworden sind, würden dann zu Gegnern des Monopols werden, wenn etwa aus finanziellen Gründen die Einführung eines solchen in Erwägung gezogen werden müßte." Daher bat er, „von Amtswegen" die Frage des Monopols in der Aussprache nicht zu erwähnen. Sollte sie „von anderer Seite" angeschnitten werden, so möge sie aus den weiteren Erörterungen ausgeschieden werden[183]. Inzwischen begann das Reichsschatzamt mit den Vorarbeiten für die Planung einer staatlichen Monopolverwaltung[184]. Anfang Juni 1914 teilte Ministerialdirektor Meuschel den Vertretern der Bundesstaaten Preußen, Bayern und Sachsen mit, daß „gegenwärtig schon eingehende Erwägungen im Schoße des Reichsschatzamtes" über die Errichtung eines Zigarettenmonopols angestellt würden. Spätestens „im nächsten Winter" müßten dem Reichstag nämlich Vorlagen für die Deckung von Ausgaben gemacht werden, die aus dem Steueraufkommen nicht mehr getätigt werden könnten[185]. Ob Staatssekretär Kühn tatsächlich den fiskalischen Nutzen eines Monopols höher einschätzte als den der doch recht einträglichen Zigarettensteuer[186] oder ob er das Monopolprojekt nur als Druckmittel benutzen wollte, um den Reichstag zur Bewilligung von Steuererhöhungen zu bewegen, sei dahingestellt[187]. Die Zigarettenindustrie jedenfalls mußte mit der Ernsthaftigkeit dieses Monopolprojektes rechnen.

Daher trachtete der VAT danach, schleunigst Friedensberatungen herbeizuführen. Dazu war es notwendig, die abgerissenen Verbindungen zur Ministerialbürokratie wieder anzuknüpfen. Eibes schlug den nahelie-

---

[183] DZA Potsdam, RAI 7208, Bl. 167.
[184] Vgl. STA Dresden, AM 7054, Bl. 187, 192/93.
[185] STA Dresden, FM 8254, Bl. 224. Meuschel nannte vor allem „die Deckung des Ausfalls an der vom Wehrbeitrag erwarteten Summe von 1 200 Mio. M sowie zur Deckung weiterer Ausfälle". Vgl. ferner BHSTA Abt. I, MWi 8146, 21. 6. 1914.
[186] Siehe A. *Flügler*, Tabak- und Zigarettensteuer, a. a. O., S. 6 f.
[187] Die Vermutung, Kühn verfolge in Wahrheit das Ziel einer Erhöhung der Banderolensteuer und wolle mit dem Monopolprojekt dem Reichstag nur drohen, äußerte der bayerische Bevollmächtigte zum Bundesrat und Gesandte in Berlin, Staatsrat von Kohl, in: BHSTA Abt. I, MWi 8146, 21. 6. 1914. Siehe hierzu auch Kühns Ausführungen gegenüber Delbrück vom 17. 7. 1913, DZA Potsdam, RAI 7205, Bl. 214.

genden Weg ein, zuerst das volle Vertrauen der sächsischen Regierung wieder zu gewinnen, die das größte wirtschaftliche Interesse aller Bundesstaaten am Wohlergehen der Zigarettenindustrie hatte. Am 22. 5. 1914 übersandte er der Regierung in Dresden eine Denkschrift, in der er ausführlich begründete, warum nach Ansicht seines Verbandes die Expansion des Trustes durch vertragsmäßige Abmachungen nicht gesichert werden könnte, warum die Verpflichtung, „ehrlich" an der Bekämpfung der Preisschleuderei mitzuwirken, „eine wertlose Phrase" sei und daß die deutsche Zigarettenindustrie eine Abschaffung des Zugabewesens „im Wege der Gesetzgebung oder Rechtsprechung" zu erreichen suche. Abschließend stellte er fest, die „deutsche freie Industrie" habe nur eine wirksame Waffe gegen die Trustfirmen, nämlich „den gesunden Sinn des deutschen Volkes, der sich gegen eine Monopolisierung, eine Vernichtung der freien Industrie zum Zwecke der Vergewaltigung der Konsumenten auflehnt[188]". Auf diese Feststellung aufbauend entwickelte er einen eigenen Friedensplan, den er als „streng geheim" kennzeichnete: Die trustfreie Industrie solle in Form einer GmbH die „Cigaretten-Zentrale" bilden, die dem Trust seinen gesamten deutschen Besitz abkaufen solle. Die Kaufsumme, die er auf 20 Mio. M schätze, werde ein deutsches Bankenkonsortium vorstrecken[189].

Immerhin erreichte Eibes eine Diskussion seiner Eingabe im sächsischen Innenministerium, zu der er hinzugezogen wurde. Eilfertig versicherte er den Beamten, die Beseitigung der ruinösen Konkurrenz auf den Zigarettenmärkten würde diesen Wirtschaftszweig in die Lage versetzen, eine Erhöhung der Zigarettensteuer zu verkraften, womit einem Zigarettenmonopol vorgebeugt werden könne[190]. Diese Argumentation entsprang völlig dem wirtschaftlichen Interesse der Großfirmen, deren Selbständigkeit durch eine staatliche Monopolverwaltung zweifellos beseitigt werden würde, die aber hoffen durften, eine Erhöhung der Banderolensteuer auf den Konsumenten abwälzen zu können. Eibes überzeugte die Ministerialbeamten, zunächst einmal seinen Vorschlag in Berlin mit Vertretern des preußischen Handelsministeriums und dem bayerischen Gesandten zu besprechen und erst nach deren Zustimmung mit der Bitte um erneute Friedensberatungen an das Reichsamt des Innern heranzutreten[191].

Sein Plan glückte. Die Beamten des preußischen Handelsministeriums befürworteten den Reichsbehörden gegenüber seinen Vorschlag zur Beendigung des Trustkampfes[192]. Daher willigte das Reichsamt des Innern

---

[188] STA Dresden, FM 8254, Bl. 209 - 211.
[189] Ebenda, Bl. 213 - 214.
[190] Ebenda, Bl. 217.
[191] Ebenda, Bl. 217 - 220, 224.
[192] Vgl. BHSTA Abt. I, MWi 8146, 21. 6. 1914.

4. Ministerialbürokratie und Verband zur Abwehr des Tabaktrustes

bereits am 9. 6. 1914 ein, eine Aussprache „unter amtlicher Leitung" über die Friedensbedingungen des VAT vorzubereiten und durchzuführen. Den Wunsch freilich, auf den Trust möge ein „gewisser offizieller Druck" ausgeübt werden, indem man ihm Maßnahmen der Reichsregierung gegen seine Monopolisierungstendenzen ankündige, lehnten die Beamten im Reichsamt entschieden ab. Sie vertraten den Standpunkt, die Verhandlungen müßten „an sich unter ganz objektiver behördlicher Leitung" stattfinden[193]. Diese Entscheidung mußte Eibes hinnehmen, wollte er das Reichsamt des Innern nicht ein zweites Mal verärgern und damit seinen Verband völlig unglaubwürdig machen. Auch in der Terminfrage setzte sich das Reichsamt durch, das, obwohl die sächsischen Vertreter die große Dringlichkeit der Angelegenheit hervorhoben, eine Vertagung bis „nach der Sommerpause" erreichte[194]. In die Sommerpause fiel der Ausbruch des Ersten Weltkrieges, der die Rahmenbedingungen des Trustkampfes entscheidend veränderte. Bevor nun aber diese — letzte — Phase der Auseinandersetzungen untersucht werden soll, ist es notwendig, auf die Versuche des VAT hinzuweisen, sich im Bereich des Rohstoffeinkaufs und des Absatzes mit Hilfe der Ministerialbürokratie Wettbewerbsvorteile gegenüber den Trustfirmen zu verschaffen.

e) Das Rohstoffproblem der deutschen Zigarettenindustrie

Die Versuche des VAT, mit Hilfe der auswärtigen Politik des Deutschen Reiches die Versorgung seiner Mitgliedsfirmen mit Rohtabak zu sichern, entsprangen echter Besorgnis um den fortlaufenden Rohstoffbezug. Im Oktober 1912 brach der erste Balkankrieg aus. In einem kurzen Feldzug besiegten Serbien, Bulgarien, Montenegro und Griechenland das Osmanische Reich, das im Frieden von London, der am 30. 5. 1913 geschlossen wurde, fast sein gesamtes europäisches Gebiet an die Sieger abtreten mußte. Die Anbaugebiete des wertvollen Zigarettentabaks, die in Mazedonien lagen, erhielt Bulgarien. Für die deutsche Zigarettenindustrie war nun die Frage entscheidend, ob die Handelsbeziehungen zu Bulgarien sich ähnlich gut gestalten würden wie zu der türkischen Tabakregie[195].

Bereits im April 1913, als die Niederlage der Türken besiegelt war, wandte sich der VAT an die sächsische Regierung und an das Reichsamt des Innern, mit der Bitte, die Reichsregierung möge doch bei der zu erwartenden politischen Neuordnung des Balkans das Interesse der

---

[193] Vgl. das Protokoll, das Oberfinanzrat Hoch, der als sächsischer Vertreter an den Besprechungen in Berlin teilnahm, über die Verhandlungen anfertigte. STA Dresden, FM 8254, Bl. 224/25.
[194] Ebenda.
[195] Siehe hierzu die Ausführungen Greierts im Reichsamt des Innern am 12. 4. 1913. DZA Potsdam, RAI 7205, Bl. 94/95.

114 III. Der Trustkampf als Problem der deutschen Ministerialbürokratie

deutschen Zigarettenindustrie am ungehinderten Bezug des mazedonischen Rohtabaks wahren, da der Tabaktrust versuchen werde, die bulgarische Tabakausfuhr zu monopolisieren[196]. Sowohl das Reichsamt wie auch die Regierung Sachsens unterstützten dieses Anliegen beim Auswärtigen Amt[197]. Am 6. 5. 1913 — inzwischen waren Friedensverhandlungen in greifbare Nähe gerückt — wandte sich der VDZI unmittelbar an das Auswärtige Amt. „Wie aus der Tagespresse hervorgeht und wie wir auch aus anderer Quelle wissen", hieß es in diesem Schreiben, habe ein anglo-amerikanisches Konsortium, „also sicherlich der anglo-amerikanische Tabaktrust oder seine Hintermänner", der bulgarischen Regierung eine Anleihe von 50 Millionen zugesagt, unter der Bedingung, daß das Konsortium ein Ausfuhrmonopol „auf türkische Rohtabake" in Bulgarien erhalte. Um die deutsche Zigarettenindustrie nicht der „Preispolitik" des Trustes auszuliefern, bat der Verband „dringend", „daß die Kaiserliche Regierung alle politischen und sonstigen Mittel in Anwendung bringen möge, um eine Monopolisierung des türkischen Rohtabaks zu verhindern[198]".

Diese Eingabe sowie die Fürsprachen des Reichsamtes des Innern und der sächsischen Regierung bewirkten immerhin, daß die diplomatischen Vertretungen des Reiches in Sofia, Athen und Belgrad den Auftrag erhielten, der Frage der Rohstoffversorgung der deutschen Industrie und den Bestrebungen des Trustes in den Tabakanbaugebieten „ihre volle Aufmerksamkeit zuzuwenden" und dem Auswärtigen Amt über wichtige Vorgänge laufend zu berichten[199]. Die Befürchtungen des VAT stellten sich als grundlos heraus. Die königliche Generalzolldirektion in Dresden versicherte der sächsischen Regierung auf eine Anfrage hin, „die Gewährsmänner des Hauptzollamtes Dresden I" hielten die Gerüchte, nach denen die BATC die Ausfuhr des bulgarischen Rohtabaks monopolisieren wolle, für „Sensationsnachrichten", die auf eine Beeinflussung der Tabakmärkte abzielten[200]. Dem Auswärtigen Amt bestätigte bald darauf die kaiserliche Gesandtschaft in Sofia, daß die Befürchtungen des VDZI vorläufig unbegründet seien, denn: „Aufgrund der unter der Hand eingezogenen Erkundigungen kann ... mit Sicherheit behauptet werden, daß das jetzige Kabinett, insbesondere aber der in dieser Hinsicht ausschlaggebende Finanzminister, ein derartiges Ansinnen grundsätzlich von der Hand weisen würde. Herr Theodoroff ist ein ausgesprochener Gegner von Monopolzugeständnissen an Gesellschaften oder Konsortien ...[201]." Nach einer Aussprache mit englischen Diploma-

---

[196] Ebenda, Bl. 95 und STA Dresden, AM 7054, Bl. 132/33, 137.
[197] Ebenda, Bl. 136 (DZA) und Bl. 159 (STA).
[198] DZA Potsdam, RAI 7205, Bl. 125.
[199] Vgl. STA Dresden, AM 7054, Bl. 159.
[200] Ebenda, FM 8254, Bl. 55.
[201] DZA Potsdam, RAI 7205, Bl. 157/58.

4. Ministerialbürokratie und Verband zur Abwehr des Tabaktrustes 115

ten konnte das Auswärtige Amt dem Reichsamt des Innern am 25. 6. 1914 mitteilen, „daß die Balkanstaaten aus finanziellen und wirtschaftlichen Gründen darauf angewiesen sein werden, den Tabakexport, selbst wenn sie ihn monopolisieren sollten, nach Kräften zu pflegen und ... daß sie uns bei der Ausfuhr als meistbegünstigte Nation behandeln müssen[202]".

Ende Juni begann jedoch der zweite Balkankrieg. Die Sieger hatten sich über die Aufteilung der Kriegsbeute nicht einigen können. Nun griff Bulgarien Serbien an, während kurz danach Griechenland, Rumänien und die Türkei den Bulgaren den Krieg erklärten. Vollständig geschlagen mußte Bulgarien im Frieden von Bukarest am 10. 8. 1913 an die Sieger erhebliche Teile seines Staatsgebietes abtreten. Während der Balkanwirren nahmen Deutschland und England die Rolle des Friedensvermittlers wahr; die deutsche Diplomatie wirkte vor allem auf Österreich-Ungarn, das militärisch gegen Serbien vorgehen wollte, mäßigend ein[203]. Die Ungewißheit über die territorialen Veränderungen, welche die bereits eingeleiteten Friedensverhandlungen auf dem Balkan bringen würden, veranlaßten den VDZI, das Auswärtige Amt am 5. 8. 1913 davon zu unterrichten, daß der Distrikt von Kavalla, der wegen der außerordentlichen Güte seiner Tabake berühmt sei, sowohl von Bulgarien wie von Griechenland begehrt werde. Falle dieses Gebiet an die Bulgaren, so bestünde die Gefahr, daß der Tabaktrust, die finanzielle Notlage des besiegten Landes ausnutzend, das alleinige Ankaufsrecht für die Tabakernten erlange. Griechenland dagegen wäre zu einem solchen Tauschgeschäft nicht bereit, denn seine finanzielle Lage sei günstiger und obendrein befände sich die griechische Tabakausfuhr in den Händen privater Unternehmer[204]. Der Wunsch, den die deutsche Zigarettenindustrie hier verschlüsselt äußerte, ging bereits am 10. 8. in Erfüllung. Die Hafenstadt Kavalla und der gleichnamige Distrikt fielen an Griechenland, vor allem durch die Initiative Kaiser Wilhelms II. zugunsten „seines zweiten Freundes auf dem Balkan", König Konstantin von Griechenland[205].

Bald darauf verkehrten sich die Fronten. Hatten der VAT und der VDZI bisher immer das Gespenst einer ausschließlichen Verfügung des Tabaktrustes über den bulgarischen Rohtabak heraufbeschworen, so nahmen nun Pläne eines von Deutschen kontrollierten Ausfuhrmonopols konkrete Formen an. Am 9. 4. 1914 teilte Staatssekretär Kühn seinem Amtskollegen Delbrück „streng vertraulich" mit, die bulgarische Regie-

---

[202] Ebenda, Bl. 193.
[203] Siehe hierzu Herbert *Michaelis*, Die deutsche Politik während der Balkankriege 1912/13, Diss. Leipzig 1929.
[204] DZA Potsdam, RAI 7205, Bl. 246.
[205] Fritz *Fischer*, Griff nach der Weltmacht. Die Kriegszielpolitik des kaiserlichen Deutschland 1914/18, Düsseldorf 1967, S. 38.

rung beabsichtige durch Vermittlung der Disconto-Gesellschaft Berlin eine größere Anleihe aufzunehmen, für deren Verzinsung und Amortisation als Sicherheit ein bulgarisches Ausfuhrmonopol auf Rohtabak in Frage kommen könne[206]. Die vernichtende Niederlage hatte Bulgariens Staatsfinanzen also derart geschwächt, daß seine Regierung ihre frühere ablehnende Haltung gegenüber der Gewährung von Ausschließlichkeitsverträgen aufgeben mußte. Als Kreditvermittler boten sich die deutschen Großbanken an, die Bulgarien als ihr wirtschaftliches Einzugsgebiet betrachteten, weil sie hier kaum auf den Wettbewerb englischer und französischer Kapitalanleger stießen. Bereits 1906 hatte ein deutsches Bankenkonsortium, bestehend aus der Disconto-Gesellschaft, dem Bankhaus S. Bleichröder und der Norddeutschen Bank Hamburg die „Banque de Credit" in Sofia gegründet[207]. Kühn hatte an der Förderung dieses Projektes durch die Reichsregierung großes Interesse, da ein ausschließliches Nutzungsrecht der bulgarischen Tabakproduktion eine hervorragende Basis für den Aufbau eines deutschen Zigarettenmonopols abgeben würde[208]. Die Verhandlungen über die fragliche Anleihe zerschlugen sich jedoch bald, da sich die bulgarischen Tabakanbauer gegen die Einführung eines deutschen Exportmonopols wehrten[209].

Die Bemühungen des VAT, durch Interventionen beim Auswärtigen Amt den Rohstoffbezug seiner Mitgliedsfirmen zu sichern, erbrachten indessen ein für den Verband höchst erfreuliches Nebenergebnis. Seine an das Reichsamt des Innern gerichtete Bitte, man möge ihm doch die Berichte der diplomatischen Vertretungen über die Entwicklung der Welttabakwirtschaft und das Verhalten des Tabaktrustes zur Einsicht zugehen lassen[210], vertrat Regierungsrat Frisch dem Auswärtigen Amt gegenüber mit Erfolg, so daß der Verband in Zukunft das gewünschte „authentische Material" erhielt, zur „vertraulichen Kenntnisnahme unter Ausschluß der Presse[211]". Besonders wertvoll erwiesen sich für den Verband die Berichte der Konsulate in den Tabakanbaugebieten. So erhielt er aus Varna und aus Trapezunt sachkundige Beurteilungen der Marktlage, welche die getätigten Umsätze und die dabei erzielten Preise ebenso enthielten wie die Namen wichtiger Einkäufer und Hinweise auf das Marktverhalten der Agenten des Tabaktrustes[212]. Das stark spekula-

---

[206] DZA Potsdam, RAI 7208, Bl. 168.
[207] Vgl. M. L. *Flaningam*, German Economic Controls in Bulgaria: 1884 to 1914, in: The American Slavic and East European Review 20, 1961, S. 99 f.
[208] Vgl. DZA Potsdam, RAI 7208, Bl. 168 und BHSTA Abt. I, MWi 8146, 21. 6. 1914.
[209] BHSTA Abt. I, MWi 8146, 21. 6. 1914. Auch für dieses Projekt gilt das Urteil: "The so-called German ‚Drang nach Osten', at least as measured in economic terms in Bulgaria, was more potential than real". M. L. *Flaningam*, a. a. O., S. 108.
[210] DZA Potsdam, RAI 7205, Bl. 95, 131.
[211] Ebenda, Bl. 136.
[212] Vgl. ebenda, Bl. 266, 253 und 7208, Bl. 148, 157 - 161.

4. Ministerialbürokratie und Verband zur Abwehr des Tabaktrustes 117

tive Moment, das dem Einkauf der Rohtabake anhaftete und das entsprechende Risiken und Kosten in sich barg[213], bestand für die Mitgliedsfirmen des VAT nur noch in abgemilderter Form. Einen guten Teil der erforderlichen Marktbeobachtung und -erkundung hatte nämlich nun das Auswärtige Amt übernommen, dessen Dienste obendrein den Vorteil hatten, daß sie mit keinem Pfennig bezahlt werden mußten[214]. Warum fanden sich die Reichsbehörden, die sich doch sonst im Trustkampf um strikte Neutralität bemühten, zu diesen Dienstleistungen bereit, die zweifellos einer der beiden streitenden Parteien einen Wettbewerbsvorteil verschafften? Dieses Verhalten erklärt einmal die zeitweise durchaus bestehende Gefahr einer Abschnürung der deutschen Zigarettenindustrie vom Zugang zu den Märkten der Orienttabake. Andererseits aber entsprach die Überlassung des „authentischen Materials" an die Vertreter der deutschen Tabakwirtschaft einer Dienstpflicht der Konsulate. 1879 nämlich hatte Bismarck begonnen, die diplomatischen Vertretungen im Ausland in den Dienst der deutschen Handelspolitik zu stellen. Die Konsuln wurden aufgefordert, detaillierte, statistisch untermauerte Berichte über die Wirtschaftslage ihrer Gastländer, die Chancen und den Stand des deutschen Außenhandels einzusenden, die dann sofort an die Handelskammern und andere Interessenten weitergegeben wurden[215].

f) Der Kampf um die Absatzmärkte im Bereich der Militär- und der Eisenbahnverwaltungen

Wie schon seine Vorgänger bemühte sich auch der VAT, mit Hilfe der Ministerialbürokratie die Trustfirmen aus den wichtigen Absatzmärkten im Bereich der Militär- und der Eisenbahnverwaltungen zu verdrängen. So bat der Verband im Frühjahr 1913 den Staatssekretär im Reichsmarineamt und den preußischen Kriegsminister, die Tabakwaren des Trustes aus allen Kasinos, Messen und Kantinen zu verbannen. Seine Forderung begründete er mit der im Hinblick auf die Absatzpolitik seiner Mitgliedsfirmen durchaus zutreffenden Feststellung: „Wenn die Blüte Deutschlands, unser Militär und Marine, Trustfabrikate in Kantinen nicht kennenlernt und sich deren Namen nicht einprägt, raucht sie auch späterhin solche nicht[216]." Während jedoch Minister von Heeringen grundsätzlich bereit war, diese Bitte zu erfüllen und sich vorher bei

---

[213] Vgl. Martin Voigt, Das Werk Altona-Bahrenfeld der Reemtsma Cigarettenfabriken, Berlin 1928, S. 11 f.
[214] Der VAT bedankte sich deshalb auch artig für die Zusendung der Berichte über die Marktlage in Trapezunt und fügte hinzu, er wäre dankbar, „wenn uns solche Mitteilungen regelmäßig zugingen". DZA Potsdam, RAI 7205, Bl. 306.
[215] Vgl. Hans-Ulrich Wehler, Bismarck und der Imperialismus, Köln usw. 1969, S. 231.
[216] Vgl. DZA Potsdam, RAI 7205, Bl. 144, 152.

Handelsminister Sydow nur Gewißheit über die Richtigkeit der vom VAT aufgestellten Behauptungen verschaffen wollte[217], erklärte Admiral Tirpitz, der im Umgang mit wirtschaftlichen Interessenverbänden erfahren war[218], ein einseitiges Vorgehen der Marineverwaltung komme in dieser Angelegenheit nicht in Frage[219]. Er erkundigte sich nach den Absichten des Reichsamtes des Innern und erhielt von Delbrück den Ratschlag, zunächst das Ergebnis der kontradiktorischen Verhandlungen über die deutsche Zigarettenindustrie abzuwarten[220]. Da nun auch der Kriegsminister sich zum Abwarten entschloß, wandte sich der VAT unmittelbar an die einzelnen Truppenteile und Marinekommandos, wobei er hoffte, später für sein Vorgehen eine „amtliche" Bestätigung zu erlangen. Am 2. 7. 1913 teilte er dem Reichsamt des Innern mit der Bitte „um geneigte Unterstützung bei den in Frage kommenden Stellen" mit, er habe am 23. 5. 1913 eine Denkschrift an alle Militärdienststellen versandt[221]. In dieser Schrift berief sich der VAT auf Prinz Heinrich von Preußen, der bereits 1909 die Messen der ihm unterstellten Flotteneinheiten angewiesen habe, Trustfabrikate vom Verkauf auszuschließen, und belehrte den „deutschen Raucher", wenn er auf Trustwaren verzichte, „nütze er vor allen Dingen sich selbst, indem er durch die Aufrechterhaltung und Förderung eines gesunden Wettbewerbs sich vor einer unbilligen Verteuerung seines Bedarfs an Tabakerzeugnissen schütze[222]". Zwar erteilte das Reichsamt dieser Aktion auch nachträglich keine Zustimmung, doch beging es den Fehler, sich nicht eindeutig von dieser Denkschrift zu distanzieren, so daß sich die Reichsbehörden schon bald mit Beschwerden der Firmen Batschari und Manoli über die Behinderung des Absatzes ihrer Produkte bei einzelnen Truppenteilen beschäftigen mußten[223].

Einen erneuten Vorstoß im Kampf um die Absatzmärkte im Bereich der Militärverwaltung unternahm in Preußen im Juni 1914 die Handelskammer Bielefeld, ein eingeschriebenes Mitglied des VAT, das die Interessen der einflußreichen westfälischen Tabakindustrie vertrat[224]. Die

---

[217] Ebenda, Bl. 151.
[218] Tirpitz war erfahren im Umgang mit dem Ruhrkohlensyndikat, dem Stahlwerksverband und mit diversen Submissionskartellen in der Industrie für Schiffsausrüstung und unter den Seeschiffswerften selbst. Er hatte sich im Laufe der Zeit zu einem Kartellexperten und -gegner entwickelt. Vgl. Wolfgang *von Tirpitz*, Wie hat sich der Staatsbetrieb beim Aufbau der Flotte bewährt? Eine wirtschaftshistorische Studie auf Grund amtlichen Materials, Leipzig usw. 1923, S. 35 f.
[219] DZA Potsdam, RAI 7205, Bl. 143.
[220] Vgl. ebenda, Bl. 154 - 155.
[221] Ebenda, Bl. 170.
[222] Ebenda, Bl. 171.
[223] Ebenda, Bl. 249, 269 und 7206, Bl. 4.
[224] Siehe hierzu Hans *Hirsch*, Tabaksteuer und Tabakwirtschaft, Diss. Berlin 1938, S. 35.

4. Ministerialbürokratie und Verband zur Abwehr des Tabaktrustes 119

Kammer bat Minister von Heeringen, nun, da die Trustzugehörigkeit einiger Zigarettenproduzenten einwandfrei feststehe, diesen den Absatz ihrer Erzeugnisse in Kasinos und Kantinen zu verwehren[225]. Der Kriegsminister wandte sich hilfesuchend an Staatssekretär Delbrück, der ihm „vertraulich" antwortete, er könne dennoch nicht empfehlen, „in amtlicher Form" die Produkte der Trustfirmen zu diskriminieren, „schon mit Rücksicht auf unsere eigene Betätigung im Ausland"[226]. Noch einen Schritt weiter ging Sydow, der nicht allein Retorsionen ausländischer Staaten gegen deutsche Exportfirmen befürchtete. Eine „amtliche Einwirkung" auf den Absatz von Zigaretten, so meinte er, werde ähnliche Forderungen anderer Wirtschaftszweige hervorrufen, in denen sich wie in der Margarine- und Spiegelglasindustrie „deutsche" Unternehmen mit den Tochtergesellschaften ausländischer Firmen befehden würden[227].

Der Schwerpunkt des Kampfes um die Verkaufsrechte in Kasinos und Kantinen lastete jedoch in den Jahren 1913 und 1914 auf dem bayerischen Kriegsministerium. Mehrere Gründe veranlaßten den VAT, seine Agitation auf dieses Ministerium zu konzentrieren:

1. In Bayern stand der Kriegsminister an der Spitze aller Heereseinrichtungen. Alle Truppenkommandos, der Generalstab und die obersten Waffenbehörden waren ihm unterstellt. In seiner Hand lag also nicht nur wie in Preußen die eigentliche Verwaltung, sondern auch die im Namen des Königs ausgeübte oberste Kommandogewalt einschließlich der Angelegenheiten, die in Preußen der besondere Geschäftsbereich des Militärkabinetts umfaßte. Der Kriegsminister war gleichzeitig Staatsrat und Bevollmächtigter zum Bundesrat des Deutschen Reiches[228]. Eine gezielte „Bearbeitung" des bayerischen Kriegsministers zugunsten der Ziele des VAT versprach mithin eine größere Erfolgsaussicht als in Preußen.

2. Am 22. 10. 1912 hatte der bayerische Kriegsminister durch eine Verordnung — K. M. E. Nr. 23 098 — die Beschaffung der Waren und Dienstleistungen durch die Militärverwaltung geregelt. Danach mußte bei allen Einkäufen, für die Etatmittel verwendet wurden, nach dem Grundsatz verfahren werden, „daß ausschließlich deutsche Lieferanten und bei hinsichtlich Güte und Preis annähernd gleichen Angeboten zunächst die bayerischen und hierunter wieder die ortseingesessenen Geschäftsleute zu berücksichtigen sind...". Den Truppen wurde ferner „empfohlen, im Interesse der Förderung der heimischen Industrie bei Beschaffung, für

---

[225] DZA Potsdam, RAI 7208, Bl. 236.
[226] Ebenda, Bl. 237.
[227] Ebenda, Bl. 238.
[228] K. *Demeter*, Otto von Kreß als Bayerischer Kriegsminister, in: Zeitschrift für bayerische Landesgeschichte 6, 1933, S. 87.

die Etatmittel nicht in Betracht kommen, tunlichst im gleichen Sinne vorzugehen[229]". Eine bessere, rechtlich abgesicherte Grundlage für sein Anliegen konnte sich der VAT gar nicht wünschen!

3. Der VAT verfügte in München über eine recht einflußreiche „Lobby", bestehend aus der Hof-Zigarettenfabrik Zuban[230], aus der in München sehr aktiven Ortsgruppe des „Verbandes zum Schutze der deutschen Tabakindustrie" und aus dem „Beauftragten des VAT" für Bayern, dem Freiherrn Richard von Michel-Raulino. Der Freiherr betrieb in Bamberg die angesehene Rauch- und Schnupftabakfabrik „Joh. Pet. Raulino & Comp.", eines der bedeutendsten Unternehmen in diesem Zweig des Tabakgewerbes[231]. Ferner besaß er eine Zeitung von regionaler Bedeutung, das „Bamberger Tagblatt", das ihm einen gewissen Einfluß auf die Presse sicherte[232]. Am wertvollsten aber erwiesen sich für den VAT die freundschaftlichen Beziehungen, die er zu dem bayerischen Ministerpräsidenten Georg Freiherr von Hertling und zu dem Direktor im Vorstand der Ministerialabteilung für Industrie, Gewerbe und Handel, Wilhelm Meinel[233], pflegte. Schließlich förderte auch die Handelskammer München, obgleich niemals offiziell Mitglied des VAT, die Antitrustbewegung, etwa durch ihre Resolution vom 26.11.1913, in der sie vom Reichsamt des Innern ein scharfes Vorgehen gegen die „weitere Vertrustung der Zigarettenbranche" verlangte[234].

Gelang es dem VAT auf der Grundlage dieser für sein Anliegen so günstigen Voraussetzungen den bayerischen Kriegsminister Otto von Kress zu einem Einschreiten gegen den Verkauf der Trustfabrikate in Kasinos und Kantinen zu bewegen, so konnte man seine Maßnahme als Präzedenzfall benutzen, um die drei anderen deutschen Kriegsminister und den Staatssekretär im Reichsmarineamt zur Nachahmung dieses Vorbildes anzuhalten. Daher ersuchte Michel-Raulino am 30.6.1913 in seiner Eigenschaft als Kommanditist der Zigarettenfabrik Zuban den bayerischen Kriegsminister,

1. durch eine Verfügung an sämtliche Truppenteile, Fabrikate des Tabaktrustes grundsätzlich vom Bezug in den Kantinen und Kasinos auszuschließen,

---

[229] BHSTA Abt. I, MWi 8146, 22.10.1912.
[230] Siehe zur wirtschaftlichen Entwicklung und zur Bedeutung dieser Firma: Julius *Kahn*, Münchens Großindustrie und Großhandel, 2. Aufl. München 1913, S. 75.
[231] A. *Kuhlo*, a. a. O., S. 293.
[232] Isolde *Rieger*, Die Wilhelminische Presse im Überblick 1888-1918, München 1957, S. 75.
[233] Vgl. Walter *Schärl*, Die Zusammensetzung der bayerischen Beamtenschaft von 1806 bis 1918, Kallmünz 1955, S. 326.
[234] BHSTA Abt. I, MWi 8146, 26.11.1913 und DZA Potsdam, RAI 7206, Bl. 157.

4. Ministerialbürokratie und Verband zur Abwehr des Tabaktrustes 121

2. in regelmäßigen Zeiträumen nachzuprüfen, ob diese Anordnung von den Kantinenverwaltungen auch tatsächlich beachtet wird,

3. den Kasinos und Kantinen das Führen ausländischer Tabakfabrikate überhaupt zu untersagen[235].

Die letzte Forderung bezog sich, wie der Sachbearbeiter im Kriegsministerium sofort feststellte, in erster Linie auf die Erzeugnisse der k. k. österreichisch-ungarischen Regieverwaltungen. Sie zeigte, wie das Eingreifen des Staates in den Trustkampf die Interessenten ermunterte, nun die Ministerialbürokratie auf die Verdrängung jeder ausländischen Konkurrenz anzusetzen. Die Tabakregie, die zweifellos der Firma Zuban auf den süddeutschen Märkten einen scharfen Preis- und Qualitätswettbewerb lieferte[236], gehörte weder dem Tabaktrust an, noch strebte sie nach einer Monopolisierung der deutschen Zigarettenmärkte durch Werbefeldzüge und den Kauf von Produktionsanlagen. Erneut zeigte sich, daß die großen „deutschen" Zigarettenproduzenten wie etwa die Hof-Zigarettenfabrik Zuban den VAT keineswegs nur dazu benutzten, um Schäden von der deutschen Volkswirtschaft abzuwenden, sondern in erster Linie um ihre eigene Marktposition zu verbessern. Diese Absicht erkannte der Referent im bayerischen Kriegsministerium klar. In der Vorlage, die er für den Minister ausarbeitete, gestand er zwar zu, daß K. M. E. Nr. 23 098 dem Sinne nach geeignet sei, den Boykott der Trustzigaretten zu empfehlen. Doch dürfe man nicht übersehen, daß die Soldaten ausländische Marken auch deshalb bevorzugten, weil sie preiswerter seien als die inländischen Fabrikate. Verfügungen, wie sie Michel-Raulino anrege, könnten daher Offiziere und Mannschaften zu deren Schaden knebeln und den „freien Wettbewerb" der Industrie und des Handels völlig ausschließen. Würde das Kriegsministerium dem Gesuch entsprechen, „so würde es in einer ganz bestimmten Richtung in einen wirtschaftlichen Kampf eingreifen, der von einer allgemein volkswirtschaftlichen Tragweite ist...". In erster Linie sei wohl das Reich aufgerufen, „durch entsprechende Zollbestimmungen usw." die Einfuhr unerwünschter ausländischer Produkte zu erschweren. „Daß ein Ausschalten jeder Konkurrenz seine großen Bedenken hat, bedarf keiner näheren Erörterung". Der Referent empfahl deshalb seinem Minister, er möge beim Ministerium für auswärtige Angelegenheiten anfragen, ob es eine Unterstützung des VAT für notwendig erachte, den Truppenteilen „nahelegen", Trustfabrikate nach Möglichkeit zu meiden, diese Empfehlung ausdrücklich auf Trustzigaretten begrenzen und sie nicht auf alle ausländischen Tabakerzeugnisse ausdehnen[237].

---

[235] Ebenda, Mkr 6134, 30. 6. 1913.
[236] Siehe Kapitel II (1) a!
[237] Vgl. BHSTA Abt. IV, MKr 6134, 30. 6. 1913.

Minister Kress befolgte die Ratschläge seines Mitarbeiters. Seinem Außenministerium gegenüber erklärte er, er werde gegen den Bezug ausländischer Tabakfabrikate nur dann einschreiten, „wenn die Konkurrenz der ausländischen Tabakunternehmungen derart gefährlich erscheine, daß deren Bekämpfung mit allen Mitteln im Interesse der heimischen Industrie, die dadurch allerdings konkurrenzlos würde, für unerläßlich zu erachten wäre[238]". Das Außenministerium sandte diese Stellungnahme an das preußische Kriegsministerium[239]. Minister von Heeringen bestätigte daraufhin, er habe ähnliche Eingaben erhalten wie die der Zigarettenfabrik Zuban, werde aber vorerst in dieser Angelegenheit nichts unternehmen, da das Reichsamt des Innern kontradiktorische Verhandlungen über die wirtschaftliche Lage der Zigarettenindustrie angekündigt habe[240].

Die Vorbereitungen der amtlichen Enquete vermochten Kress jedoch keine Ruhepause zu verschaffen. Im bayerischen Landtag führte nämlich am 27. 11. 1913 der Zentrumsabgeordnete Pichler aus, nach seinen Informationen habe das preußische Kriegsministerium angeordnet, in den Kasinos und Kantinen nur noch deutsche Tabakwaren zu verkaufen. Auch bei der Garnison in München werde bereits entsprechend verfahren. „Im Interesse der beteiligten Kreise, unseres Mittelstandes in der Handelswelt" bestehe der dringende Wunsch, diese Anordnung auf alle bayerischen Garnisonen auszudehnen[241]. Die Mitteilungen des Abgeordneten, die eindeutig auf einer Fehlinformation beruhten, erregten in der Öffentlichkeit Aufsehen. Die Ortsgruppe München des Schutzverbandes nahm sie sofort zum Anlaß, beim Kriegsminister ein Verkaufsverbot für alle Zigaretten zu verlangen, deren Packungen nicht mit dem Trustabwehrzeichen versehen seien[242]. Sowohl diese Forderung wie auch Pichlers Wunsch zielten in die gleiche Richtung. Nicht allein die Fabrikate der Trustfirmen, auch die auf den Märkten Süddeutschlands so erfolgreichen österreichischen Marken sollten aus den Kasinos und Kantinen verbannt werden.

Leider erhielt Kress erst Ende Dezember aus Berlin die Mitteilung, sein preußischer Amtskollege habe die von Pichler erwähnte Anordnung niemals getroffen, zumal er keine rechtliche Möglichkeit besitze, um in die Beschaffung von Lebens- und Genußmitteln durch die einzelnen Truppenteile regulierend einzugreifen[243]. Das dadurch bedingte lange Schweigen des bayerischen Kriegsministeriums zu den Behauptungen

---

[238] Ebenda, 26. 7. 1913.
[239] BHSTA Abt. II, 1216, Nr. 52, 12. 7. 1913.
[240] Ebenda, 11. 10. 1913 und BHSTA Abt. IV, MKr 6134, 14. 10. 1913.
[241] Verhandlungen der Abgeordneten des bayerischen Landtages, a. a. O., S. 4 f.
[242] BHSTA Abt. IV, MKr 6134, 1. 12. 1913.
[243] Ebenda, 25. 12. 1913.

4. Ministerialbürokratie und Verband zur Abwehr des Tabaktrustes

des Abgeordneten wertete die Öffentlichkeit inzwischen als Zustimmung. Am 19.12.1913 erschien in der Tagespresse bereits eine Meldung, nach der die von Pichler geforderte ministerielle Anordnung inzwischen ergangen sei[244]. Damit nicht genug. Am 22.12.1913 wünschte die Firma Jasmatzi eine Auskunft über den Wahrheitsgehalt dieser Pressemeldungen[245]. Der zuständige Referent im Ministerium warnte Kress vor dem in dieser Anfrage enthaltenen Köder, mit dessen Hilfe die Jasmatzi AG eine ihr genehme Stellungnahme des Kriegsministers herauslocken möchte, die sie dann ihrerseits als Propagandawaffe im Trustkampf einsetzen wolle[246]. Kress beherzigte die Warnung und antwortete ausweichend, er sei der Frage amtlicher Maßnahmen zur Abwehr des Tabaktrustes „im Benehmen mit den anderen beteiligten Behörden näher getreten[247]". Wahrscheinlich lief er aber wenige Tage später in eine ihm vom Jasmatzi-Konzern gestellte Falle. Am 10.1.1914 nämlich schrieb ihm die Firma Johann Keilholz, Nürnberg, Körnerstraße 134, sie beziehe sich auf den an die Kantinenverwaltungen ergangenen Befehl, Trustzigaretten künftig zu meiden. Da sie als Zigarettengrossist mit Kantinenverwaltungen zusammenarbeite, möchte sie wissen, welche Firmen dem Trust angehörten. Nur dann könne sie ihren Kunden „behilflich" sein, nicht gegen den erlassenen Befehl zu verstoßen[248]. Arglos bestritt Kress sofort das Vorliegen eines derartigen Befehls. Offensichtlich steckte jedoch hinter der Firma Keilholz der Jasmatzi-Konzern, denn dessen Presseorgan, die „Tabak-Börse", berichtete bereits am 25.1.1914 in einem Extrablatt, der bayerische Kriegsminister habe mitgeteilt, Anordnungen über ein Verkaufsverbot für Trustzigaretten in Kasinos und Kantinen seien in Bayern nie ergangen[249].

Diese Meldung im Extrablatt der „Tabak-Börse" trug Kress wiederum einen geharnischten Protest des Freiherrn Michel-Raulino ein, der in der Aufforderung gipfelte, die „unabhängigen deutschen Fabrikanten" dürften „doch wohl ihrerseits auch um eine Klarstellung des wirklichen Sachverhaltes bitten, der in folgenden Sätzen wiedergegeben sein dürfte". Und nun folgte der von Michel-Raulino angefertigte Entwurf einer Erklärung des Kriegsministers, er habe den Kantinenverwaltungen „nahegelegt", nur Zigaretten „aus vom Trust unabhängigen deutschen Fabriken" zu verkaufen, und er ermächtige die Verbände der deutschen Tabakwirtschaft, seine Anordnung der „unabhängigen Fach-

---

[244] Die falschen Pressemeldungen gingen als gesicherter Sachverhalt in die wissenschaftliche Literatur ein, so bei A. *Geck*, a.a.O., S. 173 und bei J. *Wein*, a.a.O., S. 230.
[245] BHSTA Abt. IV, MKr 6134, 22.12.1913.
[246] Ebenda, Vgl. den Vermerk des Sachbearbeiters.
[247] Ebenda, 19.1.1914.
[248] Ebenda, 10.1.1914.
[249] Ebenda.

presse" zuzuleiten[250]. Offenbar aber hatte Kress aus seiner Korrespondenz mit dem Jasmatzi-Konzern Lehren gezogen, so daß er sich auf eine „unabhängige Fachpresse" nicht mehr verlassen mochte. Daher teilte er Michel-Raulino kurz mit, die Meldung der „Tabak-Börse" entspreche der Wahrheit, die für ihn vorformulierte „Klarstellung", deren Rand er übrigens mehrfach mit einem klaren „Nein!" versehen hatte[251], wies er entschieden zurück[252].

Nach dieser Abfuhr wandte sich der Freiherr mit seinem Anliegen unmittelbar an den Ministerpräsidenten[253]. Hertling schrieb daraufhin an Kress, die Gefährlichkeit des Tabaktrustes rechtfertige es, daß die bayerische Regierung bereits jetzt, ohne das Ergebnis der kontradiktorischen Verhandlungen abzuwarten, den Bestrebungen des VAT „eine amtliche Unterstützung" gewähre. Kress möge deshalb den Militärverwaltungen „empfehlen", in Zukunft keine Trustfabrikate mehr zu beschaffen[254]. Für eine Ausdehnung des Boykotts auf alle ausländischen Fabrikate setzte sich Hertling freilich nicht ein. Um dem Kriegsminister die Formulierung dieser Empfehlung zu erleichtern, erhielt die Handelskammer München vom Staatsministerium des Königlichen Hauses den Auftrag, eine Aufstellung der Trustfirmen vorzunehmen, die sie bald darauf ablieferte[255].

Kress jedoch wehrte sich gegen den „Auftrag" Hertlings nach Kräften. Er beanstandete zunächst, daß die Auskunft der Handelskammer München Redewendungen wie „den uns gewordenen Informationen zufolge" oder „wie wir hören" enthielte und deshalb kaum als Grundlage wirtschaftspolitischer Maßnahmen dienen könnte. Überdies werde wohl kein anderer Bundesstaat außer Bayern gegen den Tabaktrust vorgehen, und ob ausgerechnet das bayerische Kriegsministerium diese Angelegenheit „von allgemeiner volkswirtschaftlicher Bedeutung" lösen könne, sei fraglich. Daher bitte er „um nochmalige Erwägung[256]". Am 18.5.1914 zerstreute das Staatsministerium seine Bedenken mit den Hinweisen, die Trustgefahr sei wirklich groß, das Verzeichnis der Handelskammer München sei zuverlässig, andere „Verwaltungen", in Bayern z. B. das Verkehrsministerium, würden bald dem Beispiel des Kriegsministers folgen. Im übrigen empfehle er den Truppenteilen ja keineswegs bestimmte Zigarettenmarken und brauche deshalb die Güte und die Preiswürdigkeit dieser Erzeugnisse nicht zu verantworten[257]. Zumin-

---

[250] Ebenda, 28.1.1914.
[251] Ebenda, Randbemerkungen.
[252] Ebenda, 5.2.1914.
[253] Vgl. BHSTA Abt. I, MWi 8146, 26.2.1914.
[254] Ebenda, Abt. IV, 18.2.1914.
[255] Ebenda, 9.3./30.3.1914.
[256] Ebenda, 28.4.1914.
[257] Ebenda, 18.5.1914.

4. Ministerialbürokratie und Verband zur Abwehr des Tabaktrustes 125

dest die Versicherung, die Auskunft der Handelskammer sei zuverlässig, konnte Kress nicht überzeugen, hatte die Kammer doch erst Anfang Mai ihre Angaben berichtigen müssen[258].

Inzwischen hatte sich Michel-Raulino erfolgreich um die Hilfe des Ministerialdirektors Meinel bemüht. Im Gegensatz zu Ministerpräsident Hertling, dessen Sympathien für die Bestrebungen des VAT auf seiner kritischen Haltung gegenüber den Kartellen und Trusts und auf seiner Unterstützung der „Mittelstandspolitik" beruhten, stand Meinel mit dem Freiherrn auch in geschäftlichen Verbindungen[259]. In seiner Eigenschaft als Vorstand der Ministerialabteilung für Industrie, Gewerbe und Handel bat Meinel am 18. 5. 1914 Kress, er möge den Truppenteilen doch endlich „nahelegen", nur noch heimische Tabakfabrikate einzukaufen[260]. Jetzt erst gab der Kriegsminister, der wohl auch müde geworden war, ständig falsche Pressemeldungen zu dementieren und besorgte Anfragen seiner Amtskollegen zu beschwichtigen[261], seinen Widerstand auf. Nachdem er bis zuletzt geschwankt hatte, ob er in seiner Verfügung die Trustfirmen namentlich aufführen solle[262], erließ er am 2. 6. 1914 die folgende Anordnung: „Nach Mitteilung des K. Staatsministeriums des Königlichen Hauses und des Äußern würde ein weiteres Vordringen des amerikanisch-englischen Tabaktrusts in Deutschland eine ernste Gefahr nicht nur für die deutsche Zigarettenindustrie, sondern auch für den deutschen Konsumenten bedeuten, nachdem das Ziel dieses Trusts wohl darauf hinausgeht, die gesamte Erzeugung und den gesamten Absatz von Zigaretten in Deutschland in seine Hand zu bringen, um dann nach Belieben Güte und Preis der Ware allgemein bestimmen zu können. Indem das Kriegsministerium, eine Anregung des genannten Staatsministeriums entsprechend, die Truppenteile usw. auf diese Erscheinung von volkswirtschaftlicher Bedeutung aufmerksam macht, legt es ihnen hiemit nahe, den Bedarf an Zigaretten für Offiziers-, Fähnrichs- und Unteroffiziers-Speiseanstalten, Mannschafts- und Arbeiterkantinen ausschließlich von trustfreien Firmen zu beziehen." Es folgte eine Aufzählung der Trustfirmen[263].

---
[258] Ebenda, 1. 5. 1914.
[259] Am 16. 5. teilte Meinel dem Freiherrn mit, er habe sich neulich in Hamburg anläßlich der Probefahrt der „Vaterland" mit Generaldirektor Ballin unterhalten und ihn dabei gebeten, ob er nicht auch „unserer" Zigarettenindustrie bei der HAPAG Eingang verschaffen könne. Ballin habe sich diesem Anliegen gegenüber aufgeschlossen gezeigt. Meinel schloß mit dem Wunsch, „daß sich angenehme geschäftliche Beziehungen zwischen der Zuban-Fabrik und der Hamburg-Amerika-Linie anknüpfen möchten". Michel-Raulino bedankte sich für dieses Schreiben, „... und habe mich über dasselbe mindestens ebenso gefreut, als wenn die Firma Zuban schon ein großes Geschäft gemacht hätte..." BHSTA Abt. IV, MKr 6134, 16. 5./18. 5. 1914.
[260] Ebenda, 18. 5. 1914.
[261] Ebenda, 18. 2./15. 5. 1914.
[262] Vgl. das Konzept des Ministers, ebenda, 2. 6. 1914.
[263] BHSTA Abt. I, MWi 8146, 2. 6. 1914.

Obwohl sich diese Weisung nur auf die Trustzigaretten beschränkte und keinesfalls alle ausländischen Tabakfabrikate einbezog, zeigte sich die bayerische Tabak-Lobby zufrieden mit dieser Maßnahme. Freiherr Michel-Raulino dankte Ministerpräsident Hertling und Ministerialdirektor Meinel im Namen der ihm „nächststehenden Firma G. Zuban" und der gesamten trustfreien Tabak- und Zigarettenindustrie „für diesen wertvollen Akt der Förderung unseres einheimischen freien Gewerbes[264]". Die Ortsgruppe München des „Schutzverbandes" bedankte sich bei Kress persönlich dafür, daß er die Truppenteile zum Boykott der Trustwaren „angewiesen" habe — hier mußte der Minister verbessern: „nahegelegt" —, und überreichte ihm zur Belohnung die Broschüre von M. Dietze: „Der wirtschaftliche Imperialismus und die Trusts[265]." Weniger erfreut waren die Kriegsminister in Berlin, Dresden und Stuttgart über das Vorgehen ihres bayerischen Amtskollegen, wurden sie doch nun von den Interessenverbänden zur Nachahmung des bayerischen Vorbildes aufgefordert. Nach einer Rücksprache mit den Reichsämtern lehnte der preußische Kriegsminister Empfehlungen dieser Art ab. Erst wenn das Reichsamt des Innern oder das Reichsschatzamt, wo die Angelegenheit gegenwärtig beraten werde, „amtliche" Maßnahmen befürworte, werde er „weiteres" veranlassen. Außerdem sei zu bedenken, daß die Trustfirmen deutsche Arbeiter beschäftigten und in Deutschland Steuern zahlten und deshalb „nicht ohne dringende Gründe boykottiert werden sollten[266]". Was Kress in seinem Antwortschreiben an Hertling befürchtet hatte, trat ein: Die Kriegsministerien in Berlin, Dresden und Stuttgart schlossen sich dem bayerischen Vorgehen nicht an. Ob die Anweisung des bayerischen Kriegsministers der „deutschen" Zigarettenindustrie materiell nützte, ist obendrein fraglich. Schon bald darauf zeigte nämlich der Schutzverband dem Ministerium an, die in Schleißheim bei München stationierte bayerische Fliegertruppe habe in „den jüngsten Wochen" „bedeutende Mengen" an Batschari-Zigaretten eingekauft[267].

Gleichzeitig mit dem Kampf um den Zigarettenverkauf im Bereich der Militärverwaltung liefen die Versuche des VAT, den Verkauf der Trustfabrikate in den Bahnhöfen zu unterbinden, deren Verkaufsstätten schon deshalb für den Absatz wichtig waren, weil sie meist keinen

---

[264] Ebenda, 17. 6. 1914. Michel-Raulino erhielt auch die Erlaubnis, diese Verordnung des Kriegsministers in der „Antitrustwehr" zu veröffentlichen, ebenda, Abt. IV, MKr 6134, 2. 7. 1914.

[265] Ebenda, 18. 7. 1914. Am 16. 7. erkundigte sich die Geschäftsleitung der Firma Jasmatzi, ob es stimme, daß Kress „angewiesen" habe. Der Kriegsminister antwortete sofort, er habe nur „nahegelegt". Ebenda.

[266] Vgl. hierzu DZA Potsdam, RAI 7208, Bl. 234/35 und HSTA Stuttgart, M 1/6, Bd. 393, Bl. 195.

[267] BHSTA Abt. IV, MKr 6134, 22. 9. 1914. Kress bat daraufhin um eine entsprechende Auslage des Erlasses durch den Garnisonsältesten in den Kasernen.

4. Ministerialbürokratie und Verband zur Abwehr des Tabaktrustes 127

Ladenschlußgesetzen unterlagen[268]. Gerade deshalb bildeten die Eisenbahnreisenden eine Käuferschicht, auf welche die Trustfirmen ihre Werbung gezielt ansetzten[269]. In Preußen stellte daher am 3. 4. 1913 die Trustabwehrkommission der Breslauer Ortsgruppe des VDZL an den Minister für öffentliche Arbeiten, von Breitenbach, den Antrag, den Bezug von Trustzigaretten in den Bahnhofswirtschaften zu verhindern[270]. Breitenbach hatte bereits grundsätzliche Bedenken, „auf die Pächter der Wirtschaften hinsichtlich der Beschaffung ihrer Waren einzuwirken", wollte aber zuvor noch die Meinung des Handelsministers Sydow zu dieser Angelegenheit hören[271]. Sydow erklärte, — später auch gegenüber dem Reichsamt des Innern —, wenn dem Antrag der Trustabwehrkommission stattgegeben werde, „würde überall da, wo der Regierung ein Einfluß auf den Bezug von Waren zusteht, das gleiche Verlangen gestellt werden und nicht mehr zurückzuweisen sein". Ein voreiliger Boykott gegen die Trustfirmen würde überdies in den Vereinigten Staaten beträchtliches Aufsehen hervorrufen, Maßnahmen dieser Art müßten daher sehr sorgfältig zwischen der Reichsregierung und den Bundesstaaten abgesprochen werden. „Es fragt sich daher, ob die Lage der deutschen Zigarettenindustrie so bedroht ist, daß eine so umfangreiche Aktion des Staates angezeigt erscheint[272]."

Mehr Erfolg erzielten die Trustgegner in Baden. Dort wandte sich am 1. 7. 1913 die Handelskammer Mannheim, eine Meldung der „Süddeutschen Tabakzeitung" — dem Organ des DTV — aufgreifend, mit der Bitte an das Innenministerium in Karlsruhe, bei der Verpachtung der Tabakläden in den neu errichteten Bahnhofsgebäuden zu Basel, Karlsruhe, Offenburg, Pforzheim und Heidelberg die Interessen des deutschen Tabakgewerbes zu berücksichtigen. Insbesondere müsse verhindert werden, daß sich der Trust durch Pachtangebote, deren Höhe für seine deutschen Konkurrenten unerschwinglich sei, die alleinigen Verkaufsrechte in diesen wichtigen badischen Bahnhöfen sichere[273]. Die Eisenbahnabteilung des badischen Finanzministeriums antwortete, die Generaldirektion der Staatseisenbahnen sei angewiesen worden, die Verkaufsläden für Tabakwaren nicht an die Trustfirmen zu vermieten. In

---

[268] Siehe hierzu Georg *Eiben*, Geschichte des Gastwirtschaftswesens vom Altertum bis zur neuesten Zeit und Geschichte des Deutschen Kellner-Bundes Union Ganymed, seiner Bezirks-Vereine und Sectionen, Leipzig 1907, S. 386 f.
[269] Vgl. *Sternthal*, a. a. O., S. 7, Anm. 1: „An den großen deutschen Eisenbahnstrecken, z. B. Berlin—Frankfurt a. M.—Basel, Berlin—Köln usw., sieht man Hunderte von Reklametafeln der Firma G. A. Jasmatzi AG, die jeweils von Meile zu Meile aufgestellt sind."
[270] DZA Potsdam, RAI 7205, Bl. 142.
[271] Ebenda, Bl. 141.
[272] Ebenda, Bl. 140.
[273] GLA Karlsruhe 237, Nr. 25 779, 1./19. 7. 1913.

Zweifelsfällen sei eine Auskunft bei der Handelskammer Mannheim einzuholen[274].

In Bayern setzte sich Ministerpräsident Hertling persönlich dafür ein, daß der Verkehrsminister, Lorenz von Seidlein, den Verkaufsstellen im Bereich der Staatsbahnen „nahelegen" möchte, keine Trustmarken mehr in ihr Sortiment aufzunehmen. Hertling drängte Seidlein förmlich dazu, hatte er doch seinem Kriegsminister zugesagt, er werde mit seinem Vorgehen gegen die Trustfirmen nicht allein bleiben, andere Verwaltungen, namentlich die Eisenbahnverwaltung, würden seinem Beispiel folgen[275]. Seidlein erwies sich jedoch als hartnäckig[276]; er erläuterte, die Verkäufer in den Bahnhöfen seien selbständige Geschäftsleute, denen er die Bezugsquellen für ihre Waren nicht vorschreiben, ja noch nicht einmal empfehlen könne[277]. Erneute Mahnungen Hertlings, sich doch endlich der Verfügung des Kriegsministers anzuschließen, fruchteten wenig[278]. Seidlein verstand sich lediglich dazu, den Bahnhofswirten und den Zigarrenverkäufern auf den Bahnhöfen das von der Handelskammer München aufgestellte Verzeichnis der Trustfirmen auszuhändigen „und ihnen den Verzicht auf Deckung ihres Bedarfs bei den Trustfirmen nahezulegen[279]". Auch diese vage Anweisung wertete der VAT freilich als Erfolg[280].

5. Der Verlauf des Trustkampfes nach Kriegsbeginn

a) Die Lage der Trustfirmen nach Kriegsausbruch

Der Ausbruch des Ersten Weltkrieges verschob die Fronten im Trustkampf eindeutig zugunsten der Trustgegner. Angesichts der nationalen

---

[274] Ebenda, 22. 8. 1913.
[275] Vgl. BHSTA Abt. IV, MKr 6134, 18. 2. 1914.
[276] Seidlein galt innerhalb der bayerischen Regierung „als die am meisten dynamische Persönlichkeit..., die im Laufe der Jahre mit fast allen anderen Ministern in Streit geriet". Dennoch blieb er bis zur Revolution auf seinem Posten. Vgl. Willy *Albrecht*, Landtag und Regierung in Bayern am Vorabend der Revolution von 1918. Studien zur gesellschaftlichen und staatlichen Entwicklung Deutschlands von 1912 - 1918, Berlin 1968, S. 33.
[277] Unverbindlich fügte Seidlein hinzu: „Ich habe jedoch die Bahnhofswirte und Zigarrenverkäufer auf den Bahnhöfen auf die Gefahren hinweisen lassen, die der deutschen Tabakindustrie erwachsen können, wenn der... Tabaktrust weiter auf Deutschland übergreift." BHSTA Abt. IV, MKr 6134, 10. 4. 1914.
[278] Hertling sandte Seidlein sogar den Erlaß des Kriegsministers als Vorlage zu. Ebenda, 5. 6. 1914.
[279] Ebenda, 18. 6. 1914. Er fügte hinzu, die nur beim Eisenbahn-Neubau vorkommenden Arbeiterkantinen unterständen der Eisenbahnverwaltung überhaupt nicht. Seine Anweisung verschickte das Außenministerium an alle Handelskammern. BHSTA Abt. I, MWi 8146, 23. 6. 1914. Die offenbar auf Presseberichten beruhende Darstellung bei A. *Geck*, a. a. O., S. 173, ist falsch.
[280] Der Repräsentant des VAT, Freiherr Michel-Raulino, bedankte sich für die Bekanntgabe dieser Maßnahme bei Ministerialdirektor von Meinel „für

5. Der Verlauf des Trustkampfes nach Kriegsbeginn

Begeisterung über die Kriegserklärung, die alle Schichten des deutschen Volkes erfaßte, brauchte sich der VAT in seiner Antitrustkampagne keinerlei Zurückhaltung mehr aufzuerlegen. War seine Propaganda vor dem Krieg bereits nationalistisch, nun wurde sie chauvinistisch. So tobte die „Antitrustwehr" am 27. 8. 1914: „Volksverräter ist, wer noch von Firmen kauft, die englischen Gesellschaften gehören. Volksverräter ist, wer deutsches Geld in Feindesland trägt, indem er unter anderem Waren des in London ansässigen Tabaktrustes verkauft und damit die Unterwerfung des deutschen Tabakgewerbes betreiben hilft[1]." Dem Zeitgeist folgend wählten die trustfreien Firmen nunmehr nationale Motive zur Gestaltung ihrer Zigarettenpackungen, auf denen neben dem Trustabwehrzeichen Kriegsszenen erschienen[2]. Mochten die Zigarettenmarken des Jasmatzi-Konzerns auch qualitätsmäßig gut und preiswert sein, im Taumel der Kriegsbegeisterung legten viele Raucher eben doch Wert darauf, gute Patrioten zu sein; sie wichen deshalb auf den Kauf deutscher Fabrikate aus[3].

Schwerer noch als der Umsatzrückgang im Gefolge der Antitrustagitation traf die Trustfirmen die „Staatsaufsicht", die über sie im September in Preußen, Sachsen und Baden verhängt wurde[4]. Bereits am 4. 8. 1914 hatte der Bundesrat die Behörden der Bundesstaaten ermächtigt, unter Zustimmung des Reichskanzlers „im Wege der Vergeltung für solche innerhalb ihres Gebiets ansässigen Unternehmungen, welche vom feindlichen Ausland aus geleitet oder beaufsichtigt werden, oder deren Erträgnisse ganz oder zum Teil in das feindliche Ausland abzuführen sind, auf Kosten der Unternehmungen Aufsichtspersonen zu bestellen, die unter Wahrung der Eigentums- und sonstigen Privatrechte des Unternehmens darüber zu wachen haben, daß während des Krieges der Geschäftsbetrieb nicht in einer den deutschen Interessen widerstreitenden Weise geführt wird[5]". Die Aufsichtspersonen, die nun die Unternehmungen des Trustes in Berlin, Dresden und Baden-Baden überwachten, waren befugt, geschäftliche Maßnahmen jeder Art, insbesondere Verfügungen über Vermögenswerte und Mitteilungen über geschäftliche Angelegenheiten, zu untersagen; die Bücher des Unternehmens einzusehen sowie die Kasse, den Bestand an Wertpapieren und das Warenlager zu überprüfen; Auskunft über alle Geschäftsangelegenheiten zu verlangen[6]. Außerdem galten Trustzigaretten nun als Produkte des

---

diesen neuerlichen weiteren Schritt der Unterstützung der trustfreien Tabakindustrie in ihrem schweren Kampfe". Ebenda, 13. 7. 1914.

[1] Vgl. DZA Potsdam, RAI 7208, Bl. 245.
[2] Siehe z. B. Ernst Johann (Hrsg.), Innenansicht eines Krieges. Bilder, Briefe, Dokumente 1914—1918, Frankfurt/M. 1968, S. 63, 113.
[3] Vgl. A. *Geck*, a. a. O., S. 220/221.
[4] Vgl. DZA Potsdam, RAI 7208, Bl. 243, 250.
[5] RGBl. 1914, Nr. 71, S. 397.
[6] Ebenda.

feindlichen Auslands, sie wurden von den lukrativen Heereslieferungen ausgeschlossen und im Bereich der meisten Eisenbahnverwaltungen wurde ihr Vertrieb untersagt[7]. Was der VAT und seine Vorläufer seit 1903 immer wieder vergeblich erstrebt hatten, bescherte nun der Kriegszustand: Die Marken der Trustfirmen verschwanden aus Offiziersspeiseanstalten, Mannschaftskantinen und aus vielen Bahnhofswirtschaften.

Generaldirektor Gütschow erkannte sofort, daß der wirtschaftliche Ruin seines Konzerns nur noch eine Frage der Zeit wäre, wenn es nicht gelänge, ihn in ein rein deutsches Unternehmen zu verwandeln. Zu diesem Zweck beabsichtigte er, in den Aufsichtsrat der Jasmatzi AG ein betont „deutsches" Element einzuführen und im übrigen zu versuchen, die in englischem Besitz befindlichen Aktien und Kapitalanteile anzukaufen. Daher wählte am 23. 9. 1914 die Generalversammlung der Aktionäre der Firma Jasmatzi den Vizepräsidenten des Reichstags und Abgeordneten der Nationalliberalen Partei, Hermann Paasche, in den Aufsichtsrat[8]. Paasche war Professor der Staatswissenschaften an der Universität Rostock[9]. Für die nationalliberale Partei war er zwischen 1881 und 1884 und dann ab 1893 Mitglied des Reichstags, außerdem hat er von 1893 bis 1908 dem Preußischen Abgeordnetenhaus angehört[10]. Ferner wirkte Paasche im Aufsichtsrat mehrerer Unternehmungen, an deren deutscher Nationalität niemand zweifelte[11]. Überdies nahm Paasche seine Wahl nur unter dem Vorbehalt an, daß er bei jedem Versuch des Auslandes, die Jasmatzi AG mittelbar oder unmittelbar zu beeinflussen oder Tabakhandel und -gewerbe in Deutschland zu vertrusten, sofort aus dem Aufsichtsrat der Firma ausscheiden werde[12]. Inzwischen bemühten sich Gütschows englische Geschäftspartner bei ihrer Regierung um die Genehmigung zum Verkauf ihrer Anteile an deutschen Zigarettenfabriken[13]. Am 29. 10. 1914 erlaubte Staatssekretär McKenna vom „Home Office", „to sell to a person or persons resident in enemy country, its entire holdings in the ‚Jasmatzi AG', the ‚Tabakhandels GmbH' and

---

[7] Vgl. Gustav *Schmidt*, Die deutsche Zigarettenindustrie seit 1914, Diss. Freiburg/Br. 1922 (Ms.), S. 32, ferner BHSTA Abt. IV, MKr 6134, 22. 3. 1915.
[8] BHSTA Abt. I, MWi 8146, 9. 11. 1914.
[9] Vgl. M. *Schwarz*, a. a. O., S. 418.
[10] Vgl. Dieter *Lindenlaub*, Richtungskämpfe im Verein für Sozialpolitik, Wiesbaden 1967, S. 20/21.
[11] Paasche war Aufsichtsrat-Vorsitzender bei der Howaldt-Werft, bei der Rheinischen Metallwaren- und Maschinenfabrik Düsseldorf (Heinrich Ehrhardt), bei den Deutsch-böhmischen Kohlen- und Brikettwerken AG, der Rositzer Zuckerraffinerie AG, der Telephon Fabrik AG „und anderen kleineren Unternehmungen". Er war ferner im Aufsichtsrat bei der Nationalbank für Deutschland, beim Hüttenwerk Kayser, bei der Norddeutschen Lederpappenfabrik, der Deutschen Mineralöl Industrie AG und der großen Hefe-Brennerei von Sinner. H. *Jaeger*, a. a. O., S. 38, Anm. 93.
[12] BHSTA Abt. I, MWi 8146, 9. 11. 1914.
[13] DZA Potsdam, RAI 7209, Bl. 70.

5. Der Verlauf des Trustkampfes nach Kriegsbeginn

the ‚Batschari GmbH"[14]." Daraufhin verkaufte am 1.12.1914 Direktor Dietz als Bevollmächtigter der BATC und der Einzelkaufleute Neale und Godsey an Gütschow sämtliche Stamm- und Vorzugsaktien der Jasmatzi AG, über welche die BATC verfügte, ferner sämtliche Gesellschaftsanteile, welche die beiden Kaufleute besaßen[15]. Die personelle Veränderung im Aufsichtsrat durch die Wahl Paasches und die Ablösung des englischen Kapitals durch Gütschow wandelten de facto die Jasmatzi-Gruppe in einen deutschen Konzern um. Folgerichtig beantragte Gütschow die Aufhebung der Staatsaufsicht, die über die einzelnen Unternehmungen des Konzerns verhängt worden war, und den freien Zugang seiner Firmen zu den Absatzmärkten[16].

Nichts fürchtete der VAT mehr als eine solche Entwicklung, welche die Stellung seiner Konkurrenten am Markt gegenüber der Vorkriegszeit sogar verstärkt hätte. Deshalb protestierte der Vorsitzende des Abwehrverbandes, Eibes, bereits am 15.10.1914 bei Ministerialdirektor Müller im Reichsamt des Innern, die „neuerlichen Maßnahmen" der Jasmatzi AG, die Veränderung im Aufsichtsrat, die Verpachtung von Anlagen und der Verkauf von Geschäftsanteilen, bezweckten lediglich „eine Rettung des Besitzes der Londoner Trustgesellschaft und eine Täuschung des deutschen Volkes[17]". Die „Antitrustwehr" nahm inzwischen Professor Paasche aufs Korn, dem sie vorwarf, er habe seinen Parteifreunden dargelegt, die Trustabwehrbewegung des deutschen Tabakgewerbes sei ein ganz gewöhnlicher Konkurrenzkampf, den einige Zigarettenfabriken führten, um sich einen größeren Anteil am Gesamtumsatz zu erkämpfen[18]. Als der bayerische Verkehrsminister Seidlein im November bekanntgab, er überlege, die Fabrikate der Firma Jasmatzi aus dem Verzeichnis der „feindlichen" Firmen streichen zu lassen[19], beschweren sich die Handelskammer München und die dortige Ortsgruppe des Schutzverbandes mit dem Argument, Paasche allein mache die Jasmatzi AG noch nicht trustfrei[20]. Proteste dieser Art reichten jedoch nicht aus, um ein Wiedererstarken des schon vernichtet geglaubten Gegners zu verhindern. Der VAT suchte daher erneut nach staatlicher Hilfe, um den Konkurrenten niederzuringen, und er fand sie zunächst bei der sächsischen Regierung.

---

[14] Ebenda, Bl. 71 und STA Dresden, AM 2478, Bl. 162.
[15] STA Dresden, ebenda, Bl. 165 f.
[16] Ebenda, Bl. 191.
[17] DZA Potsdam, RAI 7209, Bl. 269.
[18] BHSTA Abt. I, MWi 8146, Antitrustwehr Nr. 45, 5.11.1914.
[19] Ebenda, 9.11.1914. Seidlein war von einem Bahnhofswirt, der ihn auf die Umwandlung des Jasmatzi-Konzerns hinwies, gebeten worden, „es möchte der Verkauf der Jasmatzi-Fabrikate wieder freigegeben werden".
[20] Ebenda, 25.11./30.11.1914.

b) Die Versuche der sächsischen Regierung, den Trustkampf zu beenden

Die Regierung in Dresden hatte Ende Juli 1914 von ihrer Generalzolldirektion ein Gutachten über die wirtschaftlichen Schäden eines „Reichszigarettenmonopols" für das Königreich Sachsen und die Stadt Dresden anfertigen lassen. Das Ergebnis übertraf noch die pessimistischen Erwartungen der Regierung. Es zeigte sich nämlich, daß ein Staatsmonopol auch die wirtschaftliche Existenz der Zulieferer, etwa der Produzenten von Werbemitteln und Verpackungsmaterial, die meist ebenfalls ihren Firmensitz in Sachsen hatten, in Frage stellen würde[21]. Andererseits wußte die sächsische Regierung nur zu gut, daß die zunehmende Dauer und Schärfe des Trustkampfes die Bereitschaft der kleinen Produzenten steigen ließ, aus Furcht vor dem Zermahlenwerden zwischen Trust und Antitrust ihre Betriebe gegen Entgelt in eine staatliche Monopolverwaltung einzubringen[22]. In dieser Situation unterbreitete Eibes dem sächsischen Gesandten in Berlin, Sichart, den Vorschlag, den Trust auf dem Wege einer Verordnung des Bundesrates[23] aufzulösen. Die Maßnahme müßte als Vergeltung für die Wegnahme deutscher Patente und die Schließung deutscher Unternehmen in England vorgenommen werden[24]. Tatsächlich hatte die englische Regierung bereits am 10.8.1914 alle Filialen der deutschen Banken in Großbritannien geschlossen[25]. Sichart war von diesem Vorschlag begeistert und berichtete seiner Regierung nach Dresden: „Die Gelegenheit, mit dem Trust aufzuräumen, wie sie jetzt gegeben ist, kommt niemals wieder." Fraglich sei nur, ob das Auswärtige Amt diesen Vorschlag unterstütze, denn es befänden sich mehr deutsche Werte in England als englische in Deutschland[26]. Bei einer Rücksprache im Auswärtigen Amt und im Preußischen Handelsministerium stellte er jedoch fest, daß man dort die Notwendigkeit von Vergeltungsmaßnahmen gegen England einsehe und durchaus damit einverstanden sei, den Tabaktrust jetzt zu liquidieren[27].

Die Regierung in Dresden zeigte sich an einer solchen Lösung des Problems interessiert, denn ein rasches Ende des Trustkampfes würde das Reichsschatzamt um sein wohl wichtigstes Argument für die Einführung eines Zigarettenmonopols berauben[28]. Sie ließ sich deshalb von

---

[21] Siehe hierzu die Unterlagen in: STA Dresden, FM 8252.
[22] F. *Marchellek*, a. a. O., S. 71.
[23] Der Bundesrat stellte das föderalistische-monarchische Element in der Reichsverfassung dar, im Gegensatz zur unitarischen Volksvertretung in Form des Reichstags. Zu seinen Rechten vgl. Ernst *Forsthoff*, Deutsche Verfassungsgeschichte der Neuzeit, 4. Aufl. Stuttgart usw. 1961, S. 153.
[24] STA Dresden, AM 2478, Bl. 2.
[25] Vgl. Fritz *Seidenzahl*, 100 Jahre Deutsche Bank 1870 - 1970, Frankfurt/M. 1970, S. 244. „London war ein Kernstück der Deutschen Bank."
[26] STA Dresden, AM 2478, Bl. 2.
[27] Ebenda, Bl. 3.
[28] Ebenda, Bl. 6, 15 - 42.

5. Der Verlauf des Trustkampfes nach Kriegsbeginn

Eibes einen Plan „zur Ausschaltung der englischen Beteiligung an deutschen Zigarettenfabriken" ausarbeiten[29] und stellte dann am 28. 10. 1914 beim Reichsamt des Innern den Antrag, diesen Plan zur Liquidation des Tabaktrustes — „eventuell mit Änderungen" — als Vorlage für eine Verordnung beim Bundesrat einzubringen[30]. Die Zertrümmerung des Jasmatzi-Konzerns, meinte die sächsische Regierung, würde sich hervorragend als Präzedenzfall eignen, um „verschiedene ausländische Truste aufzulösen, die als schwere Schädlinge der deutschen Volkswirtschaft ernste Gefahren bringen[31]". Der Antrag Sachsens wurde am 10. 11. im Reichsamt in einer „vertraulichen Besprechung zwischen den beteiligten Ressorts des Reiches und Preußens beraten. Zu Sicharts Enttäuschung sprach sich der Unterstaatssekretär Richter gegen den Vorschlag aus, der Reichskanzler möge den von Eibes angefertigten Liquidationsplan dem Bundesrat vorlegen. Ministerialdirektor Kriege vom Auswärtigen Amt und Unterstaatssekretär Göppert vom Preußischen Handelsministerium schlossen sich diesen Bedenken an, obwohl sie kurz zuvor den Vorschlag noch gutgeheißen hatten[32]. „Die Quelle des Widerstandes" vermutete Sichart in der Person Richters, der sich schon vor dem Ausbruch des Krieges „nicht besonders geneigt" gezeigt habe, staatliche Aktionen gegen den Jasmatzi-Konzern zu unterstützen[33]. Obwohl Sichart keine Gründe für diesen plötzlichen Meinungsumschwung anzugeben vermochte[34], findet sich doch einige Zeilen weiter zu dieser Frage ein aufschlußreicher Hinweis: „Die Angst vor englischen Schritten auf wirtschaftlichem Gebiete beherrscht die ganze hiesige offizielle Welt in so hohem Maße, daß sie sich zu nichts entschließen kann, was dem englischen gewerblichen Leben einen wirklichen Schlag zufügen würde[35]." Hier lag offenbar der Schlüssel zu dem abwartenden Verhalten der Reichsregierung. Noch hoffte die deutsche politische Führung, den Krieg bald zu beenden, sie durfte deshalb England, das in wirtschaftlichen Belangen Deutschland gegenüber buchstäblich am längeren Hebel saß, nicht ohne Not zu einem totalen Wirtschaftskrieg herausfordern[36]. Der sächsische Antrag habe im Bundesrat nunmehr keine Aussicht auf eine Verabschiedung, fuhr Sichart fort. Eine Stillegung der Betriebe des Jasmatzi-Konzerns empfehle sich auch nicht, weil die dadurch ausgelöste Freisetzung von Arbeitskräften die sächsische Regie-

---

[29] Ebenda, Bl. 82 - 99.
[30] DZA Potsdam, RAI 7209, Bl. 4 - 6.
[31] Als Anlagen waren Artikel aus den „Dresdener Nachrichten" beigefügt: „Die Deutschenhetze in England" und „Die Beschlagnahme deutschen Eigentums in Frankreich". DZA Potsdam, RAI 7209, Bl. 2, 6, 7.
[32] STA Dresden, AM 2478, Bl. 110 - 112.
[33] Ebenda, Bl. 110.
[34] Ebenda, Bl. 111.
[35] Ebenda, Bl. 112.
[36] Siehe hierzu auch Fritz *Fischer*, Krieg der Illusionen. Die deutsche Politik von 1911 bis 1914, Düsseldorf 1969, S. 663 f.

III. Der Trustkampf als Problem der deutschen Ministerialbürokratie

rung vor ernste Probleme stellen würde. Der Trust habe somit vorläufig gesiegt[37]. Das Urteil des Gesandten entsprach den wirtschaftlichen Gegebenheiten. Der Beginn des Krieges lähmte nämlich zunächst einmal die Investitionstätigkeit der Unternehmer und führte zu Absatzstockungen und Beschäftigungslosigkeit[38]. Später aber nahmen nicht alle Wirtschaftszweige an der „Kriegskonjunktur" teil, vor allem in den Verbrauchsgüterindustrien und hier wieder besonders in der Textilindustrie riefen Nachfragerückgang und Rohstoffmangel eine beträchtliche Arbeitslosigkeit hervor[39]. Sachsen, eine Hochburg der Textilindustrie und daher mit deren Beschäftigungsproblemen konfrontiert, mußte deshalb die Freisetzung von Zigarettenarbeitern vermeiden, die man, weil sich darunter — genau wie in der Textilwirtschaft — viele weibliche Arbeitskräfte befanden, kaum durch Einberufungsbefehle beseitigen konnte. Der Sieg des Trustes, schloß Sichart seinen Bericht, werde das Projekt des Zigarettenmonopols „mächtig" fördern. „Für Sachsen ist das ja sehr zu beklagen." Im übrigen liege der Monopolentwurf bereits fertig ausgearbeitet vor, die Reichsleitung wolle ihn unmittelbar nach Kriegsende verwirklichen, „in der Hoffnung, daß unter dem Druck der Geldnot, die dann wahrscheinlich bestehen wird, seiner Verabschiedung im Reichstag nicht zu große Schwierigkeiten erwachsen werden[40]".

Der rührige Vorsitzende des VAT indessen hielt den Kampf gegen den Trust noch nicht für verloren. Persönliche Gespräche, die er im Auswärtigen Amt und im preußischen Handelsministerium führte, ergaben, daß man dort gegen eine Stillegung der Betriebe des Trustes während der Dauer des Krieges nichts einzuwenden habe, seien doch die Engländer mit den deutschen Unternehmungen in ihrem Land ebenso verfahren. Die Bedenken der sächsischen Regierung zerstreute er mit dem Hinweis auf einen Fond der „trustfreien" Zigarettenindustrie, aus dem die erwerbslosen Bediensteten des Jasmatzi-Konzerns versorgt werden könnten[41], so daß ihm Staatsminister von Vizthum eine Aussprache über seinen Plan der Stillegung der Trustbetriebe zusagte[42]. Kurz darauf stellten die Trustfirmen bei den zuständigen Staatsregierungen — Josetti in Berlin, Jasmatzi, Delta und Adler in Dresden, Batschari in Karlsruhe — den Antrag auf Aufhebung der über sie verhängten Staatsaufsicht, nachdem der Kaufvertrag zwischen Dietz und Gütschow unter-

---

[37] STA Dresden, AM 2478, Bl. 113.
[38] Vgl. Rudolf *Stucken*, Deutsche Geld- und Kreditpolitik 1914 bis 1963, 3. Aufl. Tübingen 1964, S. 22.
[39] Vgl. Gustav *Stolper*, Karl *Häuser*, Knut *Borchardt*, Deutsche Wirtschaft seit 1870, Tübingen 1964, S. 79/80.
[40] STA Dresden, AM 2478, Bl. 113/114. Bisher hatte der Reichstag die Projekte der Reichsregierung zur Errichtung von Finanzmonopolen stets verhindert. Vgl. P.-C. *Witt*, a. a. O., passim.
[41] Ebenda, Bl. 116/117.
[42] Ebenda, Bl. 119.

5. Der Verlauf des Trustkampfes nach Kriegsbeginn

zeichnet worden war. Nun war für die sächsische Regierung Eile geboten, denn wenn auch nur eine der beiden anderen Regierungen dem Antrag stattgeben würde, hätte der Tabaktrust endgültig gesiegt und der einzige Ausweg aus dem Trustkampf bestünde dann in der Schaffung einer staatlichen Monopolverwaltung. Deshalb berief sie am 9. 12. 1914 eine Konferenz nach Dresden ein[43], auf der unter der Leitung des Grafen Vizthum die Vertreter der interessierten sächsischen Ministerien, Landrichter von Flotow vom preußischen Handelsministerium und Oberregierungsrat Schneider vom badischen Innenministerium über den Antrag der Trustfirmen diskutierten. Man kam überein, in Berlin, Dresden und Karlsruhe den Antrag abzulehnen, da es sich bei der finanziellen Transaktion Gütschows offensichtlich um ein Scheingeschäft handle und der Einfluß der BATC auf den Jasmatzi-Konzern nach wie vor bestehen bleibe[44].

Für die sächsische Regierung und mehr noch für den VAT war das Ergebnis der Konferenz ein großer Erfolg. Die Staatsaufsicht wurde beibehalten und behinderte weiterhin die Geschäftstätigkeit der Trustfirmen, auch ein einheitliches Vorgehen aller in den Trustkampf verwickelten Bundesstaaten war gesichert. Mitten hinein in diese euphorische Stimmung auf Seiten der Trustgegner platzte eine Nachricht Sicharts, der die Ministerialbürokratie in Dresden zunächst gar keinen Glauben schenken wollte: Gütschow habe dem Reichsschatzamt die Dresdener Trustfabriken zum Kauf angeboten[45].

c) Die Versuche des Reichsschatzamtes, den Trustkampf zu beenden

Der wahre Sachverhalt löste sich erst Anfang Januar 1915 aus dem Schleier der Gerüchte[46]: Gütschow hatte dem Reichsschatzamt etwas mehr als die Hälfte der von ihm aus England zurückgekauften Aktien und Anteile an den Trustfirmen zum Kauf angeboten, und zwar zu dem Preis, den er dafür der BATC gezahlt hatte[47]. In Regierungskreisen munkelte man, Gütschow habe sich beim Rückkauf des englischen Trustbesitzes finanziell übernommen[48]. Indessen bedeutete Gütschows Offerte an Staatssekretär Kühn wohl mehr als nur der Versuch eines „Notverkaufs", den er vielleicht auch über große deutsche Banken hätte ab-

---

[43] Vgl. ebenda, Bl. 191, 195.
[44] Ebenda, Bl. 200 f.
[45] Vgl. ebenda, Bl. 191, 196, 198.
[46] So berichtete bereits am 3. 12. 1914 Sichart nach Dresden, „daß der Abgeordnete Paasche seinerzeit dem Reichsschatzamt die Offerte gemacht hat, mit Hilfe Gütschows den Besitz des Trustes zu erwerben und damit dem kommenden Zigarettenmonopol vorzuarbeiten". STA Dresden, AM 2478, Bl. 192.
[47] Ebenda, Bl. 204/05.
[48] Vgl. GLA Karlsruhe 237, Nr. 25 779, 8. 12. 1914, ferner J. *Gerstner*, a. a. O., S. 25. Der Kaufpreis wurde auf etwa 14 Mio. M beziffert.

wickeln können. Die Tatsache, daß er das Reich als Geschäftspartner wählte und daß er obendrein sein Angebot mit der Maßgabe verknüpfte, „daß das Reich in allen am Konzern beteiligten Gesellschaften die Stimmenmehrheit erhalten würde[49]", läßt darauf schließen, daß er bei der Reichsregierung Schutz vor dem wirtschaftlichen Ruin seines Konzerns suchte. Inzwischen hatte er nämlich erfahren müssen, daß auch seine finanzielle Transaktion die Regierungen von Preußen, Sachsen und Baden nicht dazu bewegen konnte, die Staatsaufsicht, die lähmend über den Konzernfirmen lastete, aufzuheben. Eine Beteiligung der Reichsleitung schien ihm daher der einzig gangbare Weg zu sein, um seinen Aktienbesitz vor der völligen Entwertung zu sichern. Umgekehrt hatte Staatssekretär Kühn allen Grund, das Angebot Gütschows ernsthaft zu prüfen. Der Übergang der technisch und wirtschaftlich hervorragend ausgerüsteten Betriebe des Trustes in die Kontrolle des Reiches bildete zweifellos den geeigneten Grundstein für den Aufbau einer staatlichen Monopolverwaltung. Außerdem schien es fraglich, ob nach einem baldigen Kriegsende und der Rückkehr zur Friedenswirtschaft die Trustfirmen vom Reichsschatzamt dann nicht mit einem wesentlich höheren Kaufpreis zugunsten des Monopols entschädigt werden müßten[50].

Währenddessen verschlechterte sich die rechtliche Lage der Trustfirmen innerhalb der deutschen Kriegswirtschaft fortlaufend. Am 26. 11. 1914 hatte der Bundesrat beschlossen, die Regierungen der Bundesstaaten zu ermächtigen, „unter Zustimmung des Reichskanzlers im Wege der Vergeltung solche Unternehmungen, deren Kapital ganz oder überwiegend französischen Staatsangehörigen zusteht, zwangsweise unter Verwaltung (zu) stellen". Die Bedingungen der Zwangsverwaltung waren für die Inhaber dieser Unternehmungen außerordentlich hart. Der Verwalter nämlich war unter anderem befugt, „das Unternehmen ganz oder teilweise fortzuführen oder sich auf die Beendigung der laufenden Geschäfte (zu) beschränken". Nach Abwicklung dieser Geschäfte konnte er das Unternehmen, sofern es sich um eine Gesellschaft handelte, „auf Antrag eines deutschen Gesellschafters" auflösen[51]. Bereits während der Dresdener Konferenz am 9. 12. hatte der Vertreter Preußens gefordert, das Instrument der Zwangsverwaltung auch dem Tabaktrust gegenüber anzuwenden[52]. Die rechtliche Voraussetzung für ein solches Vorgehen schuf der Bundesrat, der am 22. 12. die Verordnung vom 26. 11. auch auf englische Unternehmen ausdehnte[53]. Noch aber bot der Rückkauf der englischen Besitzanteile, der am 1. 12. besiegelt worden war, dem Jas-

---

[49] STA Dresden, AM 2478, Bl. 205.
[50] Ebenda, Bl. 204/05 und GLA Karlsruhe 237, Nr. 25 779, 8. 12. 1914.
[51] RGBl. 1914, Nr. 104, S. 487.
[52] Vgl. STA Dresden, AM 2478, Bl. 224.
[53] RGBl. 1914, S. 556.

5. Der Verlauf des Trustkampfes nach Kriegsbeginn

matzi-Konzern die Möglichkeit, der Zwangsverwaltung zu entgehen. Doch auch diesen letzten Ausweg vermauerte der Bundesrat, indem er in seiner Sitzung am 5.1.1915 beschloß, daß Änderungen in der Kapitalbeteiligung eines Unternehmens, die nach dem 26.11.1914 eingetreten seien, keine Ausnahme von der Zulässigkeit der Zwangsverwaltung rechtfertigten[54]. Nach dieser Entscheidung galten die Firmen Jasmatzi AG und Batschari GmbH eindeutig als englische Unternehmungen, da am Stichtag das in ihnen investierte englische Kapital das deutsche überwogen hatte[55]. Spätestens seit dem 5.1. war mithin die sächsische Regierung in der Lage, die Pläne des Reichsschatzamtes zu durchkreuzen, indem sie die Jasmatzi AG unter Zwangsverwaltung stellte. Daher hatte Kühn keine andere Wahl, als mit der sächsischen Regierung über seine Ankaufspläne zu verhandeln. Am 6.1.1915 informierte er das Außenministerium in Dresden in behutsamer Form über die Gründe seines Interesses am Angebot Gütschows und bat um eine Aussprache mit den Vertretern der betroffenen sächsischen Ressorts über dieses Problem[56]. Die Reaktion der sächsischen Ministerialbürokratie auf diesen Vorschlag war unterschiedlich. Das Finanzministerium lehnte die Einladung zu einer Aussprache schroff ab und verlangte unverzüglich die Einleitung der Zwangsverwaltung. Es kritisierte die Pläne des Reichsschatzamtes, weil sie einmal im krassen Widerspruch zu der Vergeltungspolitik stünden, die man England gegenüber eingeschlagen habe und die das deutsche Volk „mit Ungeduld" erwarte. Überdies bedeute ein Ankauf des Jasmatzi-Konzerns zum gegenwärtigen Zeitpunkt „einen überaus schweren kaufmännischen Fehler", da „infolge des Trustkampfes und der durch den Krieg gesteigerten vaterländischen Gesinnung der Händler und Verbraucher die Trustgesellschaften Not leiden", mithin der Wert der Aktien und Anteile also ständig sinke[57]. Das Innenministerium teilte diese Bedenken, vertrat aber die Ansicht, man könne die Einladung Kühns nicht von vornherein ablehnen, zumal wenn an der Aussprache auch Vertreter Preußens und Badens teilnähmen[58]. Offensichtlich hoffte das Ministerium auf eine Erneuerung der Koalition in der Trustfrage, wie sie sich im Dezember in Dresden zwischen Preußen, Sachsen und Baden ergeben hatte, und auf eine einmütige Vertretung der Interessen der Bundesstaaten gegenüber den Plänen der Reichsregierung.

---

[54] Vgl. STA Dresden, AM 2478, Bl. 204.
[55] Am 31.8.1914 hatte die Jasmatzi AG ein Nominalkapital von 14 Mio. M, davon besaß die BATC Aktien im Nennwert von 7 468 000 M, weitere Aktien im Nennwert von 1,4 Mio. M waren an die BATC als Gegenleistung für Verbindlichkeiten verpfändet. Ähnlich waren die Besitzverhältnisse bei der Batschari GmbH. J. *Gerstner*, a. a. O., S. 21.
[56] STA Dresden, AM 2478, Bl. 204/05.
[57] Ebenda, Bl. 208/09.
[58] Ebenda, Bl. 211.

Die Aussprache, die daraufhin am 30. 1. 1915 im Reichsschatzamt stattfand[59], dämpfte diese Erwartungen erheblich. Der Vertreter des preußischen Handelsministeriums, von Flotow, der noch in Dresden die Jasmatzi AG unbedingt der Zwangsverwaltung unterwerfen wollte, sprach sich nun für den Ankauf des „englischen Trustbesitzes" durch das Reich aus, „denn sonst werde man dem Reiche den Vorwurf machen, an dem größten Konzern der Zigarettenindustrie, der ihm zum Erwerb angeboten worden sei, vorübergegangen zu sein". Die sächsischen Bedenken zerstreute er mit der Bemerkung, sie lägen „zum Teil auf dem Gebiete des Gefühls[60]". Auch der Vertreter des preußischen Finanzministeriums, Kohler, sprach sich für den Ankauf aus, und der Abgesandte Badens, Kempf, meinte, „man könne an dem Angebot nicht wohl vorübergehen[61]". Überraschend befand sich Sachsen damit in der Isolation gegenüber dem Reich und den übrigen Bundesstaaten. Diese Lage verschlimmerte nun das Vorgehen des Generaldirektors der Jasmatzi AG. Auf die Nachricht, das sächsische Innenministerium lehne den Antrag auf Aufhebung der Staatsaufsicht über seine Unternehmensgruppe ab[62], verkündete Gütschow öffentlich, er werde seinen Konzern sofort auflösen, nicht zuletzt deswegen, damit „bei der jetzigen Hochkonjunktur in der Cigaretten-Industrie" die Angestellten und Arbeiter schnell eine andere Beschäftigung finden könnten[63]. Diese Ankündigung, die in geschickter Form auf das Beschäftigungsproblem des Königreichs Sachsen anspielte, rief eine Intervention des Dresdener Oberbürgermeisters hervor. Dr. Beutler bat die Staatsregierung, den VAT und seinen „aus Konkurrenzrücksichten geborenen Kampf" nicht mehr zu unterstützen, denn die Jasmatzi AG gehöre mit einer Belegschaft von über 2 000 Angestellten und Arbeitern zu den größten Unternehmungen der Stadt und „zu den besten Steuerzahlern". Werde ein Reichszigarettenmonopol eingeführt, so hätten das Königreich Sachsen und die Stadt Dresden von einer florierenden Firma Jasmatzi gewiß eine höhere Abfindung durch das Reich zu erwarten als von einem liquidierten Konzern. Unterbleibe der Aufbau der Monopolverwaltung, so hätte die Regierung keinen Anlaß, „ein in deutschen Besitz übergegangenes Unternehmen weiter zu schädigen[64]".

---

[59] Ebenda, Bl. 220 - 229. Die Sitzung leitete wegen des bevorstehenden Wechsels in der Leitung des Reichsschatzamtes Unterstaatssekretär Jahn.
[60] Die beiden sächsischen Abgesandten Dr. Morgenstern und Dr. Hoch hatten die Bedenken des Finanzministeriums nochmals erläutert. Ebenda, Bl. 222.
[61] Ebenda, Bl. 224 - 225.
[62] Ebenda, Bl. 213. Staatsminister Vizthum hatte Gütschow mitgeteilt, „... daß das Fortbestehen der Staatsaufsicht über die Jasmatzi AG gerechtfertigt und geboten ist".
[63] Ebenda, Bl. 245 - 247.
[64] Ebenda, Bl. 249 - 252.

5. Der Verlauf des Trustkampfes nach Kriegsbeginn

Die Verständigung zwischen der Reichsregierung und Sachsen in der Trustfrage erleichterte dann der personelle Wechsel in der Leitung des Reichsschatzamtes. Kühn, der sich den Lasten, die mit der Kriegsfinanzierung auf ihn zugekommen waren, nicht mehr gewachsen fühlte, hatte den Kaiser um seine Ablösung gebeten und war am 31. 1. 1915 unter hohen Ehrungen entlassen worden[65]. Sein Nachfolger als Chef der Reichsfinanzen wurde ab 1. 2. Karl Helfferich, seit 1908 Vorstandsmitglied der Deutschen Bank, seit 1910 Mitglied des Zentralausschusses der Reichsbank. Helfferich steuerte einen anderen Kurs der Finanzierung des Krieges als Kühn. Anstelle einer stärkeren Ausschöpfung der Steuerkraft wählte er den Weg der Begebung von Staatsanleihen beim Publikum und bei der Reichsbank[66]. Im Rahmen seines Systems der Finanzpolitik besaß die Einführung eines Zigarettenmonopols, als dessen Verfechter man ihn vor seinem Amtsantritt auch in Regierungskreisen bezeichnete[67], keine große Dringlichkeit. Außerdem aber verstand er es, einen Käufer für den Trustbesitz aufzubieten, der nicht allein die hohe Kaufsumme aufbringen konnte, sondern der auch für die sächsische Regierung annehmbar und für die Trustgegner unangreifbar war. Auch im Reichsschatzamt nämlich „vergaß der Staatsmann Helfferich nicht den Bankdirektor Helfferich. Wo er etwas für die Deutsche Bank tun konnte, tat er es[68]". Auf seine Veranlassung hin erklärte sich die Deutsche Bank bereit, als Führerin eines Konsortiums deutscher Banken mit Gütschow über den Ankauf des englischen Trustbesitzes zu verhandeln. Sollte der Kauf zustandekommen, so wäre dem Reichsschatzamt das Recht einzuräumen, im Falle der Einführung eines Zigarettenmonopols während der nächsten vier Jahre den Jasmatzi-Konzern „zu angemessenen Bedingungen" zu übernehmen[69]. Mit dieser Lösung der Trustfrage erklärte sich die sächsische Regierung einverstanden und verzichtete darauf, die Jasmatzi AG unter Zwangsverwaltung zu stellen[70].

Verhandlungen zwischen Gütschow und der Deutschen Bank waren bereits angeknüpft, als der VAT im Frühjahr 1915 seine Antitrust-

---

[65] Schulthess' Europäischer Geschichtskalender N. F. 31, 1915, München 1919, S. 17/18.
[66] Siehe hierzu Konrad *Roesler*, Die Finanzpolitik des Deutschen Reiches im Ersten Weltkrieg, Berlin 1967, S. 71 f.
[67] Vgl. STA Dresden, AM 2478, Bl. 228/29.
[68] Kurt *Gossweiler*, Großbanken, Industriemonopole, Staat. Ökonomie und Politik im staatsmonopolistischen Kapitalismus in Deutschland 1914 - 1932, Berlin-Ost 1971, S. 91.
[69] DZA Potsdam, RAI 7209, Bl. 98.
[70] Ebenda 98/99. OB Beutler hatte schon in seinem Schreiben vom 10. 2. 1915 die Staatsregierung informiert, „ein Konsortium von großen deutschen Banken" sei bereit, den Jasmatzi-Konzern zu erwerben, falls sie auf die Maßnahme der Zwangsverwaltung verzichte. Er bat, „im Interesse unserer städtischen Industrie eine solche Entschließung dringend zu befürworten". STA Dresden, AM 2478, Bl. 252.

agitation wieder verstärkte und von den einzelnen Ministerien die Zwangsverwaltung der Jasmatzi-Gruppe forderte[71]. Die Verkaufsgespräche neigten sich bereits ihrem erfolgreichen Abschluß zu, als der Kampfverband lautstark einen neuen Sieg melden konnte. Am 20. 4. 1915 hatte das Reichsgericht in einem Revisionsverfahren über den Rechtsstreit zwischen dem VDZI und der Adler AG entschieden, nur die Mitgliedsfirmen des VDZI seien berechtigt, ihre Produkte als „trustfrei" zu kennzeichnen und anzupreisen[72]. Dieses Urteil, von den Trustgegnern begeistert als „ein Sieg im Kampf gegen die amerikanische Trustgefahr in Deutschland" gefeiert[73], entpuppte sich bald als Pyrrhussieg, denn schon am 22. 4. 1915 unterzeichnete die Deutsche Bank im Namen des Bankenkonsortiums den Kaufvertrag mit Gütschow[74]. Die Bankengruppe[75] erwarb die Stammaktien der Jasmatzi AG zu einem Kurs von 60 % des Nennwerts, die Vorzugsaktien zum Nennwert. Die früher in englischem Besitz befindlichen Anteile an den Tochtergesellschaften wurden ebenfalls unter pari, durchschnittlich zu 65 % des Nennwerts übernommen. Der Kaufpreis betrug insgesamt rund 25 Millionen Mark. Wie von Helfferich angeregt, erhielt das Reichsschatzamt ein Optionsrecht mit 5 % Aufgeld bis ein Jahr nach Friedensschluß eingeräumt[76].

Am 6. 5. 1915 teilte Helfferich dem Reichsamt des Innern das Zustandekommen des Kaufvertrages mit und bat um die Aufhebung der Staatsaufsicht über den Jasmatzi-Konzern und um die Beseitigung der Absatzsperren, die gegen dessen Fabrikate verhängt worden seien[77]. Bald darauf erfuhr der „Trust" seine volle Rehabilitierung, indem seine Zigarettenmarken für die lukrativen Heereslieferungen zugelassen wurden und seine Firmen obendrein Aufträge für das „Zigarettenmonopol Polen" zugewiesen bekamen[78]. Nutznießer der schnellen wirtschaftlichen Erholung der Firmengruppe wurde nun allerdings nicht der VAT, son-

---

[71] Ebenda, FM 8254, Bl. 230; DZA Potsdam, RAI 7209, Bl. 101 ff., 121 - 132; BHSTA Abt. I, MWi 8146, 1. 4. 1915.
[72] DZA Potsdam, RAI 7209, Bl. 118.
[73] Vgl. S. *Tschierschky*, Ein Sieg im Kampf gegen die amerikanische Trustgefahr, a. a. O.
[74] DZA Potsdam, RAI 7209, Bl. 141.
[75] Außer der „Führerin", der Deutschen Bank, gehörten dem Konsortium an: Allgemeine Deutsche Kreditanstalt, Dresdener Bank, Mitteldeutsche Privatbank, Gebrüder Arnold, Berliner Handelsgesellschaft, S. Bleichröder, Nationalbank für Deutschland, von der Heydt, Bayerische Vereinsbank, Bayerische Handelsbank, Rheinische Kredit-Anstalt in Mannheim, Württembergische Vereinsbank, Oldenburger Sparbank, Mecklenburger Hypotheken- und Wechselbank, Privatbank in Gotha. M. *Teichgräber*, a. a. O., S. 118.
[76] Vgl. die Verträge in: DZA Potsdam, RAI 7209, Bl. 142 - 147 und J. *Gerstner*, a. a. O., S. 25/26. Die Presse sprach sich zum Teil gegen diesen Kauf aus, wobei sie sich auf die Argumente stützte, die schon das Sächsische Finanzministerium vorgetragen hatte. DZA Potsdam, ebenda, Bl. 158, 159.
[77] Ebenda, Bl. 141. Vgl. ferner BHSTA Abt. I, MWi 8146, 27. 4./21. 5./27. 5. 1915.
[78] A. *Geck*, a. a. O., S. 232.

IV. Schlußbetrachtung

dern das Bankenkonsortium, in erster Linie aber die Deutsche Bank[79]. Gütschow freilich erlebte noch die Genugtuung, ehe er aus der Leitung des Konzerns ausschied, den Vorsitzenden des Kampfverbandes, Eibes, persönlich auffordern zu dürfen, ab sofort jegliche Antitrustagitation einzustellen[80].

---

[79] Vgl. Alfred *Schröter,* Krieg-Staat-Monopol 1914 - 1918, Berlin-Ost 1965, S. 143.
[80] Vgl. DZA Potsdam, RAI 7209, Bl. 134 - 137.

IV. Schlußbetrachtung:
Der Trustkampf als wirtschaftspolitisches Problem

Wertet man das Verhalten der Ministerialbürokratie gegenüber den streitenden Parteien während des Trustkampfes, so muß man den Beamten das Bemühen um Neutralität und Objektivität zugestehen. Diese Einstellung gegenüber den Forderungen der Interessenten hebt sich vorteilhaft von der Haltung der Justizbehörden ab. Studiert man nämlich die Begründung, welche die Staatsanwaltschaft zu Dresden für ihre Polizeiaktion gegen die Trustfirmen lieferte, oder den Tenor des Urteils, welches das Reichsgericht am 30. 3. 1915 gegen die Adler AG fällte, so wird man zweifeln, ob die Gerichtsbarkeit in diesem Rechtsstreit das Postulat „unbedingter Neutralität und Unparteilichkeit" erfüllte. Zumindest für die Jasmatzi-Gruppe war die Justiz keineswegs „das letzte Refugium, wie im Streit der politischen Parteien, so auch im Streit der Interessengruppen[1]". Die Haltung der Ministerialbürokratie im Trustkampf wurde auch nicht ausschließlich von der Sorge um wirtschaftliche Retorsionen der Vereinigten Staaten oder von der Rücksichtnahme auf die deutschen Kapitalanlagen im Ausland geprägt, vielmehr entwickelten einige Beamte durchaus Vorstellungen von den gesamtwirtschaftlichen Vorteilen des Wettbewerbs. Sie erkannten klar, daß einseitige Sanktionen gegen die Trustfirmen den Trustgegnern Wettbewerbsvorteile bescheren würden, die durch deren Leistung nicht gerechtfertigt seien. Überdies berücksichtigten sie die Fernwirkungen solcher Maßnahmen. Vertreter der Trustabwehr hatten nämlich schon durchblicken lassen, daß sie im Grunde eine Verbannung aller ausländischen Fabrikate, also nicht nur der Trustmarken, von den Binnenmärkten wünschten. Käme der Staat jedoch diesem Wunsch nach, so würden bald alle deutschen Unternehmer, die ihrer ausländischen oder mit ausländischem Kapital arbeitenden Konkurrenten überdrüssig wären, von ihm, auf den Präzedenzfall Jasmatzi pochend, die Befreiung vom Druck des lästigen Wettbewerbs verlangen.

Andererseits durfte die Ministerialbürokratie die Expansionsbestrebungen der BATC innerhalb der deutschen Industrie nicht vernachlässigen. Es war nicht auszuschließen, daß die Ausweitung des Konzerns durch finanzielle Transaktionen nicht doch eines Tages die Vertrustung

---

[1] Joseph H. *Kaiser*, Die Repräsentation organisierter Interessen, Berlin 1965, S. 292/93.

IV. Schlußbetrachtung

der deutschen Industrie herbeiführen und die Unabhängigkeit des Handels und der Zulieferer in Frage stellen könnte. Nicht minder gefährlich war es freilich, als Gegengewicht zum Jasmatzi-Konzern den Aufbau eines Antitrust-Konzerns zu fördern oder auch nur zu dulden[2]. Schließlich barg auch der Trustkampf selbst einige Probleme. Der Staat konnte zweifellos nicht zulassen, daß auf den Zigarettenmärkten Kampfverbände eine Art Lynchjustiz ausübten, wie sie der Feldzug des VAT gegen die Firma Manoli darstellte. Allerdings durfte er die Motive, welche die einzelnen Verbände zur Teilnahme am Trustkampf geführt hatten, nicht alle mit demselben Maßstab messen. Einige große trustfreie Zigarettenfabriken verfolgten mit diesem Kampf das Ziel, die Trustfirmen vom Markt zu verdrängen, obwohl beide Firmengruppen angesichts der stetig wachsenden Nachfrage nach Zigaretten nebeneinander existieren konnten. Galt diese „kämpferische Zielsetzung der ruinösen Konkurrenz[3]" aber auch für die kleinen und mittleren Produzenten? Diese Frage stellte sich noch deutlicher bei den Kampfmotiven des Zigarren-, Rauch-, Schnupf- und Kautabakgewerbes sowie des Fachhandels mit Tabakwaren. Da diese Wirtschaftszweige ohnehin schon unter der Expansion der Zigarettenmärkte litten, verschlechterten die ständigen offenen und versteckten Preisunterbietungen, die der Markt für Zigaretten als Folge des Trustkampfes erlebte, ihre Lage nur noch weiter. Ihr Kampf gegen den Trust bedeutete mithin wenigstens zum Teil wirtschaftliche Notwehr, um die eigene Existenz und Unabhängigkeit zu sichern; er mußte deshalb auch unter dem Blickwinkel der „Mittelstandspolitik" beachtet werden.

Ihre Bereitschaft, diese drängenden Probleme zu lösen, bewies die Ministerialbürokratie durch ihre verschiedenen aufwendigen Versuche, die Konflikte in der deutschen Tabakwirtschaft beizulegen. Freilich reichte dazu ihre objektive und neutrale Haltung nicht aus, sie bedurfte auch eines geeigneten wirtschaftspolitischen Instrumentariums. Zur Bekämpfung monopolistischer Bestrebungen auf Warenmärkten empfahlen ihr die führenden Nationalökonomen die Anwendung gezielter wirtschaftspolitischer Maßnahmen, die auf den einzelnen, konkreten Fall abgestimmt werden sollten; sie warnten sie dagegen eindringlich vor dem Erlaß allgemeiner Vorschriften und Verfügungen zur Ordnung der Märkte nach Art des amerikanischen „Sherman-Act", den ihr Wortführer, Gustav Schmoller, als „plump" und als „hölzernes Schüreisen" bezeichnete[4]. Welche gezielten Maßnahmen sollte die Exekutive indessen

---

[2] Vgl. BHSTA IV, MKr 6134, 26. 7. 1913: „Nach Ansicht der Regierung der Pfalz wird Bedacht darauf zu nehmen sein, daß nicht nach erfolgreicher Abwehr des ausländischen Trustes sich ein inländischer an dessen Stelle setzt."
[3] Siehe hierzu Wilhelm *Krelle*, Preistheorie, Tübingen usw. 1961, S. 308.
[4] G. *Schmoller*, Grundriß der Allgemeinen Volkswirtschaftslehre. Erster größerer Teil, 4. - 6. Aufl. Leipzig 1901, S. 452. Vgl. ferner Karl *Bücher*, Die

im konkreten Fall des Trustkampfes einsetzen, um die Bildung übermäßiger Marktmacht[5] auf der Angebotsseite der Zigarettenmärkte einzudämmen und vor allem den Mißbrauch dieser Marktmacht zu verhindern? Verkaufsverbote für Trustmarken schädigten den Verbraucher, denn diese Zigaretten galten als gut und preiswert, und stärkten die Marktmacht der Trustgegner. Eine Erhöhung der Zigarettensteuer förderte — vielleicht — die Absatzchancen für die übrigen Tabakwaren, ließ die Machtverhältnisse auf den Zigarettenmärkten aber unberührt. Einem Verbot der Wertreklame standen neben rechtlichen Bedenken die Interessen der Verbraucher und der Zulieferer entgegen, überdies beseitigte es einmal erreichte Machtpositionen wohl kaum. Vom Aufbau gegengewichtiger Marktmacht war ein Machtausgleich nicht zwingend zu erwarten, was die zeitraubenden und erfolglosen Vergleichsverhandlungen zwischen dem Trust und dem VAT bereits angedeutet hatten. Mithin stand die Ministerialbürokratie der Entartung des Wettbewerbs auf den Zigarettenmärkten zur ruinösen Konkurrenz buchstäblich mit leeren Händen gegenüber. In dieses wirtschaftspolitische Vakuum stießen nun die Verbände der deutschen Tabakwirtschaft vor und unternahmen den Versuch, die Märkte nach ihren Zielvorstellungen zu gestalten. Sie entwickelten sich von reinen Fachverbänden und Standesorganisationen zu Akteuren der Wirtschaftspolitik[6], die gleichberechtigt den Trägern der staatlichen Wirtschaftspolitik als Verhandlungspartner gegenübertraten. Staatssekretär Kühn vom Reichsschatzamt beurteilte diese Situation richtig, als er im Juli 1913 seinem Amtskollegen Delbrück im Reichsamt des Innern mitteilte, im Grunde gebe es nur eine praktikable Lösung, um die Konflikte in der Zigarettenindustrie beizulegen, nämlich „eine Antitrust-Gesetzgebung nach amerikanischem Muster[7]". Erst die Ausnahmesituation des Krieges erlaubte es, wenigstens den Machtkampf zu beenden. Das Problem der Machtkonzentration wurde damit jedoch nicht beseitigt, es lebte nach Kriegsende beim Abbau der Zwangswirtschaft und beim Wiedereintritt in eine marktwirtschaftliche Ordnung in aller Schärfe erneut auf[8].

---

wirtschaftlichen Kartelle, in: SVS 61, 1895, S. 153; Ludwig *Pohle,* Die Kartelle der gewerblichen Unternehmer, Leipzig 1898, S. 86, 129; R. *Liefmann,* Die amerikanische Trustpolitik und ihre Beurteilung im Lichte der ökonomischen Theorie, in: WWA 5, 1915, S. 339.

[5] „Ist der Aktionsspielraum eines Marktteilnehmers im Verhältnis zu den Aktionsspielräumen der anderen Marktteilnehmer groß, so spricht man von Marktmacht. Dabei pflegt man im Bereich der Wettbewerbspolitik Marktmacht erst dann als Problem anzusehen, wenn der Freiheitsbereich des betreffenden Marktteilnehmers im Verhältnis zu dem anderer „unverhältnismäßig groß" (undue) ist." Erich *Hoppmann,* Fusionskontrolle, Tübingen 1972, S. 17.

[6] H. K. *Schneider,* a. a. O., S. 38 - 40.
[7] DZA Potsdam, RAI 7205, Bl. 214.
[8] Vgl. M. *Zentz,* a. a. O., W. *Knoll,* a. a. O., und C. *Hausberg,* a. a. O.

Verzeichnis der benutzten Quellen und Literatur

1. Quellen

a) Archivalien

Badisches Generallandesarchiv Karlsruhe (GLA Karlsruhe)
Abt. 237, Nr. 25 779.

Bayerisches Hauptstaatsarchiv München
Abteilung I: Allgemeines Staatsarchiv (BHSTA Abt. I)
MWi 8 146.
Abteilung II: Geheimes Staatsarchiv (BHSTA Abt. II)
Nr. 1 216.
Abteilung IV: Kriegsarchiv
MKr 6 134.

Deutsches Zentralarchiv Potsdam (DZA Potsdam)
Reichsamt des Innern (RAI)
Nr. 7170, 7203, 7204, 7205, 7206, 7207, 7208.

Staatsarchiv Dresden (STA Dresden)
Sächs. Hauptstaatsarchiv, Außenministerium (AM)
Nr. 2478, 7043, 7044, 7054.
Sächs. Landeshauptarchiv, Finanzministerium (FM)
Nr. 8252, 8254, 8255, 8256.
Sächs. Landeshauptarchiv, Wirtschaftsministerium (WM)
Nr. 102.

Württembergisches Hauptstaatsarchiv Stuttgart (HSTA Stuttgart)
Bestand M 1/6 (Kriegsministerium Abt. B), Bd. 393.

b) Gedruckte Quellen

Entscheidungen des Reichsgerichts in Strafsachen 34, 1901.

Handbuch für das Deutsche Reich auf das Jahr 1911, 36. Jg. Berlin 1911.

Handbuch wirtschaftlicher Vereine und Verbände des Deutschen Reichs. Hrsg. vom Hansa-Bund für Gewerbe, Handel und Industrie, Berlin usw. 1913.

Jahresbericht der Handelskammer Mannheim, Mannheim 1913.

Johann, Ernst (Hrsg.), Innenansicht eines Krieges. Bilder, Briefe, Dokumente 1914 - 1918, Frankfurt/M. 1968.

Landtags-Akten von den Jahren 1913/14. Berichte usw. der zweiten Kammer. Nr. 1 bis 306. Dresden o. J.; Protokolle der zweiten Kammer, Dresden o. J.

Matthias, Erich; Pikart, Eberhard (Bearbeiter), Die Reichstagsfraktion der deutschen Sozialdemokratie 1898 bis 1918, Düsseldorf 1966.

Schulthess' Europäischer Geschichtskalender N. F. 31, 1915, München 1919.

Schwarz, Max, M. d. R. Biographisches Handbuch der Reichstage, Hannover 1965.

Statistisches Jahrbuch für das Deutsche Reich. Hrsg. vom Kaiserlichen Statistischen Amte. Bd. 32, 1911; Bd. 35, 1914; Bd. 36, 1915.

Stenographische Berichte über die Verhandlungen des Reichstags. 5. Legislaturperiode, II. Session 1882/83, 5. Bd. Anlagen, Berlin 1883; 11. Legislaturperiode, II. Session 1905/06, 4. Bd. und 2. Anlageband, Berlin 1906.

Verhandlungen der Abgeordneten des bayerischen Landtags. XXXVI. Landtagsversammlung, II. Session im Jahre 1913/1914. Stenographische Berichte Nr. 187 bis 214, VIII. Band, München 1914.

Verhandlungen des Reichstags. Stenographische Berichte, Bd. 291, Bd. 300 und Bd. 303 (Anlagen), Berlin 1914.

Verzeichnis der im Deutschen Reiche bestehenden Vereine gewerblicher Unternehmer zur Wahrung ihrer wirtschaftlichen Interessen. Zusammengestellt im Reichsamte des Innern, Berlin 1903.

Zigarren und Zigaretten im deutschen Außenhandel, in: WWA 2, 1913.

c) Gesetzestexte

Bekanntmachung betreffend die Überwachung ausländischer Unternehmungen vom 4. 9. 1914, RGBl. 1914, Nr. 71.

Bekanntmachung betreffend die zwangsweise Verwaltung französischer Unternehmungen vom 26. 11. 1914, RGBl. 1914, Nr. 104.

Bekanntmachung betreffend die zwangsweise Verwaltung britischer Unternehmungen vom 22. 12. 1914, RGBl. 1914, Nr. 122.

Gewerbeordnung für das Deutsche Reich vom 26. 7. 1900.

Handelsgesetzbuch für das Deutsche Reich vom 21. 5. 1897.

Strafgesetzbuch für das Deutsche Reich vom 26. 2. 1876.

2. Literatur

Ahlwardt, Hermann: Die Vertrustung Deutschlands, Leipzig 1913.

Albers, Willi: Art. „Tabaksteuer", in: HdSW 10, 1959.

Albrecht, Willy: Landtag und Regierung in Bayern am Vorabend der Revolution von 1918. Studien zur gesellschaftlichen und staatlichen Entwicklung Deutschlands von 1912 - 1918, Berlin 1968.

Aldenhoven, Theodor: Herr Staatsanwalt? Moderne Ausbeuter und ihre Opfer, Düsseldorf-Grafenberg 1910.

Astheimer, Ludwig: Der Markenartikel und seine wirtschaftliche Bedeutung, Diss. Gießen 1932.

Batschari, Erich: Preisschleuderei, Diss. Heidelberg 1917.

Benndorf, Erich: Weltwirtschaftliche Beziehungen der sächsischen Industrie, Jena 1917.

Bergler, Georg: Art.: „Markenartikel", in: HdSW 7, 1961.

Bernstein, Georg: Geheimbündelei und Teilnahme an staatsfeindlichen Verbindungen in ihrer strafrechtlichen Bedeutung, Diss. Jena 1914.

Bertram, Erich: Volkswirtschaftliche Probleme der Zigarrenindustrie unter besonderer Berücksichtigung der Verbreitung und Wanderungen der Zigarrenindustrie, Greifswald 1931.

Biermer, Magnus: Art. „Mittelstandsbewegung", in: HdStw 3. Aufl. 6, 1910.

Birkenkamp, Fritz: Deutsche Industrie-Anlagen im Ausland, Diss. Köln 1935.

Birnbaum, A.: Die Zigarette im Handel, in: Manoli Zigarettenfabrik 1894 bis 1919, a. a. O.

Bitzer, Erwin: Der Tabak in Mitteleuropa mit besonderer Berücksichtigung Deutschlands. Eine wirtschaftsgeographische Untersuchung, Diss. Würzburg 1933.

Blaich, Fritz: Der „Standard-Oil-Fall" vor dem Reichstag. Ein Beitrag zur deutschen Monopolpolitik vor 1914, in: Z. f. d. ges. Stw. 126, 1970.

— Die Rolle der amerikanischen Antitrustgesetzgebung in der wirtschaftspolitischen Diskussion Deutschlands zwischen 1890 und 1914, in: Ordo 21, 1971.

— Kartell- und Monopolpolitik im kaiserlichen Deutschland. Das Problem der Marktmacht im deutschen Reichstag zwischen 1879 und 1914, Düsseldorf 1973.

Blase, Wilhelm: Die Rohtabakversorgung Deutschlands, Diss. Köln 1933.

Böhm, Ekkehard: Überseehandel und Flottenbau. Hanseatische Kaufmannschaft und deutsche Seerüstung 1879 - 1902, Düsseldorf 1972.

Bormann, Kurt: Die deutsche Zigarettenindustrie, Tübingen 1910.

— Die Zigarettenfabrikation. Eine technisch-wirtschaftliche Studie, Leipzig 1912.

Born, Karl Erich: Von der Reichsgründung bis zum 1. Weltkrieg, in: Bruno Gebhardt, Handbuch der Deutschen Geschichte (Hrsg. Herbert Grundmann), 9. Aufl. Bd. 3, Stuttgart 1970.

Bräuer, Karl: Reichs-Tabakmonopol oder Tabak-Verbrauchssteuer? Ein Beitrag zur Finanz- und Steuerpolitik des Deutschen Reiches, Jena 1931.

Brentano, Lujo: Mein Leben im Kampf um die soziale Entwicklung Deutschlands, Jena 1931.

Bruck, Werner Friedrich: Social and Economic History of Germany from William II to Hitler 1888 - 1938. A Comparative Study, New York 1962.

Bry, Gerhard: Wages in Germany 1871 - 1945, Princeton 1960.

Buchholz, Edwin: Interessen, Gruppen, Interessengruppen. Elemente einer wirtschaftssoziologischen Organisationslehre — unter besonderer Berücksichtigung der deutschen Verbandsforschung, Tübingen 1970.

Bücher, Karl: Die wirtschaftlichen Kartelle, in: SVS 61, 1895.

— Die wirtschaftliche Reklame, in: Z. f. d. ges. Stw. 73, 1917.

— Die Entstehung der Volkswirtschaft. Vorträge und Aufsätze, 2. Sammlung, 7. Aufl. Tübingen 1922.

Bülck, Ernst: Tabakhandel und Tabakbesteuerung, in: JGVV 38, 1914.

Busch, Helmut: Die Stoeckerbewegung im Siegerland. Ein Beitrag zur Siegerländer Geschichte in der zweiten Hälfte des 19. Jahrhunderts, Siegen 1968.

Cecil, Lamar: Albert Ballin. Wirtschaft und Politik im deutschen Kaiserreich 1888 - 1918, Hamburg 1969.

Cohen, Arthur, Simon, Edmund, Geschichte der Handelskammer München seit ihrer Gründung (1869). München 1926.

Cudell, Robert: Das Buch vom Tabak, Köln 1927.

Damm-Etienne, Paul: Die Verkaufsabteilung einer Zigarrenfabrik, in: Zeitschrift für handelswissenschaftliche Forschung 2, 1907/08.

David, Hans: Das deutsche Auslandskapital und seine Wiederherstellung nach dem Kriege, in: WWA 14, 1919.

Delbrück, Hans: Regierung und Volkswille. Eine akademische Vorlesung, Berlin 1914.

Demeter, Karl: Otto von Kreß als Bayerischer Kriegsminister, in: Zeitschrift für bayerische Landesgeschichte 6, 1933.

— Das deutsche Offizierkorps in Gesellschaft und Staat 1650 - 1945, 4. Aufl. Frankfurt/M. 1965.

Desai, Ashok V.: Real Wages in Germany 1871 - 1913, Oxford 1968.

Dietze, M.: Der wirtschaftliche Imperialismus und die Trusts. Vortrag gehalten im Verband D. H. zu Leipzig, Berlin-Ch. 1913.

Dirk, Stephan: Die Cigarette. Ein Vademecum für Raucher, Leipzig 1924.

Dr. Gablers Lexikon des Wirtschaftsrechts, Wiesbaden 1972.

Duimchen, Theodor: Die Trusts und die Zukunft der Kulturmenschheit, Berlin 1903.

Edwards, W. H.: Englische Expansion und deutsche Durchdringung als Faktoren im Welthandel, Jena 1916.

Eiben, Georg: Geschichte des Gastwirtschaftswesens vom Altertum bis zur neuesten Zeit und Geschichte des Deutschen Kellner-Bundes Union Ganymed, seiner Bezirks-Vereine und Sectionen, Leipzig 1907.

Einhundertundfünfzig Jahre Niederrheinische Industrie- und Handelskammer Duisburg-Wesel, Duisburg 1956.

Engelmann, Fritz: Der Kampf gegen die Monopole in den USA, Berlin usw. 1951.

Eschenburg, Theodor: Staat und Gesellschaft in Deutschland, München 1965.

Eulner, Karl August: Die deutsche Nähmaschinen-Industrie, Diss. Heidelberg 1913.

Fahrenbruch, Werner: Verkaufsbetrieb von Markenartikelfabriken, Diss. Gießen 1927.

Faucherre, Henry: Die Händler-Rabattsparvereine, Jena 1912.

Fehre, Horst: Dresden 1834 - 1933. Entwicklung und Wirkungen einer deutschen Großstadt, bevölkerungsgeographisch gesehen, Diss. Dresden 1944.

Feis, Herbert: Europe the World's Banker 1870 - 1914. An Account of European Foreign Investment and the Connection of World Finance with Diplomacy before the War, 2. Aufl. New York 1964.

Fernandez-Diaz, Edouard: Le Tabac en Bulgarie, Paris 1926.

Findeisen, Franz: Die Markenartikel im Rahmen der Absatzökonomik der Betriebe, Berlin 1924.

Fischer, Friedrich Johs.: Die Grenzen des Tabakkonsums, Diss. München 1930.

Fischer, Fritz: Griff nach der Weltmacht. Die Kriegszielpolitik des kaiserlichen Deutschland 1914/18, Düsseldorf 1967.

— Krieg der Illusionen. Die deutsche Politik von 1911 bis 1914, Düsseldorf 1969.

Fischer, Wolfram: Unternehmerschaft, Selbstverwaltung und Staat. Die Handelskammern in der deutschen Wirtschafts- und Staatsverfassung des 19. Jahrhunderts. Berlin 1964.

Fischer, Wolfram: Staatsverwaltung und Interessenverbände im Deutschen Reich 1871 - 1914, in: Böhret, Carl; Grosser, Dieter (Hrsg.), Interdependenzen von Politik und Wirtschaft. Beiträge zur Politischen Wirtschafts-

Flaningam, M. L.: German Economic Controls in Bulgaria: 1884 - 1914, in: The American Slavic and East European Review 20, 1961.

Flügler, Adolf: Tabak- und Zigarettensteuer, Berlin 1925.

— Art. „Tabak, Tabakhandel und Tabakindustrie", in: HdStw 4. Aufl. 7, 1926.

— Tabakindustrie und Tabaksteuer. Unter besonderer Berücksichtigung der Zigarette, Jena 1931.

Forsthoff, Ernst: Deutsche Verfassungsgeschichte der Neuzeit, 4. Aufl. Stuttgart usw. 1961.

Freymark, Hermann: Die Handelskammer Breslau 1849 - 1924, in: Die Handelskammer Breslau 1849 - 1924, Breslau 1925.

Friedrich, Hans-Georg: Entwicklung, Aufbau und Lage des deutschen Zigarettengewerbes, Diss. Köln 1937.

Frisch, Walther: Die Organisationsbestrebungen der Arbeiter in der deutschen Tabakindustrie, Leipzig 1905.

Fuld, (Dr.): Trust und Geheimbund, in: KR 12, 1914.

Geck, Alexander: Die Trustabwehrbewegung im deutschen Zigarettengewerbe. Ein kritischer Beitrag zur Geschichte der Zigarettenindustrie und des Zigarettenhandels, Greifswald 1920.

Gerloff, Wilhelm: Die Finanz- und Zollpolitik des Deutschen Reiches nebst ihren Beziehungen zu Landes- und Gemeindefinanzen von der Gründung des Norddeutschen Bundes bis zur Gegenwart, Jena 1913.

Gerstner, Josua: Die Konzentration der deutschen Zigarettenindustrie, Diss. Leipzig 1933.

Geschichte der Frankfurter Zeitung. Hrsg. vom Verlag der Frankfurter Zeitung, Frankfurt/M. 1911.

Giersch, Herbert: Allgemeine Wirtschaftspolitik. Bd. 1: Grundlagen, Wiesbaden 1961.

Gieseler, H. Peter: Konsumgüterwerbung und Marktstruktur, Freiburg 1965.

Goldberger, Ludwig Max: Das Land der unbegrenzten Möglichkeiten. Beobachtungen über das Wirtschaftsleben der Vereinigten Staaten von Amerika, Berlin usw. 1911.

Gossweiler, Kurt: Großbanken, Industriemonopole, Staat. Ökonomie und Politik des staatsmonopolistischen Kapitalismus in Deutschland 1914 - 1932, Berlin-Ost 1971.

Gothein, Georg (Hrsg.): Agrarpolitisches Handbuch, Berlin 1910/11.

Gross, Herbert: Tabakmonopol und freie Tabakwirtschaft. Ein Vergleich der Österreichischen Tabakregie und der deutschen Tabakwirtschaft, Jena 1930.

Grotewold, Christian: Die Tabakindustrie. Ihr Rohmaterial, ihre Technik und ihre volkswirtschaftliche Bedeutung, Stuttgart 1907.

Hallgarten, George W. F.: Imperialismus vor 1914. Die soziologischen Grundlagen der Außenpolitik europäischer Großmächte vor dem Ersten Weltkrieg, 2. Aufl. Bd. 1, München 1963.

Hamel, Iris: Völkischer Verband und nationale Gewerkschaft. Der Deutschnationale Handlungsgehilfen-Verband 1893 - 1933, Frankfurt/M. 1967.

Hamm, O.: Ist eine Beteiligung an einem geheim gehaltenen Trust als Geheimbündelei aus § 128 StrGB strafbar?, in: Deutsche Juristen-Zeitung 5, 1914.

Hartmann, Heinz: Amerikanische Firmen in Deutschland. Beobachtungen über Kontakte und Kontraste zwischen Industriegesellschaften, Köln usw. 1963.

Hassel, Karlheinz: Absatz und Herstellung von Zigaretten im Deutschen Reich nach der Stabilisierung unter besonderer Berücksichtigung der tabaksteuerlichen Wirkungen, Diss. Hamburg 1934.

Hauenstein, Fritz: Die Gründerzeit der Wirtschaftsverbände, in: Ordo 9, 1957.

Hausberg, Carl: Die deutsche Zigaretten-Industrie und die Entwicklung zum Reemtsma-Werke, Diss. Nürnberg 1935.

Hecht, Günter; *Kümpfel*, Max (Hrsg.): Der Wettbewerb. Wettbewerbsrechtliche Gesetze und Anordnungen, erläutert durch Beispiele aus Schrifttum und Rechtsprechung, insbesondere aus der gutachtlichen Tätigkeit des Berliner Einigungsamtes für Wettbewerbsstreitigkeiten, Berlin 1936.

Heckel, Max von: Art. „Tabak und Tabaksteuer", in: HdStw 3. Aufl. 7, 1911.

Heilmann, Aribert: Entwicklungstendenzen im deutschen Tabakwarenmarkt in den Jahren 1930 bis 1955, Diss. Mannheim 1956.

Helfferich, Karl: Deutschlands Volkswohlstand 1888 - 1913, 3. Aufl. Berlin 1914.

Hensel, K. Paul: Art. „Marktordnung", in: HdSW 7, 1961.

Herppich, Hans Günter: Das Markenbild als Element flexibler Absatzplanung in der Zigarettenindustrie, in: Gutenberg, Erich (Hrsg.), Absatzplanung in der Praxis, Wiesbaden 1962.

Heuss, Ernst: Allgemeine Markttheorie, Tübingen usw. 1965.

Heyde, Ludwig: Die volkswirtschaftliche Bedeutung der technischen Entwicklung in der deutschen Zigarren- und Zigaretten-Industrie, Stuttgart 1910.

Hildebrandt, F.: Amerikanische Konkurrenz-Manöver auf deutschen Industriemärkten, 2. Aufl. Berlin usw. o. J.

Hirsch, Hans: Tabaksteuer und Tabakwirtschaft, Diss. Berlin 1930.

Hirsch, Julius: Die Filialbetriebe im Detailhandel. Unter hauptsächlicher Berücksichtigung der kapitalistischen Massenfilialbetriebe in Deutschland und Belgien, Bonn 1913.

Hoffmann, Walther G.: Grumbach, Franz; Hesse, Helmut, Das Wachstum der deutschen Wirtschaft seit der Mitte des 19. Jahrhunderts, Berlin usw. 1965.

Hofmann, Emil: Preisbewegung und Kosten der Lebenshaltung in der Stadt Mannheim für die Jahre 1890 - 1912, in: SVS 145, 1914.

Holländer, Julius: Der deutsche Zolltarif von 1902, in: JGVV 37, 1913.

Hoppmann, Erich: Binnenhandel und Binnenhandelspolitik, Berlin usw. 1959.

— Fusionskontrolle, Tübingen 1972.

Huth, Friedrich: Gutschein-System und Zugaben-Unwesen, Charlottenburg o. J.

Imhoff, Wilhelm: Der Handel in orientalischem Rohtabak, Diss. Hamburg 1934.

Industrie- und Handelskammer Wuppertal 1831 - 1956, Wuppertal 1956.

Jacob, Herbert: Preispolitik, 2. Aufl. Wiesbaden 1971.

Jaeger, Hans: Unternehmer in der deutschen Politik (1890 - 1918), Bonn 1967.

Jaffé, Edgar: Die Tabakindustrie, in: Die Hauptindustrien Deutschlands, Leipzig 1904.

Junge, Franz Erich: Amerikanische Wirtschaftspolitik. Ihre ökonomischen Grundlagen, ihre sozialen Wirkungen und ihre Lehren für die deutsche Volkswirtschaft, Berlin 1910.

Kaelble, Hartmut: Industrielle Interessenpolitik in der Wilhelminischen Gesellschaft. Centralverband Deutscher Industrieller 1895 - 1914, Berlin 1967.

— Industrielle Interessenverbände vor 1914, in: Rüegg, W.; Neuloh, O. (Hrsg.), Zur soziologischen Theorie und Analyse des 19. Jahrhunderts, Göttingen 1971.

Kahn, Julius: Münchens Großindustrie und Großhandel, 2. Aufl. München 1913.

Kaiser, Joseph H.: Die Repräsentation organisierter Interessen, Berlin 1956.

Katz, J.: Die Entwicklung der Kosten für Lebenshaltung in der Stadt Hannover 1890 - 1912, in: SVS 145, 1914.

Kaufmann, Arthur: Art. „Binding", in: Staatslexikon 6. Aufl. Bd. 2, 1958.

Kind, Wolfgang R.: Die volkswirtschaftliche Bedeutung des Zugabewesens, Diss. Heidelberg 1932.

Klüss, Franz: Die älteste deutsche Gewerkschaft: Die Organisation der Tabak- und Zigarrenarbeiter bis zum Erlasse des Sozialistengesetzes, Diss. Heidelberg 1905.

Knebel Doeberitz, Hugo von: Besteht für Deutschland eine amerikanische Gefahr? Berlin 1904.

Knoll, Willi: Die deutsche Zigarettenindustrie, Diss. Frankfurt/M. 1929.

König, Harald: Entstehung und Wirkungsweise von Fachverbänden der Nahrungs- und Genußmittelindustrie, Berlin 1965.

Konstantinoff, Panayot: Der Außenhandel Bulgariens mit besonderer Berücksichtigung des Exportes, Zürich usw. 1914.

Krelle, Wilhelm: Preistheorie, Tübingen usw. 1961.

Kropf, Robert: Die schweizerische Zigarettenindustrie, Diss. Zürich 1938.

Krueger, Hermann Edwin: Historische und kritische Untersuchungen über die freien Interessenvertretungen von Industrie, Handel und Gewerbe in Deutschland, insbesondere die Fach-, Zweck- und Zentralverbände gewerblicher Unternehmer, in: JGVV 32/33, 1908/09.

Kuczynski, Jürgen: Studien zur Geschichte des deutschen Imperialismus. Bd. 1: Monopole und Unternehmerverbände, 2. Aufl. Berlin-Ost 1952.

— Die Geschichte der Lage der Arbeiter unter dem Kapitalismus. Bd. 12: Studien zur Geschichte der zyklischen Überproduktionskrisen in Deutschland 1873 bis 1914, Berlin-Ost 1961.

Küntzel, Ulrich: Der Einfluß der Tabaksteuer auf die Strukturänderungen der deutschen Zigarettenindustrie 1925 - 31, Diss. Leipzig 1938.

Kuhlo, Alfred (Hrsg.): Geschichte der bayerischen Industrie, München 1926.

Kurz, Simon: Die Überfremdungsgefahr der deutschen Aktiengesellschaften und ihre Abwehr, Leipzig 1921.

Kutzelnigg, Artur: Die Zigarette als Modellfall der Wirtschaftlichen Warenlehre, Frankfurt/M. 1962.

Lampe, Adolf: Art. „Einzelhandel", in: HdStw 3. Aufl. 3, 1926.

Lederer, Emil: Mittelstandsbewegung, in: Archiv für Sozialwissenschaft und Sozialpolitik 31, 1910; 35, 1912; 37, 1913.

Ledermann, Julius: Das deutsche Tabakwesen mit besonderer Berücksichtigung der badischen Tabakindustrie, Diss. Frankfurt/M. 1924 (Ms.).

Leistner, Fritz: Der deutsche Zigarren- und Zigarettenhandel, Diss. Frankfurt/M. 1922 (Ms.).

Lenz, Friedrich: Wesen und Struktur des deutschen Kapitalexports vor 1914, in: WWA 18, 1922.

Levy, Hermann: Der amerikanische Tabak-Trust, in: KR 8, 1910.

— Monopole, Kartelle und Trusts in der Geschichte und Gegenwart der englischen Industrie, 2. Aufl. Jena 1927.

Liefmann, Robert: Die heutige amerikanische Trustform und ihre Anwendbarkeit in Deutschland, in: Jbb. f. Nat. u. Stat. 88, 1907.

— Art. „Finanzierungsgesellschaften", in: HdStw 3. Aufl. 4, 1909.

— Die amerikanische Trustpolitik und ihre Beurteilung im Lichte der ökonomischen Theorie, in: WWA 5, 1915.

— Art. „Kaliindustrie", in: HdStw 4. Aufl. 5, 1923.

— Die Unternehmungen und ihre Zusammenschlüsse. Bd. 2: Kartelle, Konzerne und Trusts, 7. Aufl. Stuttgart 1927.

Lindenlaub, Dieter: Richtungskämpfe im Verein für Sozialpolitik. Wissenschaft und Sozialpolitik im Kaiserreich vornehmlich vom Beginn des „Neuen Kurses" bis zum Ausbruch des Ersten Weltkrieges (1890 - 1914), Teil 1, Wiesbaden 1967.

Machlup, Fritz: Wettbewerb im Verkauf. Modellanalyse des Anbieterverhaltens, Göttingen 1966.

Macrosty, Henry W.: Das Trustwesen in der britischen Industrie, Berlin 1910.

Manicke, Albert: Die Tabaksteuervorlagen, in: Finanz-Archiv 23, 1906.

Manoli Zigarettenfabrik 1894 - 1919. Festschrift zur Feier des 25jährigen Bestehens der Manoli Zigarettenfabrik, Berlin 1919.

Marchellek, Felix: Die Entwicklung der Zigarettenindustrie in Deutschland, Diss. Berlin 1921.

Maresch, Rudolf: Art. „Handelskammern", in: HdStw 3. Aufl. 5, 1910.

Mataja, Victor: Art. „Kleinhandel", in: HdStw 3. Aufl. 5, 1910.

— Die Reklame. Eine Untersuchung über Ankündigungswesen und Werbetätigkeit im Geschäftsleben, 2. Aufl. München usw. 1916.

Mende, Karl: Über Standortsbedingtheit und Aufbau der Dresdner Großindustrie, Diss. Dresden 1927.

Meyer, Henri Cord: German Economic Relations with Southeastern Europe, 1870 - 1914, in: The American Historical Review 57, 1951/52.

Michaelis, Herbert: Die deutsche Politik während der Balkankriege 1912/13, Diss. Leipzig 1929.

Mielke, Siegfried: Der Hansa-Bund 1912 - 1914, Diss. FU Berlin 1972.

Molt, Peter: Der Reichstag vor der improvisierten Revolution, Köln usw. 1964.

Mosthaf, Walther: Die württembergischen Industrie- und Handelskammern Stuttgart, Heilbronn, Reutlingen, Ulm 1855 - 1955, Bd. 2: Die Handelskammern 1900 - 1933, Stuttgart 1962.

Müffelmann, Leo: Die moderne Mittelstandsbewegung, Berlin 1913.

— Die wirtschaftlichen Verbände, Leipzig 1912.

Müller, F. v.: Deutscher Zigarettentabak-Bau, in: Landwirtschaftliche Umschau 5, 1913.
Müller, Martin: Der Interessenkampf zwischen großkapitalistischem und mittelständischem Einzelhandel. (Allein unter Berücksichtigung des standortsgebundenen Ladenhandels), Diss. Freiburg/Br. 1933.
Murken, Erich: Die großen transatlantischen Linienreederei-Verbände, Pools und Interessengemeinschaften bis zum Ausbruch des Weltkrieges. Ihre Entstehung, Organisation und Wirksamkeit, Jena 1922.
Nebelung, Werner: Die Kautabakindustrie der Stadt Nordhausen. Entwicklung und Bedeutung ihrer wirtschaftlichen und sozialen Verhältnisse, Diss. Jena 1929.
Neisser, Else: Preisbewegung und Haushaltungskosten in Breslau 1893 - 1912, in: SVS 145, 1914.
Nicholls, William H.: Price Policies in the Cigarette Industry. A Study of „Concerted Action" and its Social Control 1911 - 50, Nashville 1951.
Nieschlag, Robert: Binnenhandel und Binnenhandelspolitik, 2. Aufl. Berlin 1972.
Nipperdey, Thomas: Interessenverbände und Parteien in Deutschland vor dem Ersten Weltkrieg, in: Politische Vierteljahrsschrift 2, 1961.
Nippes, Kurt: Die Absatzorganisation in der deutschen Zigarettenindustrie, Diss. Köln 1927.
Nöll von der Nahmer, Robert: Lehrbuch der Finanzwissenschaft, Bd. 2: Spezielle Steuerlehre, Köln usw. 1964.
Nohtse, Siegfried: Der Trustgedanke und die Tabakindustrie mit besonderer Berücksichtigung der Amerikanischen Expansionsbestrebungen auf dem Europäischen Kontinent, Diss. Greifswald 1921.
Nussbaum, Helga: Unternehmer gegen Monopole. Über Struktur und Aktionen antimonopolistischer bürgerlicher Gruppen zu Beginn des 20. Jahrhunderts, Berlin-Ost 1966.
— Versuche zur reichsgesetzlichen Regelung der deutschen Elektrizitätswirtschaft und zu ihrer Überführung in Reichseigentum 1908 bis 1914, in: Jb. f. Wg. 1968, Teil II.
Ohne Verfasser, Haussuchung, in: Die Konjunktur. Wochenschrift für Kapital und Arbeit mit Kurs-Kontrolle, 5. 1914.
Ott, Alfred E.: Vertikale Preisbildung und Preisbindung. Eine theoretische Analyse, Göttingen 1966.
Pietschmann, Ernst: Die Verschiebungen in der Art des Tabakkonsums und ihr Einfluß auf die deutsche Steuerpolitik, Diss. Köln 1929.
Pohle, Ludwig: Die Kartelle der gewerblichen Unternehmer, Leipzig 1898.
Prager, Ludwig: Die Handelsbeziehungen des Deutschen Reiches mit den Vereinigten Staaten von Amerika bis zum Ausbruch des Weltkrieges im Jahre 1914. Eine kritisch-historische Wirtschaftsstudie, Weimar 1926.
Pütz, Theodor: Die ordnungspolitische Problematik der Interessenverbände, in: Jb. f. Sw. 11, 1960.
— Grundlagen der theoretischen Wirtschaftspolitik, Stuttgart 1971.
Puhle, Hans-Jürgen: Agrarische Interessenpolitik und preußischer Konservatismus im wilhelminischen Reich (1893 - 1914). Ein Beitrag zur Analyse des Nationalismus in Deutschland am Beispiel des Bundes der Landwirte und der Deutsch-Konservativen Partei, Hannover 1966.

Puhle, Hans-Jürgen: Parlament, Parteien und Interessenverbände 1890 - 1914, in: Stürmer, Michael (Hrsg.), Das kaiserliche Deutschland. Politik und Gesellschaft 1870 - 1918, Düsseldorf 1970.
— Der Bund der Landwirte im Wilhelminischen Reich — Struktur, Ideologie und politische Wirksamkeit eines Interessenverbandes in der konstitutionellen Monarchie (1893 - 1914), in: Rüegg, W.; Neuloh, O., a. a. O.
Redlich, Fritz: Reklame. Begriff — Geschichte — Theorie, Stuttgart 1935.
Rieger, Isolde: Die Wilhelminische Presse im Überblick 1888 - 1918, München 1957.
Riesser, Jacob: Der Hansa-Bund, Jena 1912.
Rinnebach, Hugo: München, ein Hauptproduktionsplatz der deutschen Zigarettenindustrie. Ein Beitrag zur Geschichte der deutschen Zigarettenindustrie, Diss. München 1924 (Ms.).
Rittig, Gisbert: „Macht: (II) Macht in der Wirtschaft", in: HdSW 7, 1961.
Roesler, Konrad: Die Finanzpolitik des Deutschen Reiches im Ersten Weltkrieg, Berlin 1967.
Sartorius von Waltershausen, August: Das volkswirtschaftliche System der Kapitalanlage im Auslande, Berlin 1907.
— Deutsche Wirtschaftsgeschichte 1815 - 1914, 2. Aufl. Jena 1923.
Schacht, Hjalmar: Trust oder Kartell?, in: Preußische Jahrbücher 110, 1902.
Schäfer, Ulla G.: Historische Nationalökonomie und Sozialstatistik als Gesellschaftswissenschaften. Forschungen zur Vorgeschichte der theoretischen Soziologie und der empirischen Sozialforschung in Deutschland in der zweiten Hälfte des 19. Jahrhunderts, Köln usw. 1971.
Schärl, Walter: Die Zusammensetzung der bayerischen Beamtenschaft von 1806 bis 1918, Kallmünz 1955.
Schmidt, Gustav: Die deutsche Zigarettenindustrie seit 1914, Diss. Freiburg/Br. 1922 (Ms.).
Schmidt, Martin: Graf Posadowsky. Staatssekretär des Reichsschatzamtes und des Reichsamtes des Innern 1893 - 1897, Diss. Halle 1935.
Schmoller, Gustav: Grundriß der Allgemeinen Volkswirtschaftslehre. Erster größerer Teil, 4. - 6. Aufl. Leipzig 1901.
— Das Verhältnis der Kartelle zum Staate, in: SVS 116, 1906.
Schneider, Hans Karl: Zielbestimmung für die Wirtschaftspolitik in der pluralistischen Gesellschaft, in: Besters, Hans (Hrsg.), Theoretische und institutionelle Grundlagen der Wirtschaftspolitik, Berlin 1967.
Schomerus, Friedrich: Die freien Interessenverbände für Handel und Industrie und ihr Einfluß auf die Gesetzgebung und Verwaltung, in: JGVV 25, 1901.
Schröter, Alfred: Krieg — Staat — Monopol 1914 - 1918. Die Zusammenhänge von imperialistischer Kriegswirtschaft, Militarisierung der Volkswirtschaft und staatsmonopolistischem Kapitalismus in Deutschland während des ersten Weltkrieges, Berlin-Ost 1965.
Schulz, Gerhard: Über Entstehung und Formen von Interessengruppen in Deutschland seit Beginn der Industrialisierung, in: Politische Vierteljahresschrift 2, 1961.
Schwarzwälder, Wilhelm: Die Entwicklung des Nürnberg-Fürther Exportes nach den Vereinigten Staaten von Nordamerika von seinen Anfängen an bis zur Gegenwart, Nürnberg 1912.

Schwonder (Dr.): Anbauversuche mit Zigarettentabak auf der Kaiserlichen Versuchsstation für Tabakbau Okahandja (Deutsch-Südwestafrika). Vegetationsperiode 1912/13, in: Fühlings Landwirtschaftliche Zeitung 15, 1914.

Seidel, Bruno: Zeitgeist und Wirtschaftsgesinnung im Deutschland der Jahrhundertwende, in: JGVV 83, 1963.

Seidenzahl, Fritz: 100 Jahre Deutsche Bank 1870 - 1970, Frankfurt/M. 1970.

Sellert, Heinz: Markenartikel und Preispolitik, Diss. Freiburg/Br. 1927.

Singer, Isidor: Das Land der Monopole: Amerika oder Deutschland? Berlin 1913.

Skowronek, Fritz: Der Einfluß der neuen Tabaksteuern auf die Entwicklung von Betrieb und Unternehmung in der Zigaretten-Industrie, Diss. Halle—Wittenberg 1928.

Stegmann, Dirk: Die Erben Bismarcks. Parteien und Verbände in der Spätphase des Wilhelminischen Deutschlands. Sammlungspolitik 1897 - 1918, Köln usw. 1970.

Steinmetz, Willi: Die deutschen Großbanken im Dienste des Kapitalexports, Diss. Heidelberg 1913.

Sternthal, Friedrich: Die Heimarbeit in der Dresdener Zigarettenindustrie, München usw. 1912.

Stieda, Wilhelm: Die Mittelstandsbewegung, in: Jbb. f. Nat. u. Stat. 29, 1905.

Stolper, Gustav; *Häuser*, Karl; *Borchardt*, Knut: Deutsche Wirtschaft seit 1870, Tübingen 1964.

Stresemann, Gustav: Handel und Industrie, in: Sarason, D. (Hrsg.), Das Jahr 1913. Ein Gesamtbild der Kulturentwicklung, Berlin 1913.

— Wirtschaftspolitische Zeitfragen, Dresden, o. J.

Stucken, Rudolf: Deutsche Geld- und Kreditpolitik 1914 bis 1963, 3. Aufl. Tübingen 1964.

Stürmer, Michael: Machtgefüge und Verbandsentwicklung im wilhelminischen Deutschland, in: Neue Politische Literatur 14, 1969.

Tabago. Ein Bilderbuch vom Tabak und den Freuden des Rauchens. Herausgegeben und gedruckt aus Anlaß des 50jährigen Bestehens der Cigarettenfabriken H. F. & Ph. F. Reemtsma, o. O. 1960.

Taras, Richard: Die Entwicklung der Besteuerung des Verbrauchs von Tabak und Tabakerzeugnissen im Deutschen Reich vom Jahre 1906 bis zur Gegenwart, Diss. Rostock 1922 (Ms.).

Teichgräber, Max: Der englisch-amerikanische Tabaktrust in Deutschland, Diss. Erlangen 1919 (Ms.).

Telser, Lester G.: Advertising and Cigarettes, in: The Journal of Political Economy 70, 1962.

Tennant, Richard B.: The American Cigarette Industry. A Study in Economic Analysis and Public Policy, New Haven 1950.

Tirpitz, Wolfgang von: Wie hat sich der Staatsbetrieb beim Aufbau der Flotte bewährt? Eine wirtschaftshistorische Studie auf Grund amtlichen Materials, Leipzig usw. 1923.

Tormin, Walter: Geschichte der deutschen Parteien seit 1848, 2. Aufl. Stuttgart usw. 1967.

Tschierschky, Siegfried: Die Organisation der industriellen Interessen in Deutschland, Göttingen 1905.

Tschierschky, Siegfried: Neumerkantilismus und wirtschaftliche Interessenorganisation, in: JGVV 37, 1913.
— Ein Sieg im Kampf gegen die amerikanische Trustgefahr in Deutschland, in: KR 13, 1915.
Tuchtfeldt, Egon: Wirtschaftspolitik und Verbände, in: Hamburger Jb. f. Wirtschafts- u. Gesellschaftspolitik 1, 1956.
— Bemerkungen zur Verbandsdiskussion, in: Jb. f. Sw. 13, 1962.
Uhlmann, Hans: Die Entwicklung von Unternehmung und Betrieb in der deutschen Zigarren-Industrie unter besonderer Berücksichtigung der Tabakbesteuerung, Diss. Halle—Wittenberg 1934.
Umbach, Martin: Die amerikanischen Kettenladenbetriebe (Chain Store Systems), Leipzig 1929.
Vagts, Alfred: Deutschland und die Vereinigten Staaten in der Weltpolitik Bd. 1, New York 1935.
Vanderlip, Frank A.: Amerikas Eindringen in das europäische Wirtschaftsgebiet, 2. Aufl. Berlin 1903.
Voigt, Martin: Das Werk Altona-Bahrenfeld der Reemtsma Cigarettenfabriken, Berlin 1928.
Wagenführ, Horst: Kartelle in Deutschland, Nürnberg 1931.
Warren, Donald Jr.: The Red Kingdom of Saxony. Lobbying Grounds for Gustav Stresemann 1901 - 1909, The Hague 1964.
Weber, Max: Wirtschaft und Gesellschaft. Grundriß der verstehenden Soziologie. 1. Halbband, Köln usw. 1965.
Wehler, Hans-Ulrich: Bismarck und der Imperialismus, Köln usw. 1969.
Wein, Josef: Die Verbandsbildung im Einzelhandel. Mittelstandsbewegung, Organisation der Großbetriebe, Fachverbände, Genossenschaften und Spitzenverband, Berlin 1968.
Weippert, Georg: Zum Verständnis der verbandsstrukturierten Gesellschaft, in: Ohm, Hans (Hrsg.), Methoden und Probleme der Wirtschaftspolitik, Berlin 1964.
Werner, Josua: Die Wirtschaftsverbände in der Marktwirtschaft, Zürich usw. 1957.
Wernicke, Johannes: Kapitalismus und Mittelstandspolitik, 2. Aufl. Jena 1922.
Winkler, Heinrich August: Der rückversicherte Mittelstand: Die Interessenverbände von Handwerk und Kleinhandel im deutschen Kaiserreich, in: Rüegg, W.; Neuloh, O., a. a. O.
Witt, Peter-Christian: Die Finanzpolitik des Deutschen Reiches von 1903 bis 1913. Eine Studie zur Innenpolitik des Wilhelminischen Deutschland, Lübeck usw. 1970.
Witteler, Hans: Das deutsche Zigarrengewerbe. Entwicklung, Bedeutung und Tendenzen, Stuttgart 1932.
Wöhe, Günter: Einführung in die Allgemeine Betriebswirtschaftslehre, 10. Aufl. München 1970.
Wössner, Jacobus: Die ordnungspolitische Bedeutung des Verbandswesens (Die Verbandsgesellschaft), Tübingen 1961.
Wolf, Jacob (Hrsg.): Der Tabak und die Tabakfabrikate, 2. Aufl. Leipzig 1922.
Woll, Artur: Der Wettbewerb im Einzelhandel. Zur Dynamik der modernen Vertriebsformen, Berlin 1964.

Zentz, Max: Die Konzentration der Zigarettenindustrie und die Zigarettensteuer, Diss. München 1927.

Zimmermann, August: Die Tabakindustrie unter besonderer Heranziehung badischen Materials, Tübingen 1931.

Ziogas, Margaritis: Der Tabak in der griechischen Volkswirtschaft, Diss. Frankfurt/M. 1929.

Zorn, Wolfgang; *Hillenbrand*, Leonhard: Sechs Jahrhunderte Schwäbische Wirtschaft. Beiträge zur Geschichte der Wirtschaft im bayerischen Regierungsbezirk Schwaben, Augsburg 1969.

Printed by Libri Plureos GmbH
in Hamburg, Germany